高等院校会计专业本科系列教材

GAODENG YUANXIAO KUAIJI ZHUANYE BENKE XILIE JIAOCAI

小企业会计

XIAO QIYE KUAIJI

主　编 / 何玉岭　杨　静　皇甫可掬

副主编 / 孙晓立　张军尧

重庆大学出版社

内容提要

本书基于当前小企业现实发展状况和变化的客观规律，在对小企业会计概念框架和理论体系进行梳理和探讨的基础上，结合最新《小企业会计准则》等会计规范要求和小企业发展的前沿性问题，全面系统地诠释了小企业会计的理论基础和具体的实务操作，并通过具体实务案例将理论与实践紧密结合，增强了小企业会计理论和实务的系统性和实用性。本书具有理论丰富、内容全面、实践性强、易于教学、通俗易懂等特点。

本书根据小企业在当前经济和社会发展中的重要地位和作用，从小企业会计人才建设和培育及小企业会计人员实际工作需要出发，面向高等院校管理类、财经类（会计、财务管理、审计等）相关专业的本、专科教学，也可供即将进入小企业工作或对小企业会计核算感兴趣的社会人士学习与参考。

图书在版编目（CIP）数据

小企业会计 / 何玉岭，杨静，皇甫可掬主编. -- 重庆：重庆大学出版社，2024.7
高等院校会计专业本科系列教材
ISBN 978-7-5689-3652-1

Ⅰ. ①小… Ⅱ. ①何… ②杨… ③皇… Ⅲ. ①中小企业-会计-高等学校-教材 Ⅳ. ①F276.352

中国国家版本馆 CIP 数据核字（2023）第 058629 号

高等院校会计专业本科系列教材
小企业会计
主 编 何玉岭 杨 静 皇甫可掬
副主编 孙晓立 张军尧
特约编辑：曹莉莉
责任编辑：龙沛瑶 版式设计：龙沛瑶
责任校对：谢 芳 责任印制：张 策
*
重庆大学出版社出版发行
出版人：陈晓阳
社址：重庆市沙坪坝区大学城西路 21 号
邮编：401331
电话：（023） 88617190 88617185（中小学）
传真：（023） 88617186 88617166
网址：http：//www. cqup. com. cn
邮箱：fxk@ cqup. com. cn（营销中心）
全国新华书店经销
重庆高迪彩色印刷有限公司印刷
*
开本：787mm×1092mm 1/16 印张：19.25 字数：435 千
2024 年 7 月第 1 版 2024 年 7 月第 1 次印刷
印数：1—2 000
ISBN 978-7-5689-3652-1 定价：49.00 元

前言

小企业是我国现代国民经济和社会发展的重要力量，有着广泛的社会经济基础，不论是在发达国家还是在发展中国家，小企业的数量都占据着绝对的优势。小企业是促进就业、改善民生、稳定社会、发展经济、推动创新的基础力量，是构成市场经济主体中数量最多、最具活力的企业群体。小企业发展状况，关系到中国经济社会结构调整与发展方式转变，关系到民生、促进就业与社会稳定，关系到科技创新与转型升级等重大战略任务。

改革开放40多年来，我国中小企业发展迅速，活跃市场经济结构，推动市场科技进步，带动国际贸易发展，创造大量社会就业岗位。中小企业发展已经成为经济发展重要的一部分。国家高度重视支持小企业发展，通过制定相关法律法规宏观调控引导小企业顺畅运行，不断向小企业释放国家政策红利，扶持和促进小企业健康发展。2017年9月1日，第十二届全国人民代表大会常务委员会第二十九次会议修订并颁布了《中华人民共和国中小企业促进法》，进一步明确了法律贯彻落实责任主体，规范了财税支持相关政策，完善了融资促进相关措施，增加了权益保护和监督检查。2019年4月，中共中央办公厅、国务院办公厅印发了《关于促进中小企业健康发展的指导意见》，明确提出认真实施中小企业促进法，纾解中小企业困难，稳定和增强企业信心及预期，加大创新支持力度，提升中小企业专业化发展能力和大中小企业融通发展水平，促进中小企业健康发展。2020年2月，工业和信息化部为应对疫情对中小企业的冲击，出台20条重磅措施，帮助广大中小企业坚定信心，强化措施，实现有序复工复产，渡过难关。

当前，我国小企业仍面临着许多问题：融资难、融资贵，资金不足，缺乏发展动力；小企业规模较小，产品质量和科技含量低，其市场竞争力差，市场影响力小；小企业收集分析市场信息的能力弱，对经济景气变动、金融环境及产业形势变化，无法及时判别，抗风险能力弱等。“十三五”时期，随着我国新型工业化、城镇化、信息化、农业现代化改革的推进，以及“大众创业、万众创新”、《中国制造2025》、“互联网+”等重大战略举措的加速实施，小企业发展基本向好的势头更加巩固。“十四五”时期，我国将继续深化商事制度改革，持续推进行政审批、投资审批、财税、金融等方面的改革，小企业发展的市场环境、政策环境和服务环境将更加优化。以互联网为核心的信息技术与各行各业深度融合，日益增长的个性化、多样化需求，不断催生新产品、新业态、新市场和新模式，为中小企业提供广阔的创新发展空间。

为了规范小企业会计确认、计量和报告行为，促进小企业可持续发展，发挥小企业在国民经济和社会发展中的重要作用，根据《中华人民共和国会计法》及其他相关法律法规，财政部于 2011 年 10 月 18 日以财会〔2011〕17 号文件形式发布了《小企业会计准则》，并自 2013 年 1 月 1 日起施行。《小企业会计准则》的制定有利于落实国家关于扶持小企业发展的法规政策，改善小企业税收征管和公平税负，加强小企业融资管理并防范小企业信贷风险，改进和加强小企业内部管理等。因此，通过加强小企业会计理论和实务的学习，使得小企业会计人员进行会计业务核算工作时更加规范，提高小企业会计信息质量，保护投资者和社会公众利益。为了更好地帮助读者学习和掌握小企业会计实务的知识，本书根据小企业会计准则体系的重大变化和业财融合的最新要求，以小企业会计准则为依据，设计融合了以小企业会计理论、会计实务处理和会计管理为一体的会计框架，全面介绍了小企业会计理论与实务，并辅以大量的会计业务实例。本书通过对不同会计业务实例的实际处理，使读者清楚地了解其相关规定，从而在实际工作中熟练应用。本书也汲取了众多同类和相关内容的书籍和文献资料之长，广泛听取同行、专家的建议和意见，进行了辛苦和精心的编写，每章前设有学习目标，章后配套了思考题和练习题，在实务应用章节添加了实务处理。本书适用于高等院校会计学、财务管理、审计学专业“小企业会计”课程教材，也可以作为小企业的会计从业人员、各级各类管理人员的自学教材和参考用书。

本书由石河子大学经济与管理学院何玉岭、杨静、皇甫可掬、孙晓立负责编写工作，何玉岭主要负责第一章、第二章、第三章的编写，并参与编写第八章和第十一章的部分内容，皇甫可掬主要负责第四章、第五章、第六章的部分内容编写，杨静主要负责第六章部分内容和第七章、第八章、第九章内容的编写,孙晓立主要负责第十章、第十一章、第十二章、第十三章内容的编写。张军尧同志参与了校对等工作,并结合实际工作经验提出了合理的修改建议。对以上编写人员的辛勤工作,在此表示由衷的感谢。

本书的出版得益于重庆大学出版社的精心组织和大力帮助,在此我们表示衷心的感谢!本书在编写过程中参考和借鉴了同行的有关教材、专著和文献等,在此一并表示感谢!限于编者的时间和水平,书中不免出现不妥之处,敬请各位专家、同行以及广大读者批评指正,以便今后对本书做进一步的改进和提高。

编　者

2023 年 11 月

目录

第一章　总论

第一节　小企业与微型企业的界定标准 …… 1
第二节　小企业的特点 …… 3
第三节　小企业会计核算基本理论 …… 5
第四节　小企业会计规范和会计机构设置 …… 11
思考题 …… 13
练习题 …… 13

第二章　货币资金

第一节　库存现金 …… 16
第二节　银行存款 …… 21
第三节　其他货币资金 …… 26
第四节　外币业务 …… 30
思考题 …… 33
练习题 …… 34

第三章　应收及预付款项

第一节　应收账款 …… 39
第二节　应收票据 …… 43
第三节　预付账款与其他应收款 …… 47
第四节　坏账损失确认及处理 …… 50
思考题 …… 51

练习题 …… 52

第四章 存货

第一节 存货概述 …… 55
第二节 原材料 …… 64
第三节 生产成本与库存商品 …… 75
第四节 周转材料 …… 86
第五节 消耗性生物资产 …… 91
第六节 存货清查 …… 97
思考题 …… 99
练习题 …… 99

第五章 对外投资

第一节 对外投资 …… 102
第二节 短期投资 …… 103
第三节 长期投资 …… 107
思考题 …… 117
练习题 …… 117

第六章 固定资产

第一节 固定资产概述 …… 119
第二节 固定资产初始计量 …… 123
第三节 固定资产折旧 …… 130
第四节 固定资产的修理和改建 …… 134
第五节 固定资产的减少 …… 136
第六节 生产性生物资产 …… 140
思考题 …… 144
练习题 …… 144

第七章 无形资产与长期待摊费用

第一节 无形资产 …… 146
第二节 无形资产的取得 …… 149

第三节　无形资产摊销及处置 …… 151
第四节　长期待摊费用 …… 154
思考题 …… 155
练习题 …… 155

第八章　流动负债
第一节　短期借款 …… 159
第二节　应付及预收款项 …… 160
第三节　应付职工薪酬 …… 166
第四节　应交税费 …… 174
思考题 …… 193
练习题 …… 194

第九章　非流动负债
第一节　长期借款 …… 197
第二节　长期应付款 …… 200
思考题 …… 204
练习题 …… 204

第十章　所有者权益
第一节　实收资本与资本公积 …… 208
第二节　留存收益 …… 211
思考题 …… 215
练习题 …… 215

第十一章　收入与费用
第一节　收入与费用概述 …… 219
第二节　销售商品收入 …… 222
第三节　劳务收入 …… 231
第四节　费用 …… 235
思考题 …… 242
练习题 …… 242

第十二章　利润与利润分配

第一节　利润的形成及核算 …… 247

第二节　所得税费用 …… 259

第三节　利润分配 …… 262

思考题 …… 265

练习题 …… 265

第十三章　财务报表

第一节　资产负债表 …… 270

第二节　利润表 …… 279

第三节　现金流量表 …… 284

第四节　外币报表折算 …… 289

第五节　财务报表附注 …… 289

思考题 …… 290

练习题 …… 291

参考文献 …… 295

第一章 总 论

学习目标

通过本章学习，了解小企业和小型微利企业的性质，熟悉工业和信息化部、国家统计局、国家发展和改革委员会、财政部颁布的《中小企业划型标准规定》中对小企业及微利企业的界定标准和特点，掌握小企业会计核算的基本理论，明确小企业会计规范体系的内容。

第一节 小企业与微型企业的界定标准

企业是以营利为目的，运用各种生产要素（土地、劳动力、资本、技术和企业家才能等），从事生产、流通与服务等经济活动创造物质财富，并向市场提供满足社会公众物质和文化生活需要的商品或服务，实行自主经营、自负盈亏、独立核算的法人或其他社会经济组织。企业应为合法登记注册、拥有固定地址并相对稳定的经营组织。它是社会发展的产物，因社会分工的不同而不断成长壮大。

企业作为单位组织模式之一，按照一定的组织规律，有机构成的经济实体，以实现投资人、客户、员工、社会大众的利益最大化为使命，通过向社会提供产品或服务换取收入。企业的根本任务是根据市场需求，有效地利用其拥有或经营管理的各项资源，实现资产增值，增加积累，同时依法缴纳税金、费用。企业能够适应外部环境变化，自我运作与发展，有着多种属性与复杂形态。在社会主义市场经济体制下，作为市场经济活动的主要参与者，各种企业并存共同构成社会主义市场经济的微观基础。因此，企业按照不同的标准划分为不同类型。如按照财产组织形式可分为个体企业、合伙企业、公司制企业等；按照企业所属行业性质可分为工业企业、农业企业、商品流通企业、外贸企业等；按照规模可分为大型企业、中型企业、小型企业、微型企业等。

世界各国根据本国经济发展实际情况，对小企业的范围和特征作出了明确的规定，并相应地因地域、行业和时间的不同来确定小企业的概念。

小企业是指劳动力、劳动手段或劳动对象在企业中集中程度较低，或者生产和交易数量规模较小的企业。为贯彻落实《中华人民共和国中小企业促进法》和《国务院关于进一步促进中小企业发展的若干意见》(国发〔2009〕36 号),我国工业和信息化部联合国家统计局、国家发展和改革委员会、财政部等四部委以工信部联企业〔2011〕300 号文的形式于 2011 年 6 月 18 日印发了《关于印发中小企业划型标准规定的通知》,通知中明确公布《中小企业划型标准规定》。根据《中小企业划型标准规定》,我国中小企业结合行业特点和企业从业人员、营业收入、资产总额等指标划分为中型、小型、微型三种类型。适用的行业包括农、林、牧、渔业、工业、建筑业、批发业、零售业、交通运输业、仓储业、邮政业、住宿业、餐饮业、信息传输业、软件和信息技术服务业、房地产开发经营、物业管理、租赁和商务服务业、其他未列明行业。

《中小企业划型标准规定》对各行业的小型和微型企业具体界定标准见表 1-1。

表 1-1　小型和微型企业划型标准

序号	行业	类型	从业人数	营业收入	资产总额	备注
1	农、林、牧、渔业	小企业		50 万元及以上 500 万元以下		
		微型企业		50 万元以下		
2	工业	小企业	20 人及以上 300 人以下	300 万元及以上 2 000 万元以下		两者同时满足
		微型企业	20 人以下	300 万元以下		两者满足其一
3	建筑业	小企业		300 万元及以上 6 000 万元以下	300 万元及以上 5 000 万元以下	两者同时满足
		微型企业		300 万元以下	300 万元以下	两者满足其一
4	批发业	小企业	5 人及以上 20 人以下	1 000 万元及以上 5 000 万元以下		两者同时满足
		微型企业	5 人以下	1 000 万元以下		两者满足其一
5	零售业	小企业	10 人及以上 50 人以下	100 万元及以上 500 万元以下		两者同时满足
		微型企业	10 人以下	100 万元以下		两者满足其一
6	交通运输业	小企业	20 人及以上 300 人以下	200 万元及以上 3 000 万元以下		两者同时满足
		微型企业	20 人以下	200 万元以下		两者满足其一
7	仓储业	小企业	20 人及以上 100 人以下	100 万元及以上 1 000 万元以下		两者同时满足
		微型企业	20 人以下	100 万元以下		两者满足其一

续表

序号	行业	类型	从业人数	营业收入	资产总额	备注
8	邮政业	小企业	20人及以上 300人以下	100万元及以上 2 000万元以下		两者同时满足
		微型企业	20人以下	100万元以下		两者满足其一
9	住宿业	小企业	10人及以上 100人以下	100万元及以上 2 000万元以下		两者同时满足
		微型企业	10人以下	100万元以下		两者满足其一
10	餐饮业	小企业	10人及以上 100人以下	10万元及以上 2 000万元以下		两者同时满足
		微型企业	10人以下	100万元以下		两者满足其一
11	信息传输业	小企业	10人及以上 100人以下	100万元及以上 1 000万元以下		两者同时满足
		微型企业	10人以下	100万元以下		两者满足其一
12	软件和信息技术服务业	小企业	10人及以上 100人以下	50万元及以上 1 000万元以下		两者同时满足
		微型企业	10人以下	50万元以下		两者满足其一
13	房地产开发经营	小企业		100万元及以上 1 000万元以下	2 000万元及以上 5 000万元以下	两者同时满足
		微型企业		100万元以下	2 000万元以下	两者满足其一
14	物业管理	小企业	100人及以上 300人以下	500万元及以上 1 000万元以下		两者同时满足
		微型企业	100人以下	500万元以下		两者满足其一
15	租赁和商务服务业	小企业	10人及以上 100人以下		100万元及以上 8 000万元以下	两者同时满足
		微型企业	10人以下		100万元以下	两者满足其一
16	其他未列明行业	小企业	10人及以上 100人以下			
		微型企业	10人以下			

资料来源:《中小企业划型标准规定》(工信部联企业〔2011〕300号)。

第二节　小企业的特点

在我国经济高质量发展中,小企业始终是国民经济发展中一支重要力量,是我国国民经济的重要组成部分。小企业作为市场竞争机制的真正参与者和体现者,以其灵活而专业化的生产和经营,为配套大企业带来协作一体化的好处,大大节约成本,减少风险,增强盈利性,在国民经济的各个领域日益成为经济增长的主要因素,对国民经济起到了有效的辅助和补充的作用。小企业的蓬勃发展是经济发展的内在要求和必然结果,在促进经济增长、保证正常合理价格形成、维护市场竞争活力、确保经济运行稳定、扩大就业、科技创新等方面具有不可替代的作用。小企业已经成为国民经济的支柱之一,加快中小企业发展,可以为国民经济持续稳定增长奠定坚实的基础。小企业虽然职工人数少、销售额不多、资产总额较低,但是结构灵活,信息反馈驯熟,调头快,能够适应多变的经济环境,迅速地抓住市场的需求变化进行生产调整,从而获得市场竞争优势或及时应对风险。小企业具有以下特点。

一、企业数量众多,行业分布广

我国小企业及从业人员数量屡创新高。《2021 中国小企业数字初始化指数 2.0》数据显示,至 2020 年末,我国小企业数量已突破 4 000 万家,同比增长 13.0%,占我国企业总数的 99%,税收贡献超 50%,解决就业人数达 4.2 亿人。我国各行业、产业链的销售端、商圈和各类专业市场都存在大量小企业。从整体上看,由于量大、点多且行业和地域分布面广,它们又具有贴近市场、靠近顾客和机制灵活、反应快捷的经营优势,因此,利于满足和适应居民多姿多态、千变万化的消费需求。但是小企业普遍生产规模小,提供的产品或服务种类较为单一,因此只在某一特定区域占有市场份额,且带有鲜明的地域产业特点。

二、市场变化的适应性强

小企业运营机制灵活,能发挥“小而专”“小而活”的优势。小企业自身规模小,人、财、物等资源相对有限,既无力经营多种产品以分散风险,也无法与大企业竞争。因而,小企业会将有限的人力、财力和物力专注于投向产品经营上,不断改进产品质量,提高生产效率,选择能使企业发挥自身优势的专业化经营,以专补缺、以小补大,专精致胜以求在激烈竞争中获得生存与发展。小企业通过专业化生产同大型企业建立起密切的协作关系,不仅在客观上有力地支持和促进了大企业发展,而且为自身的生存与发展提供了可靠的基础。

三、投资主体和资金来源多元化

小企业投资主体主要是大中专毕业生、下岗失业人员、退伍复员军人、城乡无业居民等。小企业资产少,偿债能力有限,融资能力差,资金来源大多为自有资金、亲戚朋友借款,正式融资渠道少。

四、抵御经营风险能力差

小企业资金薄弱,现金储备不足,要获得银行等金融机构贷款,必须有硬抵押,比如房产抵押、其他资产抵押,才能给小企业提供资金。大多数小企业因缺乏可抵押资产,较难获得银行资金发展下去。小企业风险管理理念较为落后，风险管理意识淡薄，在发展和管理过程中重速度、重量、轻质。小企业内部控制体系不完善，管理者和员工普遍缺乏风险意识。小企业抗风险能力较弱，在资金、管理、技术等方面都无法与大型企业相比，风险管理水平滞后，这些弱势使其更容易产生风险。

五、吸纳就业的主力军

小企业的就业容量和单位产值使用劳动力弹性明显高于大中型企业，创业成本低，就业弹性空间大，就业方式灵活，是吸纳社会就业的重要渠道。大力发展小企业是稳就业的关键，小企业是吸纳人才就业的主力军之一。

第三节　小企业会计核算基本理论

一、小企业会计目标

小企业会计目标即小企业财务报告的目标，是向财务报告使用者提供与小企业财务状况、经营成果和现金流量等有关的会计信息，反映小企业管理层受托责任履行情况，有助于财务报告使用者做出经济决策。财务报告使用者包括投资者、债权人、政府及其有关部门和社会公众等。小企业会计目标主要包括以下两个方面的内容。

（一）向财务报告使用者提供有用的决策信息

满足财务报告使用者的信息需要是企业财务报告编制的首要出发点，体现了财务报告的决策有用观。因此，向财务报告使用者提供决策有用的信息是财务报告的基本目标。如果企业在财务报告中提供的会计信息与使用者的决策无关，没有任何使用价值，那么财务报告就失去了其编制的意义。

根据决策有用观的目标要求，小企业财务报告所提供的会计信息应当如实反映以下信息：

①小企业所拥有或者控制的经济资源、对经济资源的要求权以及经济资源要求权的变化情况。

②小企业各项收入、费用、利得和损失的金额及其变动情况。

③小企业各项经营活动、投资活动和筹资活动等所形成的现金流入和现金流出情况等。

通过以上会计信息的反映，帮助现在的或者潜在的投资者、债权人以及其他信息使用者能够正确、合理地评价企业的资产质量、偿债能力、盈利能力和营运效率等，并根据相关会计信息作出理性投资和信贷决策、评估与投资和信贷有关的未来现金流量的金额、时间和风险等。

（二）反映小企业管理层受托责任的履行情况

现代公司制下，企业所有权和经营权相分离，企业管理层是受委托人的委托经营管理企业各项经济资源,负有“受”托责任。财务报告目标要求反映企业管理层受托责任的履行情况,体现为财务报告的受托责任观。小企业管理层经营管理的各项资产来源于投资者投入的资本或者留存收益及向债权人借入的资金,小企业管理层有责任妥善保管并合理、有效地运用这些资源。小企业投资者和债权人等需要及时、经常地了解小企业管理、保管、使用资产的情况,以便于评价小企业管理层受托责任的履行情况和业绩,并决定是否需要调整投资或者信贷政策,是否需要加强小企业内部控制和其他制度建设,是否需要更换管理层等。

财务报告的决策有用观和受托责任观是统一的,投资者出资委托企业管理层经营,希望获得更多的投资回报,实现股东财富的最大化,从而进行可持续投资;企业管理层接受投资者的委托从事生产经营活动,努力实现资产安全完整,保值增值,防范风险,促进企业可持续发展,更好地持续履行受托责任,为投资者提供回报,为社会创造价值,从而构成企业经营者的目标。

二、会计假设和会计基础

(一)会计假设

会计假设也称会计核算的基本前提,是指企业会计确认、计量和报告的前提,是对会计核算所处时间、空间环境等所做的合理设定。会计工作所处的经济环境十分复杂,受很多不确定因素的影响,为了在会计实务工作中出现一些不确定因素时能进行正常的会计业务处理,需要对会计领域里存在的某些尚未确知并无法正面论证和证实的事项所作符合客观情理的推断和假设。因此,会计假设是为了保证会计工作的正常进行和提高会计信息的质量,对会计核算的范围、内容、基本程序和方法所作的基本假定。我们需要厘清会计假设虽然有人为假定的一面,但是并不因此影响其客观性。事实上,作为进行会计活动的必要前提条件,会计假设是会计人员在长期的会计实践中逐步认识,总结而形成的,绝不是毫无根据的猜想或简单武断的规定。会计基本假设包括会计主体、持续经营、会计分期和货币计量。

1. 会计主体

会计主体是指会计工作服务的特定单位,是企业会计确认、计量和报告的空间范围。为了向财务报告使用者反映企业财务状况、经营成果和现金流量,提供对其决策有用的信息。会计核算和财务报告的编制应当反映特定对象的经济活动,才能实现财务报告的目标。明确界定会计主体是开展会计确认、计量和报告工作的重要前提。

会计主体不同于法律主体。一般来说,法律主体必然是一个会计主体,但是会计主体不一定是法律主体。

2. 持续经营

持续经营是指在可以预见的将来,会计主体的生产经营活动将会按当前的规模和状态无期限继续经营下去,不会停业,也不会大规模削减业务。在持续经营前提下,会计确认、计量和报告应当以企业持续、正常的生产经营活动为前提。

企业是否持续经营,在会计政策、会计方法的选择上有很大差别。明确持续经营假设，就意味着会计主体将按照既定用途使用资产，按照既定的合约条件清偿债务，会计人员就可以在此基础上选择会计政策和会计方法。例如，如果合理预判企业会持续经营下去，就可以假定企业固定资产会在持续经营的生产经营过程中长期发挥作用，并服务于生产经营过程，固定资产就可以根据历史成本进行记录，并采用一定折旧的方法，将历史成本分摊到各个会计期间或相关产品的成本中。如果预判企业不能持续经营，固定资产就不应采用历史成本进行记录及按期计提折旧。

3. 会计分期

会计分期是指将一个企业持续经营的生产经营活动划分为一个个连续的、长短相同的期间。会计分期的目的，在于通过会计期间的划分，将持续经营的生产经营活动划分成连续、相等的期间，据以结算盈亏，按期编报财务报告，从而及时向财务报告使用者提供有关企业财务状况、经营成果和现金流量的信息。会计期间通常分为年度和中期。中期，是指短于一个完整的会计年度的报告期间。

根据持续经营假设，一个企业将按当前的规模和状态持续经营下去。但是，无论是企业的生产经营决策还是投资者、债权人等的决策都需要及时的信息。因此，需要通过将企业持续的生产经营活动人为地划分为若干个连续的、长短相同的期间来分期确认、计量和报告企业的财务信息。

4. 货币计量

货币计量是指会计主体在财务会计确认、计量和报告时以货币作为计量尺度，反映会计主体的生产经营活动。

为了实现会计目标，必须综合反映会计主体的各项经济活动，这就要求有一个统一计量尺度。货币具有价值尺度、流通手段、储藏手段和支付手段等特点，其本身属性是商品的一般等价物，而其他计量单位，如重量、长度、容积、台、件等，只能从一个侧面反映企业的生产经营情况，无法在总量上进行汇总和比较，不便于会计计量和经营管理。选择货币尺度进行计量才能充分反映企业的生产经营情况，会计在选择货币作为统一的计量尺度的同时，要以实物量度和时间量度等作为辅助的计量尺度。货币计量隐含币值稳定假设，需要具体确定记账本位币。

（二）会计基础

会计基础是指会计事项的记账基础，是会计确认的某种标准方式，是会计主体收入和支出（费用）的确认标准。会计基础的选择决定了会计主体取得收入和发生支出在会计期间的配比，并直接影响到会计主体的业绩和财务成果。

小企业会计的确认、计量和报告应当以权责发生制为基础。权责发生制，又称应收应付制、应计制，是指以权责发生为基础来确定本期收入和费用，而不是以款项的实际收付作为记账基础。凡是当期已经实现的收入和已经发生或应当负担的费用，无论款项是否收付，都应当作为当期的收入和费用，计入利润表；凡是不属于当期的收入和费用，即使款项已在当期收付，也不应当作为当期的收入和费用。

三、会计信息质量要求

会计信息质量要求是对小企业财务报告中所提供高质量会计信息的基本规范，是财务报告中所提供的会计信息对投资者等使用者决策有用应具备的基本特征，它包括可靠性、相关性、可理解性、可比性、实质重于形式、重要性、谨慎性和及时性。

（一）可靠性

可靠性，又称客观性、真实性，要求小企业应当以实际发生的交易或者事项为依据进行确认、计量和报告，如实反映符合确认和计量要求的各项会计要素及其他相关信息，保证会计信息真实可靠、内容完整。

（二）相关性

相关性要求小企业提供的会计信息应当与财务报告使用者的经济决策需要相关，有助于投资者等财务报告使用者对小企业过去、现在或者未来的情况做出评价或者预测。

（三）可理解性

可理解性，又称清晰性，要求小企业提供的会计信息应当清晰明了，便于财务报告使用者理解和使用。

（四）可比性

可比性要求小企业提供的会计信息应当相互可比，保证同一小企业不同时期可比、不同小企业相同会计期间可比。主要包括两层含义：①同一小企业不同时期可比。比较小企业在不同时期发生的相同或者相似的交易或者事项，应当采用一致的会计政策，不得随意变更。②不同小企业相同会计期间可比。不同小企业同一会计期间发生的相同或者相似的交易或者事项，应当采用规定的会计政策，确保会计信息口径一致、相互可比，以使不同小企业按照一致的确认、计量和报告要求提供有关会计信息。

（五）实质重于形式

实质重于形式要求小企业应当按照交易或者事项的经济实质进行会计确认、计量和报告，不仅仅以交易或者事项的法律形式为依据。

在多数情况下，小企业发生的交易或事项的经济实质和法律形式是一致的，但在有些情况下也会出现不一致。例如，以融资租赁方式租入固定资产的事项；企业按照销售合同销售商品但又签订了售后回购协议的事项等。

（六）重要性

重要性要求小企业提供的会计信息应当反映与小企业财务状况、经营成果和现金流量有关的所有重要交易或者事项。重要性的应用需要依赖职业判断，小企业应当根据其所处环境和实际情况，从项目的性质和金额大小两方面加以判断。

（七）谨慎性

谨慎性要求企业对交易或者事项进行会计确认、计量和报告时保持应有的谨慎，不应高估资产或者收益、低估负债或者费用。谨慎性的应用不允许企业设置秘密准备。

（八）及时性

及时性要求小企业对于已经发生的交易或者事项，应当及时进行确认、计量和报告，不得提前或者延后。及时性要求及时收集、及时处理、及时传递会计信息。

四、会计要素和会计计量属性

（一）会计要素

会计要素是根据交易或者事项的经济特征所确定的财务会计对象的基本分类。会计要素按照其性质分为资产、负债、所有者权益，收入、费用和利润。其中，资产、负债和所有者权益要素侧重于反映企业的财务状况，收入、费用和利润要素侧重于反映企业的经营成果。

1. 资产

资产是指小企业过去的交易或者事项形成的、由小企业拥有或者控制的、预期会给小企业带来经济利益的资源。小企业的资产按照流动性分为流动资产和非流动资产。

2. 负债

负债是指小企业过去的交易或者事项形成的，预期会导致经济利益流出小企业的现时义务。小企业的负债按照其偿还速度或者偿还时间的长短，分为流动负债和非流动负债。

3. 所有者权益

所有者权益是指小企业资产扣除负债后由所有者享有的剩余权益。小企业的所有者权益包括实收资本（或股本）、资本公积、盈余公积和未分配利润。

4. 收入

收入是指小企业在日常活动中形成的、会导致所有者权益增加的、与所有者投入资本无关的经济利益的总收入，通常包括销售商品收入和提供劳务收入。

5. 费用

费用是指小企业在日常活动中发生的、会导致所有者权益减少的、与向所有者分配利润无关的经济利益的总流出。小企业的费用包括营业成本、营业税金及附加、销售费用、财务费用、管理费用等。

6. 利润

利润是指小企业在一定会计期间的经营成果，包括营业利润、利润总额和净利润。

（二）会计计量属性

会计计量是为了将符合确认条件的会计要素登记入账并列报于财务报表而确定其金额的过程。小企业应当按照规定的会计计量属性进行计量，确定相关金额。从会计角度看，计量属性反映的是会计要素金额的确定基础。

《企业会计准则》规定会计计量属性包括历史成本、重置成本、可变现净值、现值和公允价值等。但是《小企业会计准则》规定，小企业的资产应当按照历史成本进行计量，资产按照其购置时支付的现金或者现金等价物的金额，或者按照购置资产时所付出的对价的公允价值计量。不计提资产减值准备，不涉及可变现净值和现值。负债按照其因承担现时义务而实际收到的款项或者资产的金额，或者承担现时义务的合同金额，或者按照日常活动中为偿还负债预期需要支付的现金或者现金等价物的金额计量。

五、小企业会计科目

会计科目是对会计对象的具体内容进行分类核算的类目。设置会计科目是进行分类核算与监督的一种方法。小企业常用的会计科目见表1-2。

表1-2　小企业会计科目表

顺序号	编号	会计科目名称	顺序号	编号	会计科目名称
一、资产类			21	1511	长期股权投资
1	1001	库存现金	22	1601	固定资产
2	1002	银行存款	23	1602	累计折旧
3	1012	其他货币资金	24	1604	在建工程
4	1101	短期投资	25	1605	工程物资
5	1121	应收票据	26	1606	固定资产清理
6	1122	应收账款	27	1621	生产性生物资产
7	1123	预付账款	28	1622	生产性生物资产累计折旧
8	1131	应收股利	29	1701	无形资产
9	1132	应收利息	30	1702	累计摊销
10	1221	其他应收款	31	1801	长期待摊费用
11	1401	材料采购	32	1901	待处理财产损溢
12	1402	在途物资	二、负债类		
13	1403	原材料	33	2001	短期借款
14	1404	材料成本差异	34	2201	应付票据
15	1405	库存商品	35	2202	应付账款
16	1407	商品进销差价	36	2203	预收账款
17	1408	委托加工物资	37	2211	应付职工薪酬
18	1411	周转材料	38	2221	应交税费
19	1421	消耗性生物资产	39	2231	应付利息
20	1501	长期债券投资	40	2232	应付利润

续表

顺序号	编号	会计科目名称	顺序号	编号	会计科目名称
41	2241	其他应付款	54	4403	机械作业
42	2401	递延收益	五、损益类		
43	2501	长期借款	55	5001	主营业务收入
44	2701	长期应付款	56	5051	其他业务收入
三、所有者权益类			57	5111	投资收益
45	3001	实收资本	58	5301	营业外收入
46	3002	资本公积	59	5401	主营业务成本
47	3101	盈余公积	60	5402	其他业务成本
48	3103	本年利润	61	5403	营业税金及附加
49	3104	利润分配	62	5601	销售费用
四、成本类			63	5602	管理费用
50	4001	生产成本	64	5603	财务费用
51	4101	制造费用出	65	5711	营业外支出
52	4301	研发支出	66	5801	所得税费用
53	4401	工程施工			

第四节　小企业会计规范和会计机构设置

一、《小企业会计准则》

《小企业会计准则》的发布实施，标志着由适用于大中型企业的《企业会计准则》和适用于小企业的《小企业会计准则》共同构成的企业会计标准体系基本建成。《小企业会计准则》由小企业会计准则以及会计科目、主要账务处理和财务报表两部分组成。小企业会计准则采用章节体例，分为总则、资产、负债、所有者权益、收入、费用、利润及利润分配、外币业务、财务报表、附则十章，具体规定了小企业会计核算的全部内容。

《小企业会计准则》的适用范围：在中华人民共和国境内设立的，同时满足下列三个条件的企业。

（一）经营规模较小

经营规模较小是指符合国务院发布的中小企业划型标准所规定的小企业标准或微型企业标准。根据《关于印发中小企业划型标准规定的通知》（工信部联企业〔2011〕300

号),我国将中小企业划分为中型、小型、微型三种类型,具体标准根据企业从业人员、营业收入、资产总额等指标,结合行业特点来制定。

(二)既不是企业集团内的母公司也不是子公司

小企业会计信息的使用者主要是银行及税务部门。如果一个企业已经是母公司了,能够控制其他企业,那么就需要编制合并财务报表,其股东就成为会计信息的主要使用者,对该企业应当从高要求。由于企业集团需要统一会计政策和编制合并财务报表等,因此企业集团内的母公司和子公司均应当执行《企业会计准则》。

(三)不承担社会公众责任

承担社会公众责任主要包括两种情形:一是企业的股票或债券在市场上公开交易,如上市公司和发行企业债的非上市企业、准备上市的公司和准备发行企业债的非上市企业;二是受托持有和管理财务资源的金融机构或其他企业,如非上市金融机构、具有金融性质的基金等其他企业(或主体)。小企业一般不承担以上两项社会公众责任。凡是承担社会公众责任的企业都不能划分为小企业。

我国目前的会计准则体系主要包括《企业会计准则》《小企业会计准则》和《政府会计准则》。小企业主要执行《小企业会计准则》,也可执行《企业会计准则》。具体而言:

①符合《小企业会计准则》规定条件的小企业,可以按照《小企业会计准则》进行会计处理,也可以选择执行《企业会计准则》。但一经选择,不得随意变更。

②凡是按照《小企业会计准则》进行会计处理的小企业,如果其发生的交易或者事项,《小企业会计准则》未作规范的,应当根据《企业会计准则》的相关规定进行处理。

③选择执行《企业会计准则》的小企业,不得在执行《企业会计准则》的同时,选择执行《小企业会计准则》的相关规定。

④执行《小企业会计准则》的企业,如公开发行股票或债券的,应当转为执行《企业会计准则》;因经营规模或企业性质变化导致连续 3 年不符合《小企业会计准则》规定的小企业标准而成为大中型企业或金融企业的,应当次年的 1 月 1 日转为执行《企业会计准则》。

⑤执行《小企业会计准则》的小企业,转为执行《企业会计准则》时,应当按照《企业会计准则第 38 号——首次执行企业会计准则》等相关规定进行会计处理。

二、小企业会计机构设置

会计机构是直接从事和组织领导会计工作的职能部门。根据《中华人民共和国会计法》的规定,小企业应当根据会计业务的需要来决定是否设置会计机构。

为了科学、合理地组织开展会计工作,保证正常的经济核算,小企业原则上应当设置独立的会计机构。然而,企业规模有大小,业务有繁简,而且是否设置机构及其设置哪些机构,应当是企业的内部事务。如果不单独设置会计机构的,应当在有关机构中设置专职会计人员并指定会计主管人员。“会计主管人员”不同于通常所说的“主管会计”“主办会计”等,而是指负责组织管理会计事务、行使会计机构负责人职权的负责人。小企业可以选择委托代理记账机构代理记账。

如何设置会计机构和安排会计人员,小企业可以根据本单位会计业务繁简情况而定。

思考题

1. 与大中型企业会计相比较,小企业会计有何不同?
2. 小企业会计的划型标准有哪些?
3. 小企业会计要素有哪些?它们之间有何关系?
4. 小企业会计信息的质量要求具体包括哪些内容?
5. 小企业会计要素计量属性有何规定?
6. 如何理解小企业会计基础权责发生制?
7.《小企业会计准则》的适用范围。

练习题

一、单项选择题

1. 2011 年 6 月 18 日,工业和信息化部联合国家统计局等四个部委颁布的《中小企业划型标准规定》中新增加的一类企业是(　　)。

A. 大型企业　　B. 中型企业　　C. 小型企业　　D. 微型企业

2.《小企业会计准则》规定小企业可以采用的计量方式是(　　)。

A. 现值　　B. 历史成本　　C. 重置成本　　D. 可变现净值

3. 下列企业,可以执行《小企业会计准则》的有(　　)。

A. 在中华人民共和国境内依法设立的工业企业,从业人员 30 人,年营业收入 500 万元

B. 股票或债券在市场上公开交易的小企业

C. 金融机构或其他具有金融性质的小企业

D. 企业集团内的母公司和子公司

4.《中小企业划型标准规定》中未列明行业的小企业标准的是(　　)。

A. 营业收入 50 万元及以上 500 万元以下的

B. 资产总额 300 万元及以上 5 000 万元以下的

C. 从业人员 20 人及以上 300 人以下的

D. 从业人员 10 人及以上 100 人以下的

5. (　　)确定了会计核算的空间范围。

A. 会计主体假设　B. 会计分期假设　C. 货币计量假设　D. 持续经营假设

6. 小企业在进行会计核算时,应以实际发生的经济业务为依据,如实反映企业的财务状况和经营成果,这符合(　　)原则。

A. 可比性　B. 可理解性　C. 可靠性　D. 相关性

7. 不同小企业发生的相同或相似的经济业务,应采用会计准则规定的会计政策,体现了(　　)原则。

A. 重要性　B. 可比性　C. 实质重于形式　D. 可理解性

8. 小企业资产以历史成本计价,而不以清算价格计价,依据的是(　　)。

A. 会计主体假设　B. 持续经营假设　C. 会计分期假设　D. 货币计量假设

9. 下列各项中,属于小企业会计确认、计量和报告的基础是(　　)。

A. 权责发生制　B. 持续经营　C. 货币计量　D. 收付实现制

10. 下列会计科目,小企业不需要设置的是(　　)。

A. 短期投资　B. 预付账款　C. 坏账准备　D. 累计摊销

二、多项选择题

1. 小企业作为会计主体,必须具备的条件有:(　　)。

A. 有独立的经济活动　B. 有独立的资产

C. 有独立的收入和费用　D. 必须是法律主体

2. 下列各项中,属于小企业会计基本假设的有(　　)。

A. 会计主体　B. 持续经营　C. 会计分期　D. 货币计量

3. 下列采用历史成本计量的说法正确的有(　　)。

A. 企业取得的资产,应以其购进或建造时发生的实际成本作为入账的基础

B. 有会计凭证为依据,便于事后查核和验证,具有可验证性

C. 实际成本的数据比较容易取得,因而也便于核算

D. 采用历史成本计量是建立在币值稳定假设基础之上的

4. 小企业会计准则适用于在中华人民共和国境内依法设立的、符合《中小企业划型标准规定》所规定的小企业标准的企业,但不包括的小企业有(　　)。

A. 股票或债券在市场上公开交易的小企业

B. 金融机构或其他具有金融性质的小企业

C. 企业集团内的母公司和子公司

D. 民营小企业

5.《中小企业划型标准规定》中餐饮业小企业应同时满足的条件是(　　)。

A. 营业收入 100 万元及以上 2 000 万元以下

B. 从业人员 20 人及以上 300 人以下

C. 资产总额 300 万元及以上 5 000 万元以下

D. 从业人员 10 人及以上 100 人以下

6. 下列各科目中,小企业不需要设置的会计科目有(　　)。

A. 累计折旧　　B. 坏账准备　　C. 长期股权投资　D. 存货跌价准备

三、判断题

1. 企业可根据自身情况，选择执行《企业会计准则》或《小企业会计准则》，或以一个准则为主，同时选择另外一个准则的有关原则。（　）

2. 执行《小企业会计准则》的小企业，发生的交易或者事项《小企业会计准则》未作规范的，可以参照《企业会计准则》中的相关规定进行处理。（　）

3. 符合《小企业会计准则》适用范围的小企业，必须执行《小企业会计准则》。（　）

4. 集团公司内部母子公司分属不同规模的情况下，集团内小企业可以执行《小企业会计准则》。（　）

5. 小企业的资产应当按照历史成本计量，不计提资产减值准备。（　）

6. 小企业提供财务报告信息主要是考虑投资者的需要。（　）

7. 税务部门和银行均是小企业外部会计信息使用者。（　）

8. 小企业的会计要素为资产、负债、所有者权益、收入、费用五大要素。（　）

9. 小企业会计主体假设界定了会计核算的空间和时间范围。（　）

10. 小企业会计计量属性有历史成本、可变现净值、现值、公允价值等。（　）

第二章　货币资金

学习目标

本章主要阐述货币资金中库存现金、银行存款、其他货币资金、外币业务的基本核算。通过本章的学习，了解库存现金、银行存款账户的管理规定，现金收支、银行结算方式，即期汇率与平均汇率、外币财务报表折算。掌握现金、银行存款、其他货币资金的内涵及增减业务的核算、货币兑换的折算和外币交易的会计处理。重点理解和掌握货币资金的计价基础、入账价值和业务管理。

货币资金，是指小企业生产经营过程中暂时停留于货币形态上的资金，是流动性最强的一种资产。小企业在生产经营过程中，需要保留一定数量的货币资金，满足日常开支需要和预防经营风险等用途。例如，购买原材料、发放工资薪金、偿还债务、购买办公用品、支付电话费和水电费、缴纳税金、支付股利和利息以及进行投资活动等事项，都需要通过货币资金进行收支结算。因此，小企业要按照货币资金管理的有关规定，对各种收付款项进行结算。货币资金按其存放地点和用途的不同分为库存现金、银行存款和其他货币资金等。

第一节　库存现金

一、库存现金的概念

库存现金是指小企业持有的，为了满足日常经营过程中零星开支需要而保留的现金。现金有广义和狭义之分，广义的现金包括库存现金、银行存款以及其他货币资金；狭义的现金仅指库存现金（包括人民币和外币），由财务或会计部门的出纳人员保管的货币。在会计核算中，现金一般指的是狭义概念的现金。

二、库存现金的管理

库存现金是小企业流动性最强的一项资产，可以随时用于购买生产经营活动中所需要的各种物资、支付相关费用、偿还债务等，也极易被挪用和侵吞。所以，小企业应当严格遵守国家有关的现金管理制度，正确进行现金收支的核算，监督现金使用的合法性和合理性,以保护现金的安全,并提高现金的使用效益。国务院颁布的《中华人民共和国现金管理暂行条例》,中国人民银行发布的《中华人民共和国现金管理暂行条例实施细则》,以及财政部发布的《内部会计控制规范——货币资金(试行)》对现金的使用范围做了严格的规定。

(一)现金的使用范围

根据现金结算制度的规定,企业收支的各种款项,必须按照国务院颁布的《中华人民共和国现金管理暂行条例》的规定办理,在规定的范围内使用现金。库存现金的使用范围主要包括以下8个方面:

①职工工资、津贴。

②个人劳务报酬。

③根据国家规定颁发给个人的科学技术、文化艺术、体育等各种奖金。

④各种劳保、福利费用以及国家规定的对个人的其他支出。

⑤向个人收购农副产品和其他物资的价款。

⑥出差人员必须随身携带的差旅费。

⑦结算起点(1 000 元)以下的零星支出。

⑧中国人民银行确定需要支付现金的其他支出。

在日常资金结算工作中,小企业应按上述范围严格控制现金支出。除上述情况可以用现金支付外,其他款项的支付应通过银行转账结算。小企业应加强现金的内部控制管理。

(二)现金的限额管理

"库存现金限额",是指为了保证小企业日常零星开支的需要,允许小企业留存现金的最高数额。正常开支需要量不包括小企业每月发放的工资和不定期差旅费等大额现金支出。库存现金限额由开户银行根据小企业的实际需要和距离银行远近核定,一般按照小企业3~5天日常零星开支需要确定。远离银行机构、边远地区和交通不便地区的小企业的库存现金限额可以根据实际情况适当放宽,但不得超过15天的业务需要量。

小企业必须严格遵守核定后的库存现金限额,超过限额部分应于当日终了前存入开户银行;库存现金低于限额时,可以签发现金支票从银行提取现金,补足限额。需要增加或减少库存现金限额的小企业,应向开户银行提出申请,由开户银行核定。

(三)现金的内部控制管理

现金的内部控制制度要求负责现金收付业务的人员应与记账人员和负责审批的人员相分离;现金、现金支票收入的防伪检验制度,防止出现意外损失;对现金支付较多的部门建立备用金制度,实行备用金管理;小企业从开户银行提取现金,应当写明用途,由本企业财务部门负责人签字盖章,经开户银行审核后,予以支付现金;因采购地点不固定、交通不便、生产或者市场急需、抢险救灾以及其他特殊情况必须使用现金的,小企业应向开户银行提出申请,经开户银行审核后予以支付现金;健全现金收付票据的复核制度,坚持对存入的保证金、押金、库存现金和各部门的备用金等定期进行清查核对等。

(四)现金管理的“八不准”

①不准用不符合财务制度的凭证顶替库存现金,如“白条抵库”。

②不准单位之间互相借用现金。

③不准谎报用途套取现金。

④不准用银行账户代其他单位和个人存入或支取现金。

⑤不准将单位收入的现金以个人名义存入储蓄账户,即不得“公款私存”。

⑥不准保留账外公款,即不得私设“小金库”。

⑦不准发行变相货币。

⑧不准以任何票券代替人民币在市场上流通。

三、库存现金的核算

(一)科目设置

小企业现金业务核算主要包括现金收支的日常核算和现金清查的核算两部分。小企业应当设置“库存现金”科目,对库存现金的收支和结存情况进行核算。该科目的借方反映库存现金的增加,贷方反映库存现金的减少,月末借方余额反映小企业实际持有的库存现金。小企业增加库存现金,例如,从银行提取现金,根据支票存根记载的提取金额,借记“库存现金”科目,贷记“银行存款” 科目;减少库存现金,例如,将库存现金存入银行,或者发生现金的支出业务,借记“银行存款”等科目,贷记“库存现金”科目。

小企业内部周转使用的备用金,应当通过“其他应收款”账户核算,也可以单独设置“备用金”账户。有外币现金的小企业,还应当分别按照人民币和外币进行明细核算。

“库存现金”科目可以根据现金收付款凭证和银行付款凭证直接登记,如果日常现金收支业务量比较大,为了简化核算工作,小企业可以根据实际情况,采用汇总记账凭证、科目汇总表等核算形式定期或月份终了,根据汇总收付款凭证或科目汇总表等登记入账。为了加强对小企业库存现金的总分类核算和明细分类核算,小企业应设置“库存现金总账”和“库存现金日记账”。“库存现金日记账”可以帮助小企业随时掌握现金收付动态和库存余额,保证现金的安全,由出纳人员根据收、付款凭证,按照业务发生的顺序逐笔登记。每日终了,应当计算当日的现金收入合计额、现金支出合计额和结余额,并将结余额与实际库存额核对,做到账实相符;月终,“现金日记账”的余额必须与“库存现金”总账的余额核对相符。“库存现金日记账”必须做到日清月结。有外币现金的小企业,应当按照人民币现金、外币现金的币种分别设置“现金日记账”进行明细核算。

(二)现金的收入核算

1. 从银行提取现金

【例 2-1】小企业开出现金支票一张,从银行提取现金 3 000 元备用。

借:库存现金　　3 000

　　贷:银行存款　　3 000

2. 销售商品或提供劳务取得的现金收入

【例 2-2】小企业主要从事某商品的生产与销售,为增值税一般纳税人。20×2 年 3 月

1 日售出商品,收到现金价款合计(价款和增值税款)为 6 780 元,并将其及时入库。该批商品成本为 1 500 元。

借:库存现金　　6 780
　　贷:主营业务收入　　6 000
　　　　应交税费——应交增值税(销项税额)　　780
借:主营业务成本　　1 500
　　贷:库存商品　　1 500

3. 处置资产的现金收入

【例 2-3】小企业有一台使用期满的旧设备,经批准报废,设备原价为 27 000 元,已提折旧 25 000 元。报废时收到现金收入为 1 500 元,并及时入库;在报废清理过程中发生清理费用 300 元(暂不考虑增值税)。

①将固定资产转入清理:

借:固定资产清理　　2 000
　　累计折旧　　25 000
　　　贷:固定资产　　27 000

②收到现金收入:

借:库存现金　　1 500
　　贷:固定资产清理　　1 500

③支付清理费用:

借:固定资产清理　　300
　　贷:银行存款　　300

④结转报废固定资产的净损失:

借:营业外支出　　800
　　贷:固定资产清理　　800

(三)现金的支出核算

1. 小企业将收到的或者多余的现金存入银行

【例 2-4】小企业出纳将库存现金 500 元存入银行。

借:银行存款　　500
　　贷:库存现金　　500

2. 因支付职工出差费用等原因所需现金时

【例 2-5】因职工张某出差预借差旅费 5 000 元,以现金支付。一周后,张某出差回来报销差旅费 5 800 元,补付现金 800 元。

①支付出差借款时:

借:其他应收款——张某　　5 000
　　贷:库存现金　　5 000

②一周后,报销差旅费时:

借:管理费用　　5 800

贷:其他应收款——张某 5 000

库存现金 800

【例2-6】小企业用300元现金购买行政管理部门办公用品。

借:管理费用 300

贷:库存现金 300

(四)现金清查(短缺和溢余)的核算

为保证资产的安全,确保账实相符,小企业应当按照规定进行现金清查。所谓现金清查,就是对小企业库存现金的盘点与核对,包括对出纳人员每日终了进行的账实核对和小企业在财产清查时进行的定期清查和不定期清查。库存现金的清查一般采用实地盘点法。清查时,出纳人员必须在场,清查的内容主要是检查是否挪用现金、是否白条抵库、是否超额留存现金以及账款是否相符等。清查的结果应编制现金盘点报告单,注明现金短缺或是溢余,并由出纳人员和盘点人员签字盖章。在现金清查中,如果发现有挪用现金、白条抵库等情况,应及时予以纠正;对于超限额留存的现金,应及时送存银行。

根据《小企业会计准则》的规定,每日终了在结算现金收支、财产清查时发现有待查明原因的现金短缺或溢余,应通过"待处理财产损溢"科目核算。

①如为现金短缺,应区分短缺原因,属于应由责任人、保险公司赔偿的部分,借记"其他应收款——应收现金短缺款/应收保险赔款"或"库存现金"等科目,贷记"待处理财产损溢"科目;属于无法查明原因的,根据管理权限经批准后,借记"管理费用——现金短缺"科目,贷记"待处理财产损溢"科目。属于玩忽职守,违反纪律,有章不循等原因造成的重大责任性差错,应追究失职者的经济责任,给予适度处分;数额较大,影响严重的,应追究其法律责任。

②如为现金溢余,属于应支付给相关人员或单位的,应借记"待处理财产损溢"科目,贷记"其他应付款——应付现金溢余"科目;属于无法查明原因的,经批准后,借记"待处理财产损溢"科目,贷记"营业外收入——现金溢余"科目。

1. 现金短缺的核算

【例2-7】小企业在年末现金清查时发现短缺1 200元。经查,其中700元由出纳保管不力造成;另外500元短缺原因不明。经处理决定由出纳赔偿700元。

①发现库存现金短缺:

借:待处理财产损溢 1 200

贷:库存现金 1 200

②由出纳赔偿700元:

借:其他应收款——出纳 700

贷:待处理财产损溢 700

③确认无法查明的现金短缺损失:

借:管理费用——现金短缺 500

贷:待处理财产损溢 500

2. 现金溢余的核算

【例 2-8】小企业年末在现金清查时发现库存现金较账面余额多出 300 元。原因无法查明。

①发现现金溢余：

借:库存现金　　300

　　贷:待处理财产损溢　　300

②确认无法查明的现金溢余收益：

借:待处理财产损溢　　300

　　贷:营业外收入——现金溢余　　300

第二节　银行存款

一、银行存款的概念

银行存款,是指小企业存放在银行或其他金融机构,可随时支取的货币资金。根据国家现金管理和结算制度的规定,凡是独立核算的企业单位,均应在所在地银行申请开立银行存款结算账户,用来办理存款、取款和转账结算。除了按规定可用现金收付的款项外,企业生产经营过程中所发生的一切货币收支业务,都必须通过银行存款账户进行结算。

二、银行结算账户

银行结算账户,是指银行为存款人开立的办理资金收付的活期存款账户。银行结算账户按照存款人的不同分为单位银行结算账户和个人银行结算账户。单位银行结算账户按照用途分为基本存款账户、一般存款账户、临时存款账户、专用存款账户。一个小企业可以开设多个银行账户,但只能有一个基本存款账户。

(一)基本存款账户

基本存款账户,是指存款人因办理日常转账结算和现金收付需要开立的银行结算账户，一个单位只能开立一个基本存款账户。存款单位的现金支取,只能通过基本存款账户办理。一个单位只能选择一家银行的一个营业机构开立一个基本存款账户,不得同时开立多个基本存款账户。

(二)一般存款账户

一般存款账户,是指存款人因借款或者其他结算需要,在基本存款账户开户银行以外的银行营业机构开立的银行结算账户。该账户可以办理现金缴存,但不得办理现金支取业务。

(三)临时存款账户

临时存款账户,是指存款人因临时需要并在规定期限内使用而开立的银行结算账户。存款人有设立临时机构、异地临时经营活动、注册验资情况的，可以申请开立临时存款账户。

（四）专用存款账户

专用存款账户，是指存款人按照法律、行政法规和规章，对有特定用途资金进行专项管理和使用而开立的银行结算账户。

三、银行结算方式

小企业在生产经营过程中，由于采购材料、供应劳务、发放工资、上缴税金等必须和其他经济组织发生经济往来，必然会引起与其他单位、企业内部和职工个人发生各种应收、应付、暂收、暂付等款项的结算。小企业必须按照经济合同和结算制度及时收付款项，去银行办理相关结算手续。

结算方式是指用一定的形式和条件来实现各单位（或个人）之间货币收付的程序和方法。小企业除按规定的范围使用现金结算外，大部分货币收付业务应使用非现金结算。小企业银行存款的收付应严格执行银行支付结算制度的有关规定。根据中国人民银行发布的《支付结算办法》，目前我国企业可采用的银行结算方式主要有商业汇票、银行汇票、银行本票、支票、信用卡等。小企业可以根据实际情况，采用不同的结算方式与交易单位进行结算。不同的结算方式下其结算手续及有关会计核算也有所不同。

（一）银行汇票

银行汇票是指单位或个人将款项交存当地开户银行，由出票银行签发凭其在见票时按照实际结算金额无条件支付给收款人或者持票人的票据。银行汇票具有使用灵活、票随人到、兑现性强等特点，适用于先收款后发货或钱货两清的商品交易，同城或异地结算都可以使用。银行汇票的付款期限为 1 个月。

（二）银行本票

银行本票是银行签发的，承诺其在见票时无条件支付确定金额给收款人或者持票人的票据。单位和个人在同一票据交换区域支付各种不同款项时，均可以使用银行本票。银行本票可以用于转账，注明“现金”字样的银行本票可以用于支取现金。银行本票的提示付款期自出票日起最长不得超过 2 个月。

（三）商业汇票

商业汇票是由出票人签发的，委托付款人在指定日期无条件支付确定的金额给收款人或票据持有人的票据。商业汇票结算方式适用于企业先发货、后收款，或者是双方约定近期付款的商品交易，同城和异地均可使用。商业汇票的付款期限最长不得超过 6 个月。商业汇票的提示付款期限为自汇票到期日起 10 日内。商业汇票可以贴现、转贴现、再贴现。商业汇票按其承兑人的不同分为商业承兑汇票和银行承兑汇票。其中，商业承兑汇票是指由收款人签发，经付款人承兑或由付款人签发并承兑的汇票；银行承兑汇票是指由收款人或承兑申请人签发，并由承兑申请人向开户银行申请，经银行审查同意承兑的票据。

（四）支票

支票是出票人（单位或个人）签发的，委托办理存款业务的银行在见票时无条件支付确定的金额给收款人或者持票人的票据。支票包括现金支票和转账支票。现金支票只能用于支取现金，转账支票只能用于转账。单位和个人在同一票据交换区域结算的各种款项，均可以使用支票。支票的提示付款期限自出票日起 10 天，超过提示付款期的，持票人开户银行不予受理，付款人不予付款。支票上印有“现金”字样的为现金支票，印有“转账”字样的为转账支票，未印“现金”“转账”的为普通支票。

（五）信用卡

信用卡是指商业银行向个人和单位发行的，凭以向特约单位购物、消费和向银行存取现金，且具有消费信用的特制载体卡片。信用卡按使用对象分为单位卡和个人卡。单位卡账户的资金一律从其基本存款账户转账存入，不得交存现金，不得将其他存款账户和销售收入的款项转入其账户，严禁将单位的款项存入个人卡账户。单位卡一律不得支取现金，个人卡可以在银行和自动柜员机上支取现金，但超过支付限额的，代理银行应向发卡银行索权。持卡人使用信用卡不得发生恶意透支。

四、银行存款的管理

企业之间的支付结算必须通过经中国人民银行批准的金融机构进行，小企业加强银行存款管理，必须遵守银行结算纪律。银行账户只限于本单位使用，不准搞出租、出借、套用或转让；严格支票管理，不得签发空头支票，空白支票必须严格领用注销手续；不准签发没有资金保证的票据和远期支票，套取银行信用；不准签发、取得和转让没有真实交易和债权、债务的票据，套取银行和他人资金；不准无理拒绝付款，任意占用他人资金；不准违反规定开立和使用账户。小企业应按月与开户银行对账，保证账账、账实相符。平时开出支票，应尽量避免跨月支取，年终开出支票，须当年支款，不得跨年度。出纳、会计应按月编制银行存款余额调节表，逐月与银行核对余额，防止错账、乱账。

付款人要恪守信用，履约付款；收款人应做到谁的钱进谁的账，由谁支配。

五、银行存款的核算

（一）科目设置

为了总括地反映和监督企业银行存款的收入、支出和结存情况，小企业应设置“银行存款”科目，核算小企业存入银行或其他金融机构的各种款项。该科目的借方登记银行存款的增加额，贷方登记银行存款的减少额；期末余额在借方，反映小企业存在银行或其他金融机构的各种款项。有外币银行存款的小企业，还应当分别按照人民币和外币进行明细核算。

需注意的是小企业的商业汇票应通过“应收票据”和“应付票据”科目核算，银行汇票、银行本票、信用卡、信用证应通过“其他货币资金”核算，均不在本科目核算。

为了加强对银行存款的管理，随时掌握银行存款收付的动态和结存的余额，小企业应按开户银行和其他金融机构、存款种类等分别设置“银行存款日记账”，由出纳人员根据收付款凭证，按照业务的发生顺序逐笔登记。每日终了，应结出余额。“银行存款日记账”应定期与“银行对账单”进行核对，至少每月核对一次。小企业银行存款账面余额与银行对账单余额之间如有差额，应编制“银行存款余额调节表”调节相符。

为了总括地核算和监督小企业银行存款的收支和结余情况，小企业还应设置银行存款总账。银行存款总账应由不从事出纳工作的会计人员负责登记。

(二)银行存款收入的账务处理

1. 小企业将款项存入银行或收到款项时

【例2-9】小企业接到银行通知，收到宏达公司前欠的商品销货款3 000元。

	借方	贷方
借:银行存款	3 000	
贷:应收账款——宏达公司		3 000

2. 小企业对外销售货物或提供劳务直接通过银行转账取得收入

【例2-10】小企业为一般纳税人，销售产品一批，增值税专用发票上注明的价款为20 000元，增值税额为2 600元，收到购货单位的转账支票一张，送存银行。

	借方	贷方
借:银行存款	22 600	
贷:主营业务收入		20 000
应交税费——应交增值税(销项税额)		2 600

(三)银行存款支出的账务处理

1. 小企业从银行提取款项或以银行存款支付款项

【例2-11】小企业以银行存款支付拖欠红星工厂货款5 600元。

	借方	贷方
借:应付账款——红星工厂	5 600	
贷:银行存款		5 600

2. 小企业以银行存款向供货方或提供劳务方进行支付

【例2-12】小企业从红星工厂购入原材料一批，价款5 000元。两个企业均为一般纳税人，小企业收到材料后，以银行存款支付款项5 650元。

	借方	贷方
借:原材料	5 000	
应交税费——应交增值税(进项税额)	650	
贷:银行存款		5 650

【例2-13】小企业通过银行支付工人工资32 000元。

	借方	贷方
借:应付职工薪酬	32 000	
贷:银行存款		32 000

(四)存款利息的账务处理

小企业存款账户一般都是按季计算利息，计算日为每季度末的20日，如3月20日、6月20日、9月20日、12月20日。计息期实行“算头不算尾”，从有存款业务发生的当日起计算，即所谓“算头”；到业务终止(存款支取)前一日止，即所谓“不算尾”，按照实际存款天数计算利息。对于逐笔计算的存款，其计息时期，满月的按月计算，有整月又有零头天数的,可全部化成天数按天数计算;满月不论月大月小,均按 30 天计算,零头天数则按实际天数计算。

【例 2-14】小企业收到本月银行存款产生的利息收入金额为 500 元。

借:银行存款　　500

　贷:财务费用　　500

【例 2-15】小企业季末支付短期借款利息 1 200 元。其中前两个月利息 800 元。

借:应付利息　　800

　财务费用　　400

　贷:银行存款　　1 200

(五)银行存款的清查

为了防止记账发生差错,正确掌握银行存款实际数额,保证银行存款核算的真实、准确和资产的安全,小企业应定期将银行存款日记账与银行对账单逐笔核对增减额和同一日期的余额核对,对银行存款进行清查,以查明账实是否相符。银行存款是小企业最重要的流动资产之一,小企业与银行之间的账项往来频繁,双方都容易出现差错,银行存款的收付存在多种转账结算方式,有些方式由银行完成收付后才通知小企业,由于多种原因导致小企业财务部门迟收或没有收到银行收付款的通知,进而不能及时入账,致使小企业银行存款日记账余额与银行对账单余额出现不一致,小企业无法准确掌握银行存款的实际余额。如果银行存款日记账的余额与银行对账单上结存数有差额,必须逐笔查明原因,及时纠正。通常情况下,余额不一致的原因可能有两个:一是企业或者银行记账有差错,可能发生记录或计算上的错误,如单位记账漏记、重记、银行对账单串户等,这种错误应由双方及时查明原因,予以更正;二是存在未达账项。

小企业在日常银行收付结算业务中,由于收付款的结算凭证在小企业和银行之间传递到达的时间不一致,会导致出现一方已经入账而另一方尚未入账的未达账项。未达账项主要有以下四种情况:

①小企业已收款入账,银行尚未收款入账。例如,小企业收取的转账支票已交存银行,而银行尚未入账。

②小企业已付款入账,银行尚未付款入账。例如,小企业签发支票已报销入账,而持票人尚未到银行取款或转账。

③银行已收款入账,小企业尚未收款入账。例如,银行代收款项,银行已经收款入账,而小企业尚未接到收账通知。

④银行已付款入账,小企业尚未付款入账。例如,银行代付款项,银行已经付款入账,而小企业尚未接到付款通知。

对于未达账项,小企业可以采用余额调节法编制"银行存款余额调节表"对双方余额进行调节,最终达到一致。"银行存款余额调节表"是小企业为了核对本企业与银行双方的存款账面余额而编制的列有双方未达账项的一种表格。具体编制方法是在银行与开户单位的账面余额的基础上,加上各自的未收款减去各自的未付款,然后再计算出双方余额,通过余额调节表调节后的余额才是小企业银行存款实存数。其调节公式为:

企业银行存款日记账余额+银行已收而企业未收款项-银行已付而企业未付款项=银行对账单余额+企业已收而银行未收款项-企业已付而银行未付款项

【例2-16】小企业20×2年6月30日银行存款日记账的余额为70 200元,银行对账单的余额为72 000元,经核对发现以下未达账项:

①6月10日,企业销售产品收到转账支票一张30 000元,填制进账单,送存银行后登记入账,而银行尚未收妥款项未入账。

②6月12日,企业购进材料开出转账支票一张15 000元,并登记入账,而银行尚未付出款项未入账。

③6月18日,银行代企业收到购货方汇来的货款18 000元,并登记入账,而企业尚未收到收款通知未入账。

④6月23日,银行代企业支付电费1 200元,并登记入账,而企业尚未收到付款通知未入账。

根据上述资料编制银行存款余额调节表,见表2-1。

表2-1　银行存款余额调节表

20×2年6月30日　　　　单位:元

项目	金额	项目	金额
企业银行存款日记账余额	70 200	银行对账单余额	72 000
加:银行已收而企业未收款项	18 000	加:企业已收而银行未收款项	30 000
减:银行已付而企业未付款项	1 200	减:企业已付而银行未付款项	15 000
调节后的存款余额	87 000	调节后的存款余额	87 000

双方调节后的存款余额均为87 000元,表明双方记账及各自存款余额都正确。银行存款余额调节表只起到对账作用,不能作为调节账面余额的原始凭证,对于银行已入账而企业尚未入账的未达账项,应在收到有关收付款结算凭证后再进行账务处理。

第三节　其他货币资金

一、其他货币资金的概念

其他货币资金,是指小企业除现金、银行存款以外的其他种类的货币资金。其他货币资金是与库存现金和银行存款的性质相同,但存放地点和用途均与现金和银行存款不同的货币资金。主要包括银行汇票存款、银行本票存款、信用卡存款、信用证保证金存款、外埠存款、备用金等。

二、其他货币资金的管理

为了保证其他货币资金的安全和完整,小企业管理其他货币资金时,应遵循下列原则：

①根据业务需要合理选择结算工具；

②及时办理结算，对逾期尚未办理结算的银行汇票、银行本票等，应按规定及时转回；

③严格按会计准则规定核算其他货币资金的各项收支业务。

三、其他货币资金的核算

（一）科目设置

为了反映和监督其他货币资金的收支和结存情况，小企业应设置“其他货币资金”科目进行专门的核算，该科目按其内容分别设置“银行汇票”“银行本票”“信用卡”“信用证保证金”“外埠存款”“备用金”等二级科目进行明细核算。“其他货币资金”科目的借方登记其他货币资金的增加额，贷方登记其他货币资金的减少额；期末余额在借方，反映企业实际持有的其他货币资金的数额。

其他货币资金增加时，借记“其他货币资金”科目，贷记“银行存款”科目；使用其他货币资金时，借记“原材料”“预付账款”等科目，贷记“其他货币资金”科目；期末退回余额时，借记“银行存款”科目，贷记“其他货币资金”科目。

从某种意义上说，其他货币资金也是一种银行存款，但它因为承诺了专门的用途，或者是尚未到账，都不能像结算账户存款那样可以随时安排和使用。

（二）银行汇票存款的账务处理

银行汇票存款是指小企业为取得银行汇票，按照规定存入银行的款项。小企业（申请人）使用银行汇票应向出票银行提交“银行汇票申请书”，并将款项交存开户银行。出票银行受理银行汇票申请书，收妥款项后签发银行汇票，将银行汇票和解讫通知一并交给申请人。收款人受理申请人交付的银行汇票时，应在出票金额以内，根据实际需要的款项办理结算，并将实际结算的金额和多余金额准确、清晰地填入银行汇票和解讫通知的有关栏内，到银行办理款项入账手续。

小企业在填送“银行汇票申请书”并将款项交存银行，取得银行汇票后，根据银行盖章退回的申请书存根联，借记“其他货币资金——银行汇票存款”科目，贷记“银行存款”科目。使用银行汇票后，根据发票账单等有关凭证，借记“材料采购”“原材料”“库存商品”“应交税费——应交增值税（进项税额）”等科目，贷记“其他货币资金——银行汇票存款”科目；如有多余款或因汇票超过付款期等原因而退回款项，根据开户行转来的银行汇票第四联（多余款收账通知），借记“银行存款”科目，贷记“其他货币资金——银行汇票存款”科目。

【例 2-17】小企业为增值税一般纳税人。20×2 年 3 月 5 日，该企业填写“银行汇票申请书”，将 300 000 元款项交存银行办理银行汇票。3 月 10 日，该企业用银行汇票购买材料，收到的增值税专用发票上注明材料价款 200 000 元，增值税 26 000 元，材料已经验收入库。3 月 20 日，小企业收到开户行转来的银行汇票通知，已经转回多余的银行汇票存款。

①3月5日，取得银行汇票时：

借：其他货币资金——银行汇票　　300 000

　贷：银行存款　　300 000

②3月10日，购买材料并取得发票时：

借：原材料　　200 000

　应交税费——应交增值税（进项税额）　　26 000

　贷：其他货币资金——银行汇票　　226 000

③3月20日，收到余额时：

借：银行存款　　74 000

　贷：其他货币资金——银行汇票　　74 000

（三）银行本票存款的账务处理

银行本票存款是指小企业为取得银行本票按规定存入银行的款项。小企业（申请人）申请银行本票时，应向银行提交“银行本票申请书”，出票银行受理银行本票申请书，收妥款项后签发银行本票，在本票上签章后交给申请人。申请人应将银行本票交付给本票上记明的收款人。申请人或收款人为单位的，不得申请签发现金银行本票。收款单位取得的银行本票只办理全额结算，不退回多余款项，结算后如有多余款项，可采用支票、现金等其他方式退回付款单位。

小企业取得银行本票后，根据银行盖章退回的申请书存根联，借记“其他货币资金——银行本票存款”科目，贷记“银行存款”科目。使用银行本票后，根据发票账单等有关凭证，借记“材料采购”“原材料”“库存商品”“应交税费——应交增值税（进项税额）”等科目，贷记“其他货币资金——银行本票存款”科目。因本票超过付款期等原因而要求退款时，应当填制进账单，连同本票一并送交银行，根据银行盖章退回的进账单，借记“银行存款”科目，贷记“其他货币资金——银行本票存款”科目。

【例2-18】20×2年6月10日，小企业填写“银行本票申请书”，将款项113 000元交存银行取得银行本票。6月15日，采购员持银行本票购买了一批材料，并交回增值税专用发票，上面注明材料的买价为100 000元，增值税税额为13 000元，材料已经验收入库。

①6月10日，小企业取得银行本票时：

借：其他货币资金——银行本票　　113 000

　贷：银行存款　　113 000

②6月15日，收到发票账单等有关凭证时：

借：原材料　　100 000

　应交税费——应交增值税（进项税额）　　13 000

　贷：其他货币资金——银行本票　　113 000

【例2-19】小企业销售一批产品，开出的增值税专用发票上注明货款30 000元，增值税销项税额3 900元。对方以银行本票的方式支付了款项，企业已经到银行办理了入账手续。

借:银行存款 33 900
  贷:主营业务收入 30 000
    应交税费——应交增值税(销项税额) 3 900

(四)外埠存款的账务处理

外埠存款是指企业到外地进行临时或零星采购时,汇往采购地银行开立采购专户的款项。小企业将款项汇往外地时,应填写汇款委托书,委托开户银行办理汇款。汇入地银行以汇款单位名义开立临时采购账户,该账户的存款不计利息、只付不收、付完清户,除了采购人员可从中提取少量现金外,一律采用转账结算。将款项汇往外地开立采购专用账户时,根据汇出款项凭证,借记“其他货币资金——外埠存款”科目,贷记“银行存款”科目;收到采购人员转来供应单位发票账单等报销凭证时,借记“材料采购”或“原材料”“库存商品”“应交税费——应交增值税(进项税额)”等科目,贷记“其他货币资金——外埠存款”科目;采购完毕收回剩余款项时,根据银行的收账通知,借记“银行存款”科目,贷记“其他货币资金——外埠存款”科目。

【例2-20】20×2年5月5日,小企业为临时采购需要在外地工商银行开设外埠存款账户,存入5 000元;5月12日,采购员交来供货单位的发票,货物总金额为3 000元,增值税额390元,货物尚未收到;5月20日将多余的资金1 610元转回原开户银行。

①5月5日,开设账户时:

借:其他货币资金——外埠存款 5 000
  贷:银行存款 5 000

②5月12日,收到供货单位发票时:

借:在途物资 3 000
  应交税费——应交增值税(进项税额) 390
  贷:其他货币资金——外埠存款 3 390

③5月20日,转回多余资金1 610元至原开户银行时:

借:银行存款 1 610
  贷:其他货币资金——外埠存款 1 610

(五)信用卡存款的账务处理

信用卡存款是指小企业为取得信用卡按照规定存入银行的款项。小企业申领信用卡时,应按规定填制申请表,连同支票和有关资料一并送交发卡银行,银行开立信用卡存款账户,发给信用卡。单位卡可申领若干张,单位卡账户的资金一律从其基本存款账户转账存入,不得交存现金,不得将销货收入的款项存入其账户。持卡人可持信用卡在特约单位购物、消费,但单位卡不得用于10万元以上的商品交易、劳务供应款项的结算,不得支取现金。小企业应根据银行盖章退回的进账单,借记“其他货币资金——信用卡存款”科目,贷记“银行存款”科目;小企业用信用卡购物或支付有关费用,收到开户银行转来的信用卡存款的付款凭证及所附发票账单,借记“管理费用”等科目,贷记“其他货币资金——信用卡存款”科目;小企业信用卡在使用过程中,需要向其账户续存资金的,借记

"其他货币资金——信用卡存款"科目,贷记"银行存款"科目;小企业的持卡人如不需要继续使用信用卡,应持信用卡主动到发卡银行办理销户,销卡时,单位卡科目余额转入小企业基本存款户,不得提取现金,借记"银行存款"科目,贷记"其他货币资金——信用卡存款"科目。

【例2-21】小企业在中国银行申请领用信用卡,按要求于20×2年7月15日向银行交存备用金50 000元。7月20日使用信用卡支付6月份的电话费1 200元(暂不考虑增值税)。

①7月15日,存入中国银行开立信用卡时:

借:其他货币资金——信用卡存款　　50 000

　贷:银行存款　　50 000

②7月20日,支付电话费时:

借:管理费用　　1 200

　贷:其他货币资金——信用卡存款　　1 200

第四节　外币业务

在经济日益全球化的趋势下,资本的跨国流动和国际贸易的不断扩大,外币资本参股内资银行,外资企业在我国内地开办外商独资、合资企业,向内资企业或国内市场不断注入外币资本。内资企业与国际市场之间的业务往来不断增加,逐步向国际市场拓展业务,参与国际资本市场竞争的程度和规模呈增长趋势。在这种情况下,小企业也经常会涉及外币折算业务。

一、外币交易

(一)外币交易的概念和范围

外币交易,是指以小企业外币计价或者结算的交易。《小企业会计准则》规定的外币交易包括买入或者卖出以外币计价的商品或者劳务、借入或者借出外币资金、其他以外币计价或者结算的交易。

第一,买入或者卖出以外币计价的商品或者劳务,通常情况下指小企业以外币买卖商品,或者以外币结算劳务合同。商品可以是有实物形态的存货、固定资产等,也可以是无实物形态的无形资产、债权或股权等。例如,小企业以人民币为记账本位币的国内公司向国外公司出口商品,以美元结算货款;小企业与银行发生货币兑换业务,都属于外币交易。

第二,借入或者借出外币资金,指小企业向银行或非银行金融机构借入以记账本位币以外的货币表示的资金,或者银行或非银行金融机构向人民银行、其他银行或非银行金融机构借贷以记账本位币以外的货币表示的资金,以及发行以外币计价或结算的债券等。

第三，其他以外币计价或者结算的交易，指以记账本位币以外的货币计价或结算的其他交易。例如，接受外币现金捐赠等。

外币，是指小企业记账本位币以外的货币。《小企业会计准则》规定，小企业应当选择人民币作为记账本位币。业务收支以人民币以外的货币为主的小企业，可以选定其中一种货币作为记账本位币，但编报的财务报表应当折算为人民币财务报表。小企业记账本位币一经确定，不得随意变更，但小企业经营所处的主要经济环境发生重大变化除外。小企业因经营所处的主要经济环境发生重大变化，确需变更记账本位币的，应当采用变更当日的即期汇率（中国人民银行公布的当日人民币外汇牌价的中间价）将所有项目折算为变更后的记账本位币。例如，某公司为国内一家婴儿配方奶粉加工企业，其原材料牛奶全部来自澳大利亚，主要加工技术、机器设备及主要技术人员均由澳大利亚方面提供，生产的婴儿配方奶粉面向国内出售。该企业依据商品销售价格、商品所需人工、材料和其他费用难以确定记账本位币，需要考虑其融资活动获得的资金以及保存从经营活动中收取款项时所使用的货币。假定为满足采购原材料牛奶等所需澳元的需要，该公司向澳大利亚某银行借款10亿澳元，期限为20年，该借款是公司当期流动资金净额的4倍。由于原材料采购以澳元结算，且企业经营所需要的营运资金，即融资获得的资金也使用澳元，因此，该公司应当以澳元作为记账本位币。需要注意的是，在确定企业的记账本位币时，影响因素的重要程度因企业具体情况不同而不同，需要企业管理层根据实际情况进行判断，但是，这并不能说明企业管理层可以根据需要随意选择记账本位币，而是根据实际情况确定的记账本位币只能有一种货币。

（二）折算汇率

小企业在交易日对外币交易进行初始确认时，涉及折算汇率的选择，《小企业会计准则》规定了两种折算汇率，即：即期汇率和平均汇率。

1. 汇率

汇率指两种货币相兑换的比率，是一种货币单位用另一种货币单位所表示的价格。汇率按表示方式可分为直接汇率和间接汇率，直接汇率是一定数量的其他货币单位折算为本国货币的金额，间接汇率是指一定数量的本国货币折算为其他货币的金额。通常情况下，人民币汇率是以直接汇率表示，包括买入价、卖出价和中间价。买入价指银行买入其他货币的价格，卖出价指银行出售其他货币的价格，中间价是银行买入价与卖出价的平均价。

2. 即期汇率

即期汇率一般指当日中国人民银行公布的人民币汇率的中间价。即期汇率是相对于远期汇率而言，远期汇率是小企业在未来某一日交付时的结算价格。小企业发生单纯的货币兑换交易或涉及货币兑换的交易时，仅用中间价不能反映货币买卖的损益，需要使用买入价或卖出价折算。小企业发生的外币交易只涉及人民币与美元、欧元、日元、港元之间折算的，可直接采用公布的人民币汇率的中间价作为即期汇率进行折算；小企业发生的外币交易涉及人民币与其他货币之间折算的，应以国家外汇管理局公布的各种货币对美元折算率采用套算的方法进行折算；小企业发生的外币交易涉及人民币以外的货币之间折算的,可直接采用国家外汇管理局公布的各种货币对美元折算率进行折算。

3. 平均汇率

平均汇率是指某一期间的简单平均或加权平均汇率。当汇率变动不大时,为简化核算,小企业在外币交易日或对外币报表的某些项目进行折算时也可以选择交易当期平均汇率折算。例如,以美元兑人民币的周平均汇率为例,假定美元兑人民币每天的即期汇率为:周一6.366,周二6.339,周三,周四6.338,周五6.336,周平均汇率为(6.366+6.339+6.338+6.338+6.336)÷5=6.343。月平均汇率的计算方法与周平均汇率的计算方法相同。月加权平均汇率需要采用当月外币交易的外币金额作为权重进行计算。

二、外币交易的核算

外币交易的会计处理主要包括两个方面,一是在交易日对外币交易进行初始确认,将外币金额折算为记账本位币金额;二是在资产负债表日对相关项目进行折算,因汇率变动产生的差额记入当期损益。《小企业会计准则》规定,小企业的外币交易在初始确认时,采用交易发生日的即期汇率将外币金额折算为记账本位币金额;也可以采用交易当期平均汇率折算。小企业收到投资者以外币投入的资本,应当采用交易发生日即期汇率折算,不得采用合同约定汇率和交易当期平均汇率折算。小企业在资产负债表日,应当按照下列规定对外币货币性项目和外币非货币性项目进行会计处理:外币货币性项目,采用资产负债表日的即期汇率折算。因资产负债表日即期汇率与初始确认时或者前一资产负债表日即期汇率不同而产生的汇兑损失,计入当期损益;以历史成本计量的外币非货币性项目,仍采用交易发生日的即期汇率折算,不改变其记账本位币金额。

1. 交易日的会计核算

【例2-22】国内小企业的记账本位币为人民币。20×2年2月1日,向国外某公司出口商品一批,货款共计10 000美元,尚未收到。当日汇率为1美元=6.33元人民币。假定不考虑增值税等相关税费。

借:应收账款——××单位(美元)　　63 300

　　贷:主营业务收入　　63 300

【例2-23】国内小企业的记账本位币为人民币,属于增值税一般纳税人。20×2年2月10日,从国外购入某原材料,共计3 000美元,当日的即期汇率为1美元=6.336元人民币,货款尚未支付(暂不考虑各项税金)。

借:原材料　　19 008

　　贷:应付账款　　19 008

【例2-24】国内小企业的记账本位币为人民币。20×2年1月2日,与某外商签订投资合同,共收到投资100 000美元,假定投资合同约定汇率为1美元=6.33元人民币。

借:银行存款——××银行(美元)　　633 000

　　贷:实收资本　　633 000

2. 资产负债表日的会计核算

资产负债表日,小企业应当分外币货币性项目和外币非货币性项目进行处理。

（1）货币性项目的会计核算

【例 2-25】国内小企业的记账本位币为人民币。20×2 年 5 月 10 日，向国外甲企业购入商品一批，商品已经验收入库。根据双方供货合同，货款共计 3 000 美元，货到后 10 日内小企业付清所有货款。向国外乙企业出口商品一批，货款共计 5 000 美元，货款尚未收到，当日即期汇率为 1 美元 = 6.335 元人民币。5 月 12 日，向中国银行借入短期借款 15 000 美元，存入银行，借款期限 2 个月，利率 6%。假定 20×2 年 5 月 31 日的即期汇率为 1 美元=6.355 元人民币（假定不考虑增值税等相关税费）。

"应付账款"折算为记账本位币为 19 065 元人民币（3 000×6.355），与其交易日折算为记账本位币的金额 19 005 元人民币（3 000×6.335）的差额为 60 元人民币，应计入当期损益。

"应收账款"采用 20×2 年 5 月 31 日的即期汇率 1 美元=6.178 7 元人民币折算为记账本位币为 31 775 元人民币（5 000×6.355），与其交易日折算为记账本位币的金额 31 675 元人民币（5 000×6.335）的差额为 100 元人民币，应当作为汇兑收益计入营业外收入，同时调整货币性项目的原记账本位币金额。

"短期借款"折算为记账本位币为 95 325 元人民币（15 000×6.355），与其交易日折算为记账本位币的金额 95 025 元人民币（15 000×6.335）的差额为 300 元人民币，应计入当期损益。该小企业资产负债表日的会计处理为：

借：财务费用——汇兑损失	60	
贷：应付账款——甲企业（美元）		60
借：应收账款——乙企业（美元）	100	
贷：营业外收入——汇兑收益		100
借：财务费用——汇兑损失	300	
贷：短期借款——××银行（美元）		300

（2）非货币性项目的会计核算

【例 2-26】国内小企业的记账本位币为人民币。20×2 年 3 月 15 日，进口一台机器设备，设备价款 5 000 美元，尚未支付，当日的即期汇率为 1 美元=6.335 元人民币。3 月 21 日以每吨 300 美元的价格从美国某供货商手中购入甲材料 10 吨，并于当日支付了相应货款（假定小企业有美元存款，当日的即期汇率为 1 美元=6.335 元人民币）。20×2 年 3 月 31 日的即期汇率为 1 美元=6.355 元人民币。假定不考虑其他相关税费，该项设备属于小企业的固定资产，在购入时已按当日即期汇率折算为人民币 31 675 元。"原材料"在购入时已按当日即期汇率折算为人民币 19 005 元。由于"固定资产""原材料"均属于非货币性项目，因此，3 月 31 日，均不需要按当日即期汇率进行调整，但"应付账款""银行存款"等货币性项目在 3 月 31 日仍需要处理。

思考题

1. 小企业的货币资金主要包括哪些内容？

2. 小企业的现金适用范围及限额管理规定有哪些?
3. 小企业在银行可开设哪些账户？有什么具体内容和要求?
4. 阐述小企业的银行结算方式有哪些。
5. 什么是未达账项,包括哪些内容?
6. 简述小企业其他货币资金的概念与内容。
7. 简述小企业外币交易的概念及内容。
8. 什么是即期汇率与平均汇率?

练习题

一、单项选择题

1. 下列各项支出中,不能使用现金的是(　　)。

A. 支付职工福利费　　B. 结算起点以下的零星支出
C. 向个人收购农产品　　D. 支付银行借款利息

2. 下列项目中,不属于货币资金内容的有(　　)。

A. 库存现金　　B. 银行存款
C. 其他货币资金　　D. 应收账款

3. 小企业日常经营活动的资金收付及其工资、奖金和现金的支取,应通过(　　)办理。

A. 基本存款账户　　B. 一般存款账户　　C. 临时存款账户　　D. 专项存款账户

4. 小企业会计准则中纳入其他货币资金核算内容有(　　)。

A. 银行支票　　B. 商业汇票　　C. 银行汇票　　D. 外埠存款

5. 小企业进行现金清查时,发现现金实有数比账面余额少 100 元。经核查,短款原因不明。正确的处理方法是(　　)。

A. 由出纳员个人赔偿　　B. 计入管理费用
C. 确认为其他业务支出　　D. 确认为营业外收入

6. 根据《现金管理暂行条例》规定,下列经济业务中,一般不允许现金支付的是(　　)。

A. 支付采购物资货款　　B. 支付职工薪酬
C. 零星办公用品购置费　　D. 职工差旅费

7. 银行存款日记账一般采用的账页格式是(　　)。

A. 两栏式　　B. 三栏式　　C. 多栏式　　D. 数量金额式

8. 根据《现金管理暂行条例》的规定,边远地区和交通不便地区的企业库存现金最高限额可多于 5 天的日常零星开支所需的现金,但最多不能超过(　　)天的日常零星开支。

A. 5　　B. 10　　C. 15　　D. 30

9. 下列各项中,不属于其他货币资金的有(　　)。

A. 银行汇票存款　B. 银行本票存款　C. 支票　D. 信用卡存款

10. 下列结算方式中,适用于同城结算的是(　　)。

A. 支票　B. 委托收款　C. 汇兑　D. 银行汇票

11. 对于企业已做收款入账而银行尚未入账的未达账项,小企业应作的处理为(　　)。

A. 以"银行对账单"为原始记录将该业务入账

B. 根据"银行存款余额调节表"和"银行对账单"自制原始凭证入账

C. 在编制"银行存款余额调节表"的同时入账

D. 待有关结算凭证到达后入账

12. 下列各项中,不属于小企业外币货币性项目的是(　　)。

A. 应收账款　B. 短期借款

C. 其他应付款　D. 长期股权投资

13. 小企业收到投资者以外币投入的资本,应当采用(　　)进行折算。

A. 合同约定汇率　B. 收到投资期初汇率

C. 交易发生日即期汇率　D. 交易当期平均汇率折算

14. 小企业将款项汇往外地开立采购专用账户时,应借记的会计科目是(　　)。

A. 银行存款　B. 在途物资

C. 预付账款　D. 其他货币资金

15. 小企业支付的银行承兑汇票手续费应计入(　　)。

A. 管理费用　B. 财务费用　C. 其他业务成本　D. 营业外支出

二、多项选择题

1. 小企业发生的下列支出中,按规定可用现金支付的有(　　)。

A. 购置设备款　B. 职工困难补助

C. 材料采购款　D. 某职工差旅费

2. 下列各项支出中,可以使用现金支付的有(　　)。

A. 1 000 元以上的购买设备支出

B. 个人劳动报酬

C. 向个人收购农副产品和其他物资的价款

D. 根据国家规定颁发给个人的科学技术、文化艺术、体育等各种资金

3. 小企业可以在银行开立的银行存款账户有(　　)。

A. 基本存款账户　B. 一般存款账户

C. 临时存款账户　D. 专项存款账户

4. 下列各项中,属于其他货币资金的有(　　)。

A. 银行汇票存款　B. 支票

C. 银行本票存款　D. 信用卡存款

5. 下列未达账项中,会导致银行存款对账单余额大于银行存款日记账余额的有(　　)。

A. 企业已开出但银行尚未兑付的支票

B. 企业已收但尚未存入银行的转账支票

C. 银行收到委托款项但尚未通知企业

D. 银行划付水电费但未将通知单送达企业

6. 下列各未达账项中，使得小企业银行存款日记账余额小于银行对账单余额的有(　　)。

A. 企业开出支票，对方未到银行兑现

B. 银行误将其他公司的存款记入本企业银行存款账户

C. 银行代扣水电费，企业尚未接到通知

D. 委托收款结算方式下，银行收到结算款项，企业尚未收到通知

7. 下列关于小企业现金清查说法正确的有(　　)。

A. 现金清查一般采用实地盘点法

B. 对于现金清查结果，应编制现金盘点报告表

C. 对于无法查明的现金短缺，经过批准后应计入营业外支出

D. 对于超限额留存的现金应及时送存银行

8. 按照承兑人不同，商业汇票可以分为(　　)。

A. 商业承兑汇票　　B. 带息票据

C. 银行承兑汇票　　D. 不带息票据

9. 外币交易是指小企业以外币订价或者结算的交易，内容包括(　　)。

A. 买入或者卖出以外币计价的商品或者劳务

B. 借入或者借出外币资金

C. 其他以外币计价或者结算的交易

D. 外币财务报表折算

10. 下列各项中，属于外币货币性项目的有(　　)。

A. 银行存款　　B. 应收账款

C. 其他应付款　　D. 长期借款

三、判断题

1. 小企业会计准则要求“银行存款日记账”与“银行对账单”应至少每月核对一次。(　　)

2. 现金仅指企业库存的人民币现金，不包括外币现金。(　　)

3. 在特殊情况下，小企业可以坐支现金。(　　)

4. 小企业在进行现金清查时，清查人员清点现金时必须有出纳人员在场。(　　)

5. 现金清查时不能用借条等单据来抵充现金。(　　)

6. 一个小企业只能选择一家银行的一个营业机构开立一个基本存款账户，用于办理日常的转账结算和现金收付。(　　)

7. 付款人在商业承兑汇票到期日账户不足支付时，其开户银行应代为付款。(　　)

8. 银行汇票的付款期限为 1 个月，银行本票的提示付款期自出票日起最长不得超过 2 个月。（　　）

9. 资产负债表日，小企业应当对外币货币性项目和外币非货币性项目采用资产负债表日的即期汇率折算。（　　）

10. 小企业收到投资者以外币投入的资本，可以采用合同约定的汇率或即期汇率的近似汇率折算。（　　）

四、业务题

1. 某小企业 20×2 年 12 月发生如下经济业务：

（1）12 月 1 日，小企业开出现金支票一张，向银行提取现金 3 000 元。

（2）12 月 2 日，向宏达公司采购原材料一批，收到的增值税专用发票上注明价款 30 000 元，增值税税额 3 900 元，对方采用银行汇票结算方式将 33 900 元款项付款。材料已验收入库。

（3）12 月 5 日，职工李某出差，预借差旅费 2 000 元，以现金支付。12 月 10 日，李某出差回来报销差旅费，原借款 2 000 元，实报销 1 850 元，余款 150 元现金交回。

（4）12 月 11 日，收到美欣公司交来的转账支票 50 000 元，用以归还上月所欠货款，已存银行。

（5）小企业开出转账支票归还前欠宏达公司货款 20 000 元。

（6）小企业在财产清查时发现现金短少 500 元，原因暂不明。后经查明主要是出纳张某的原因，经研究由张某个人赔偿 400 元。

要求：根据以上经济业务编制相应的会计分录。

2. 安泰公司 20×2 年 3 月发生下列经济业务：

（1）向银行申请开出银行汇票 12 000 元，并办妥相关手续，采购员王某持汇票到外地采购材料。

（2）王某在外地采购结束，已开具的增值税专用发票上列明的材料价款 10 000 元，增值税 1 300 元，共计 11 300 元。本公司已用银行汇票支付 12 000 元，多出差额 700 元对方立即采用汇兑结算方式汇回，材料已验收入库。

（3）委托银行开出银行本票 10 000 元，有关手续已办妥。

（4）购买办公用品 1 500 元，用信用卡付款。收到银行转来的信用卡存款的付款凭证及所附账单，经审核无误。

要求：根据以上业务编制有关会计分录。

3. 根据海螺公司（小规模纳税人）20×2 年 4 月发生的经济业务编制会计分录。

（1）4 月 1 日，报销员工市内交通费 100 元，出纳员以现金付讫。

（2）4 月 2 日，采购员李强采购材料，经银行同意开出信汇结算凭证，委托银行汇往上海人民银行建国路支行 20 000 元，开立采购账户。

（3）4 月 4 日，采购员王立去南京仪表厂购买材料，采用银行汇票结算方式，填写“银行汇票委托书”向银行申请签发银行汇票，签发金额为 5 000 元。

(4)4 月 12 日,采购员王立回公司,报销从南京仪表厂购买原材料货款和运费共4 500 元。材料已验收入库。4 月 15 日,银行传来银行汇票第四联(余款收账通知),南京仪表厂退回银行汇票多余款500 元已收存银行。

(5)4 月 17 日,采购员李强回公司,带回原材料一批,共计 19 000 元,已验收入库。同日,银行通知,采购专户余额 1 000 元也已划回公司结算账户。

(6)4 月 20 日,开出转账支票,购办公用品款 500 元。

(7)4 月 20 日,出售采油机 25 台,货款 51 500 元(含增值税 1 500 元),收到转账支票,随即到开户银行办妥了进账手续。

(8)4 月 23 日,发往湖南某厂 10 台柴油机,每台 2 060 元(含增值税 60 元),开出转账支票代垫运杂费 1 000 元,当即填写托收承付结算凭证,共托收 21 600 元。

第三章　应收及预付款项

学习目标

通过本章学习，了解应收账款、应收票据、预付账款、其他应收款及坏账损失的确认；掌握应收账款入账价值的确定及会计处理、坏账损失的确认和账务处理；理解应收票据取得和到期收回票款的核算、应收票据贴现及转让的核算；熟悉预付账款和其他应收款的基本账务处理。

应收及预付款项，是指小企业在日常生产经营过程中，因商品交易、劳务供给和其他往来业务而形成的应收未收或暂付应收的各项款项，属于小企业的短期债权，是小企业流动资产的重要组成部分。应收及预付款项具体包括各种应收款项和预付款项，例如，应收账款、应收票据、应收股利、应收利息、其他应收款，以及小企业按照合同规定预付的款项，如预付账款等。

第一节　应收账款

一、应收账款的概念

应收账款是指小企业因销售商品或提供劳务等，应向购货单位或接受劳务的客户收取的款项和代购货方垫付的运杂费等。应收账款是小企业的一项债权。

应收账款是有特定范围的，应与应收票据、其他应收款等区分开来。

①应收账款是因销售活动或提供劳务而形成的债权，不包括应收职工欠款、应收债务人利息等其他应收款。

②应收账款是在销售商品、产品或提供劳务等经营活动中产生的，且没有采用票据形式结算的债权，因此，采用商业汇票结算的不属于应收账款，而属于应收票据。

③应收账款是流动资产性质的债权，不包括非流动性质的长期债权，例如，购买长期债券等。

④应收账款是本企业应收客户的款项，不包括本企业付出的各类存出保证金，例如，投标保证金和租入包装物保证金等。

二、应收账款的日常管理

①确定适当的信用标准。信用标准是小企业决定授予客户信用所要求的最低标准。小企业应根据所在行业的竞争情况、企业承担风险的能力和客户的资信情况进行权衡，确定合理的信用标准。既不要因为制定过高信用标准而不利于扩大销售，也不要因为信用标准过于宽松而增加坏账损失。

②确定应收账款最佳持有额度和坏账率。小企业要根据企业销售目标与成本控制的权衡来确定应收账款的最佳持有额度，小企业信用管理部门要综合考虑企业发展目标，以确定一个合理的应收账款持有水平。

③制定客户使用奖惩政策。为了促使客户尽早付清欠款，小企业在对外赊销和收账时要奖罚分明。即对于提前付清的要给予奖励，对于拖欠付款的要区分情况，给予不同的惩罚。

④实施应收账款的追踪分析。有赊销业务的小企业在收款之前必须对该项应收账款的运行全过程进行追踪分析，重点分析赊销商品的变现情况。小企业还要对赊购者的信用品质、偿付能力进行深入调查，分析客户的现金持有量与调剂程度能否满足兑现的需要。并应将那些挂账金额大、信用品质差的客户欠款作为考察的重点追踪对象。

⑤重视应收账款的账龄分析。小企业必须要做好应收账款的账龄分析，客户逾期拖欠账款时间越长，账款催收的难度越大，成为坏账的可能性也就越高。小企业应密切注意应收账款的回收进度和出现的变化，把逾期较长的债权款项纳入监督工作重点，并研究调整新的信用政策，努力提高应收账款的收现效率。

⑥进一步完善收账政策。小企业在制定收账政策时，要比较和权衡增加收账费用与减少坏账损失、减少应收账款机会成本的关系，以前者小于后者为基本目标，掌握好宽严界限，拟订合理可行的收账计划。

三、应收账款的计价

应收账款是因小企业销售商品或提供劳务等产生的债权，应当按照实际发生额记账。其入账价值包括销售货物或提供劳务的价款、应收取的增值税销项税额以及代购货方垫付的包装费、运杂费等。此外，在确认应收账款入账价值时，还要考虑有关的商业折扣和现金折扣等因素。

（一）商业折扣

商业折扣，是指小企业为了促进商品销售或提供劳务而在商品标价上给予的价格扣除。即小企业在实际销售商品或提供劳务时，从价目单的报价中扣减部分款项，以扣减后的金额作为发票价格。实际发票价格是减去商业折扣后的金额。

【例 3-1】某小企业为了扩大销售数量，决定实行商业折扣的促销策略。20×2 年 12 月 20 日，该企业销售给宏大公司 10 000 件产品，单价 150 元，因数量较大，决定给予 10% 的商业折扣。货款尚未收到，假设不考虑税收因素。

产品报价 = 10 000×150 = 1 500 000（元）

商业折扣 = 10 000×150×10% = 150 000（元）

实际售价 = 10 000×150×(1-10%) = 1 350 000（元）

应收账款入账价值(实际售价) = 1 350 000(元)

从本质上来说,商业折扣一般在交易发生时即已确定,它仅是确定了交易的实际销售价格,买卖双方的账上均不进行反映,因此,商业折扣对应收账款的入账价值没有实质性的影响,小企业只需按扣除商业折扣后的净额确认应收账款。计算增值税时,也应以扣除商业折扣后纳税金额作为计税销售额。商业折扣是企业常用的促销手段之一。

(二)现金折扣

现金折扣是小企业为了鼓励客户在规定的期限内提前偿付货款,与客户达成协议,从发票价格中让渡给客户一定数额的款项,并规定在不同的期限内付款可以享受到不同比例的折扣优惠。现金折扣通常发生在以赊销方式销售商品及提供劳务的交易中,一般用符号"折扣率/付款期限"来表示。例如,"2/10,1/20,*n*/30"表示为:如果买方在 10 天内付款,销货企业将按商品售价给客户(即购货企业)2% 的折扣;如果买方在 20 天内付款,企业可按售价给客户 1% 的折扣;如果小企业允许客户最长的付款期限为 30 天,但客户在 21 天至 30 天内付款,将不能享受到现金折扣。

现金折扣使销货企业应收账款的实际数额随客户的付款时间而异。应收账款入账价值的确认有两种方法:一种是总价法,另一种是净价法。《小企业会计准则》规定应收账款入账价值的确定采用总价法。总价法是将未扣减现金折扣前的金额(总价)作为实际售价,据以确认应收账款的入账价值。在这种方法下,将实际发生的现金折扣视为销货企业为了鼓励客户提早付款而发生的融资费用。现金折扣只有当客户在折扣期内支付货款时才予以确认,并计入当期财务费用。

【例 3-2】为了提早收回应收账款,加强资金管理,某小企业实行"2/10, 1/20, *n*/30"的现金折扣政策。20×2 年 12 月 3 日,该企业销售给甲公司 1 000 件产品,单价 150 元。

货款尚未收到,假设不考虑税收因素,则:

产品报价 = 1 000×150 = 150 000(元)

实际售价 = 产品报价 = 150 000(元)

应收账款入账价值 = 实际售价 = 150 000(元)

如果客户在 10 天内付款,则:

企业实际收到的销售收入 = 150 000×(1-2%) = 147 000(元)

财务费用 = 150 000×2% = 3 000(元)

如果客户在 11～20 天付款,则:

企业实际收到的销售收入 = 150 000×(1-1%) = 148 500(元)

财务费用 = 150 000×1% = 1 500(元)

如果客户在 21～30 天付款,则:

企业实际收到的销售收入 = 150 000(元)

财务费用 = 0(元)

四、应收账款的核算

(一)科目设置

为了反映和监督应收账款的增减变动及其结存情况,小企业应当设置“应收账款”科目,用以核算小企业因销售商品、提供劳务等经营活动应收取的款项,并按不同的购货或接受劳务单位(个人)设置明细科目进行明细核算。“应收账款”科目的借方登记应收账款的增加额,贷方登记应收账款的收回及确认的坏账损失(即应收账款的减少额);期末余额一般在借方,反映企业尚未收回的应收账款;如果期末余额在贷方,则反映企业预收的账款。不单独设置“预收账款”科目的小企业,预收的账款也在“应收账款”科目核算。

(二)应收账款的账务处理

小企业发生应收账款时,应当按照应收金额,借记“应收账款”科目,按实现的销售收入,贷记“主营业务收入”或“其他业务收入”等科目,按专用发票上注明的增值税额,贷记“应交税费——应交增值税(销项税额)”科目;收回应收账款时,借记“银行存款”或“库存现金”科目,贷记“应收账款”科目;小企业代购货单位垫付的包装费、运杂费等,借记“应收账款/其他应收款”科目,贷记“银行存款”等科目;收回代垫费用时,借记“银行存款”科目,贷记“应收账款/其他应收款”科目。如果小企业应收账款改用商业汇票结算,在收到承兑的商业汇票时,按票面价值,借记“应收票据”科目,贷记“应收账款”科目。

【例3-3】20×2 年 2 月 3 日,小企业采用赊销方式向宏大公司销售商品一批,货款50 000 元,增值税额 6 500 元,以银行存款代垫运杂费 800 元,已发出商品(符合收入确认条件)。2 月 10 日,小企业收到宏大公司所欠赊销款总计 57 300 元。

1.2 月 3 日,赊销商品时

借:应收账款——宏大公司　　57 300
　贷:主营业务收入　　50 000
　　应交税费——应交增值税(销项税额)　　6 500
　　银行存款　　800

2.2 月 10 日,接到银行收款通知,收回款项时

借:银行存款　　57 300
　贷:应收账款　　57 300

【例3-4】小企业在20×2 年 3 月 1 日采用赊销结算方式销售一批商品 100 件,增值税发票上注明售价 10 000 元,增值税额 1 300 元。已发出商品并办妥了托收手续。小企业为了及早收回货款而在合同中规定的现金折扣条件为:2/10,1/20,n/30。

1.3 月 1 日,销售实现时,应按总售价确认收入

借:应收账款　　11 300
　贷:主营业务收入　　10 000
　　应交税费——应交增值税(销项税额)　　1 300

2. 买方在不同折扣期内实际支付货款的会计处理

①若 3 月 8 日买方付清货款,则按售价 11 300 元(其中税款 1 300 元不享受折扣)的

2%享受200(10 000×2%)元的现金折扣,实际付款11 100(11 300-200)元。

借:银行存款　　11 100

　财务费用　　200

　　贷:应收账款　　11 300

②若3月15日买方付清货款,则应享受的现金折扣为100(10 000×1%)元,实际付款11 200(11 300-100)元。

借:银行存款　　11 200

　财务费用　　100

　　贷:应收账款　　11 300

③若买方在3月26日收到款项。

借:银行存款　　11 300

　贷:应收账款　　11 300

第二节　应收票据

一、应收票据的概念

应收票据是指小企业因采用商业汇票结算方式销售商品、产品和提供劳务等而持有、尚未到期兑现的商业汇票。商业汇票是一种由出票人签发的,委托付款人在指定日期无条件支付确定金额给收款人或者持票人的票据。商业票据是一种载有一定付款日期、付款地点、付款金额和付款人无条件支付的流通证券,也是一种可以由持票人自由转让给他人的债权凭证。

二、应收票据的种类

(一)按照承兑人的不同划分

商业汇票分为商业承兑汇票和银行承兑汇票。

1. 商业承兑汇票

商业承兑汇票是指收款人开出经付款人承兑,或由付款人开出并承兑的汇票。使用汇票的单位必须是在商业银行开立账户的法人,要以合法的商品交易为基础,而且汇票经承兑后,承兑人(即付款人)便负有到期无条件支付票款的责任,同时汇票可以向银行贴现,也可以流通转让。

2. 银行承兑汇票

银行承兑汇票是指由在承兑银行开立存款账户的存款人签发,向开户银行申请并经银行审查同意承兑的,保证在指定日期无条件支付确定的金额给收款人或持票人的票据。银行承兑汇票是付款人委托银行开具的一种延期支付票据,票据到期银行具有见票即付的义务;票据最长期限为六个月,票据期限内可以进行背书转让。

（二）按照票据是否带息划分

商业汇票分为带息商业汇票（简称“带息票据”）和不带息商业汇票（简称“不带息票据”）。

1. 带息票据

带息票据是指汇票到期时，承兑人按票据面额及应计利息之和向收款人付款的商业汇票。这类商业汇票的票面价值为本金，票面利率一般是年利率，即：票据到期值＝票据面值+票据利息。应收票据一般按其面值计价，但对于带息的应收票据，应于期末按应收票据的票面价值和确定的利率计提利息，计提的利息应增加应收票据的账面余额。

2. 不带息票据

不带息票据是指票据到期时，承兑人仅按票据面值向收款人付款的票据。这类商业汇票的票面价值一般为本利和，即：已将票据的利息计入面值，不另外标有票面利率，即：票据到期值＝票据面值。

（三）按照到期时间划分

商业汇票分为短期应收票据和长期应收票据。应收票据的业务通常为：应收账款延期；为新顾客提供信用；赊销商品。

1. 短期应收票据

如无特指，应收票据即为短期应收票据。

2. 长期应收票据

长期应收票据因长期合同而发生，包括销售机器设备等大型商品、提供贷款等，我国尚无长期应收票据业务。

三、应收票据的核算

（一）科目设置

小企业应设置“应收票据”科目，只核算小企业因销售商品（产成品或材料）、提供劳务等日常生产经营活动而收到的商业汇票（银行承兑汇票和商业承兑汇票）。“应收票据”科目借方登记小企业因销售商品、提供劳务等而收到开出、承兑的商业汇票的票面金额；贷方登记到期实际收到的商业汇票、向银行贴现未到期的商业汇票（银行无追索权情况下）和持有背书转让商业汇票的票面金额，以及到期不能收回应收票据或付款人无力支付票款的商业汇票票面金额；期末借方余额，反映小企业持有商业汇票的票面金额。

本科目可按照开出、承兑商业汇票的单位进行明细核算，并设置“应收票据备查簿”，逐笔登记商业汇票的种类、号数和出票日、票面金额、交易合同号和付款人、承兑人、背书人的姓名或单位名称、到期日、背书转让日、贴现日、贴现率和贴现净额以及收款日和收回金额、退票情况等资料。商业汇票到期结清票款或退票后，在备查簿中应予注销。

（二）应收票据的账务处理

1. 应收票据的取得

小企业主要是销售货物或者债务人抵偿前欠货款等原因取得应收票据。小企业应在收到开出承兑的商业汇票时,按应收票据的票面价值入账。当小企业销售货物等取得的应收票据,借记"应收票据"账户,贷记"主营业务收入""应交税费——应交增值税(销项税额)"等账户;当债务人抵偿前欠货款而取得的应收票据,借记"应收票据"账户,贷记"应收账款"账户。

【例 3-5】小企业销售一批产品给宏大公司,货已发出,货款 100 000 元,增值税额为 13 000 元。按合同约定 3 个月以后付款。宏大公司交给小企业一张不带息 3 个月到期的商业承兑汇票,面值 113 000 元。

借:应收票据——宏大公司(商业承兑汇票)　　113 000
　贷:主营业务收入　　100 000
　　应交税费——应交增值税(销项税额)　　13 000

【例 3-6】小企业向新鑫公司销售一批产品,货款为 20 000 元,尚未收到,已办妥托收手续,适用增值税税率为 13%。

(1)赊销商品时:

借:应收账款——新鑫公司　　22 600
　贷:主营业务收入　　20 000
　　应交税费——应交增值税(销项税额)　　2 600

(2)小企业收到新鑫公司寄来的一张 3 个月期的商业承兑汇票,面值为 22 600 元,抵付货款。

借:应收票据——新鑫公司(商业承兑汇票)　　22 600
　贷:应收账款——新鑫公司　　22 600

2. 到期收回票款

小企业应收票据到期需要重点考虑以下内容:应收票据的到期日和到期价值。

小企业应收票据的到期日应按不同的约定方式来确定,有两种表示方式:一是以"天数"表示,二是以"月数"表示。①如约定按日计算,则应以足日为准,在其计算时按"算尾不算头"的方式确定,按照实际天数计算到期日。例如,3 月 20 日开出的 90 天商业汇票的到期日为 6 月 19 日。②如约定按月计算,则足月为标准,在计算时按签发日数月后的对日计算,而不论各月份实际日历天数多少。若到期月份无此对日,应按到期月份的最后日确定。例如,1 月 31 日签发的 1 个月期限的商业汇票,到期日为 2 月 28 日或 29 日;3 月 31 日开出的 3 个月商业汇票,到期日应为 6 月 30 日;若此汇票为 6 个月时(商业汇票付款期最长不超过 6 个月),到期日应为 9 月 31 日。

应收票据的到期价值即商业汇票到期时的全部应支付款项,要根据票据是否带息的不同来确定。

①不带息票据的到期值,即是票据的面值。

②若是带息票据,到期价值为票据面值加上应计利息,其具体计算公式如下:

应收票据到期价值=票据面值×(1+票面利率×票据期限)

如无特别指明,应收票据上注明的利率一般以年利率表示;应收票据期限则用月或日表示。在实际业务中,常把 1 年按 360 天计算,每个月不分实际天数,均按 30 天计算。

例如，一张面值为10 000元，期限为90天，票面利率为10%的商业汇票，到期价值约为10 250元，计算公式为10 000×(1+10%×90÷360)。

(1)不带息应收票据到期的处理

【例3-7】续接【例3-5】，小企业已收宏大公司签发的不带息3个月的商业承兑汇票到期，存入银行，汇票的面值为113 000元。

借：银行存款　　113 000

　　贷：应收票据　　113 000

(2)带息应收票据到期的处理

【例3-8】小企业20×2年8月20日收到宏大公司签发的一张带息3个月到期的商业承兑汇票，用于抵偿前欠货款，汇票的面值为50 000元，票面利率6%。

①取得应收票据时：

借：应收票据　　50 000

　　贷：应收账款——宏大公司(商业承兑汇票)　　50 000

②3个月后，应收票据到期收回款项，存入银行时：

应收票据到期值=50 000×(1+6%×3÷12)=50 750(元)

借：银行存款　　50 750

　　贷：应收票据　　50 000

　　　　财务费用　　750

但若到期宏大公司无力支付票款，则小企业会计处理为：

借：应收账款　　50 750

　　贷：应收票据　　50 750

3. 应收票据的贴现

应收票据贴现是指商业汇票持票人为了资金融通的需要，将未到期的商业汇票背书后转让给银行，银行按票面金额扣除贴现利息后，将余额付给持票人的业务活动。对于贴现银行来说，即收购了没有到期的票据。票据贴现是小企业的票据融资行为。票据贴现的期限都较短，一般不会超过6个月，而且可以办理贴现的票据也仅限于已经承兑的并且尚未到期的商业汇票。银行计算贴现利息的利率称为贴现率，小企业从银行获得的票据到期值扣除贴现利息后的货币收入，称为贴现收入。相关公式为：

票据到期价值=票面价值×(1+年利率÷12×票据到期月数)

或　　=票面价值×(1+年利率÷360×票面到期天数)

(无息票据的到期价值=面值)

贴现利息=票据到期值×贴现率÷360×贴现天数

贴现期=票据期限-企业已持有票据期限=贴现日至票据到期日实际天数-1

贴现收入=票据到期值-贴现利息

如果小企业贴现的票据为带息票据，贴现息要按票据到期时的本利之和计算，贴现净额应从本利之和中扣除贴现息。

小企业持未到期的商业汇票向银行贴现，应按照实际收到的金额(即减去贴现息后的净额)，借记“银行存款”科目，按照贴现息，借记“财务费用”科目，按照商业汇票的票面金额，贷记“应收票据”(银行无追索权的情况下)或“短期借款”科目(银行有追索权的情况下)。

【例3-9】小企业于20×2年6月1日将4月1日开出并承兑的面值为30 000元、7月1日到期的不带息商业承兑汇票向银行贴现(银行无追索权)，贴现率为10%。

票据到期值=30 000(元)

贴现息=30 000×10%×30÷360=250(元)

贴现收入=30 000-250=29 750(元)

	借方	贷方
借:银行存款	29 750	
财务费用	250	
贷:应收票据		30 000

【例3-10】小企业于20×2年6月1日将4月1日开出并承兑面值为30 000元，年利率为6%，7月1日到期的商业承兑汇票向银行贴现(银行无追索权)，贴现率为10%。

票据到期值=30 000×(1+8%×90÷360)= 30 600(元)

贴现期=90-60=30(天)

贴现利息=30 600×10%×30÷360=255(元)

贴现收入=30 600-255=30 345(元)

	借方	贷方
借:银行存款	30 345	
贷:应收票据		30 000
财务费用		345

如果小企业在票据到期前向银行贴现，且银行拥有追索权，则该企业应按票据面值确认短期借款，按实际收到的金额(即减去贴现息后的净额)与票据面值之间的差额确认为财务费用。

借:银行存款

　财务费用——票据贴现

　贷:短期借款——××银行

第三节　预付账款与其他应收款

一、预付账款的概念和核算

(一)预付账款的概念

预付账款是指小企业按照合同规定预付给供应单位的款项。包括根据合同规定预付的购货款、租金、工程款等。预付账款是被供货单位暂时占用的资金。小企业预付货款后，有权要求对方按照合同的规定发货。预付账款必须以购销双方签订的购销合同为条件，按照规定的程序和方法进行核算。

(二)预付账款的核算

1. 科目设置

对于预付账款较多的小企业,为了反映和监督预付账款的增减变动情况,小企业应当设置"预付账款"科目核算小企业按照合同规定预付的款项。该科目的借方登记预付账款的增加额,包括预付的款项和补付的款项;贷方登记预付账款的减少额,包括采购货物时按发票金额冲销的预付账款数额和预付账款多余而退回的款项;期末借方余额表示企业实际预付的款项;贷方余额表示企业尚未补付的余额。"预付账款"科目可按供货单位或个人进行明细核算。小企业进行在建工程预付的工程价款,也通过该科目核算。

预付款项情况不多的小企业,也可以不设置"预付账款"科目,将预付的款项直接记入"应付账款"科目借方。

2. 预付账款的账务处理

预付账款的业务核算主要包括预付款项和收回货物两方面。

①小企业因购货而预付货款时,借记"预付账款"科目,贷记"银行存款"等科目。

②小企业收到所购物资后,按照应计入购入物资成本的金额,借记"在途物资"或"原材料""库存商品"等科目;按照应交增值税进项税额,借记"应交税费——应交增值税(进项税额)"科目;按照应支付的金额,贷记"预付账款"科目。

③补付款项时,借记"预付账款"科目,贷记"银行存款"等科目;退回多付的款项,做相反的会计分录。

④小企业进行在建工程预付的工程价款,借记"预付账款"科目,贷记"银行存款"等科目。按照工程进度和合同规定结算的工程价款,借记"在建工程"科目,贷记"预付账款""银行存款"等科目。

【例 3-11】20×2 年 7 月 5 日,小企业向新鑫公司采购一批原材料,货款总额为 40 000 元。按照合同规定,小企业于 7 月 31 日预付货款的 60%。

借:预付账款——新鑫公司　　24 000

　　贷:银行存款　　24 000

【例 3-12】20×2 年 1 月 10 日,小企业与乙建筑企业签订合同拟改建一座旧厂房,工程价款为 200 000 元。合同规定,小企业预付工程款 100 000 元。20×2 年 5 月 31 日,经测算厂房改造已完工 40%,小企业据此进行结算。

①预付工程款时:

借:预付账款——乙建筑企业　　100 000

　　贷:银行存款　　100 000

②厂房完工 40% 时:

借:在建工程　　80 000

　　贷:预付账款——乙建筑企业　　80 000

【例 3-13】20×2 年 1 月 10 日,小企业与新鑫公司签订合同采购一批材料。根据购销合同规定,小企业即日需通过银行向新鑫公司预付货款 100 000 元。2 月 4 日,小企业如期收到新鑫公司发来的材料,并验收入库,同时收到的增值税专用发票上注明货款120 000 元，增值税额 15 600 元，共计 135 600 元。小企业通过银行补付不足款项 35 600 元。

①小企业预付货款时：

借：预付账款——新鑫公司　　100 000

　　贷：银行存款　　100 000

②小企业收到货物时：

借：原材料　　120 000

　　应交税费——应交增值税（进项税额）　　15 600

　　贷：预付账款——新鑫公司　　135 600

③小企业补付货款时：

借：预付账款——新鑫公司　　35 600

　　贷：银行存款　　35 600

【例 3-14】仍按【例 3-13】采购业务，但小企业的预付款为 150 000 元。

①小企业预付货款时：

借：预付账款——新鑫公司　　150 000

　　贷：银行存款　　150 000

②小企业收到货物时：

借：原材料　　120 000

　　应交税费——应交增值税（进项税额）　　15 600

　　贷：预付账款——新鑫公司　　135 600

③小企业收回多余货款时：

借：银行存款　　14 400

　　贷：预付账款——新鑫公司　　14 400

二、其他应收款的概念和核算

（一）其他应收款的概念

其他应收款是指小企业除应收票据、应收账款、预付账款、应收股利、应收利息等以外的其他各种应收及暂付款项，包括应收的各种赔款、罚款、应收出租包装物租金、应向职工收取的各种垫付款项、存出保证金、租入包装物支付的押金等。

（二）其他应收款的核算

1. 科目设置

小企业应设置“其他应收款”科目。本科目的借方登记发生的各种其他应收款，贷方登记收回的其他应收款；期末借方余额表示小企业尚未收回的其他应收款。“其他应收款”科目应按其他应收款的项目分类，并按不同的债务人（对方单位或个人）设置明细科目，进行明细核算。其他应收款主要发生于企业的非购销活动，应与应收账款和预付账款区分清楚。

2. 其他应收款的账务处理

小企业发生其他各种应收款项时,借记“其他应收款”科目,贷记“库存现金”“银行存款”“固定资产清理”等科目;出口产品或商品按照税法规定应予退回的增值税款,借记“其他应收款”科目,贷记“应交税费——应交增值税(出口退税)”科目。小企业收回各种款项时,借记“库存现金”“银行存款”“应付职工薪酬”等科目,贷记“其他应收款”科目。

【例3-15】小企业以银行存款替职工张某垫付应由其个人负担的住院费10 000元,待复工后从工资薪酬中扣回。

①小企业垫支时:

借:其他应收款　　10 000

　　贷:银行存款　　10 000

②实际扣款时:

借:应付职工薪酬　　10 000

　　贷:其他应收款　　10 000

【例3-16】小企业租入包装物一批,以银行存款向出租方支付押金5 000元。

①支付押金时:

借:其他应收款——存出保证金　　5 000

　　贷:银行存款　　5 000

②租入包装物按期如数退回,收回对方退还的押金5 000元,并存入银行:

借:银行存款　　5 000

　　贷:其他应收款——存出保证金　　5 000

第四节　坏账损失确认及处理

一、坏账损失的概念

坏账,是指小企业无法收回或收回的可能性极小的各种应收及预付款项。由于发生坏账而使企业遭受的损失,称为坏账损失。

小企业对于往来款项可采用与对方单位核对账目的方法进行清查。根据有关明细分类账的记录,按用户编制对账单,送交对方单位进行核对。对账单一般一式两联,其中一联作为回单。如果对方单位核对相符,应在回单上盖章后退回;如果数字不符,则应将不符的情况在回单上注明,或另抄对账单退回,以便进一步清查。在核对过程中,如果发现未达账项,双方都应采用调节账面余额的方法,来核对往来款项是否相符。

二、坏账损失的确认

根据《小企业会计准则》的相关规定,小企业的应收及预付款项(日常生产经营活动中发生的各项债权，包括应收票据、应收账款、应收股利、应收利息、其他应收款等应收款项和预付账款）符合下列条件之一的，作为坏账损失：

①债务人依法宣告破产、关闭、解散、被撤销，或者被依法注销、吊销营业执照，其清算财产不足清偿的。

②债务人死亡，或者依法被宣告失踪、死亡，其财产或者遗产不足清偿的。

③债务人逾期 3 年以上未清偿，且有确凿证据证明已无力清偿债务的。

④与债务人达成债务重组协议或法院批准破产重整计划后，无法追偿的。

⑤因自然灾害、战争等不可抗力导致无法收回的。

⑥国务院财政、税务主管部门规定的其他条件。

小企业的应收及预付款项出现上述所列条件之一时，要积极与债务人协商，努力收回相关款项，经过努力后如果确实无法再收回，应当将应收及预付款项账面余额减除可收回金额后的净额作为坏账损失。

三、坏账损失的账务处理

小企业的应收及预付款项发生坏账损失应采用直接转销法，即：日常核算中应收及预付款项可能发生的坏账损失不予考虑，只有在实际发生坏账损失时，才作为损失计入"营业外支出"科目，同时冲销应收及预付款项。小企业发生的坏账损失经主管税务部门批准同意的，可以税前列支；未经主管税务部门批准同意的，应调整应纳税所得额。

【例 3-17】小企业因债务公司倒闭破产，将一笔金额为 10 000 元的应收账款全部确认为坏账损失。

借：营业外支出　　10 000

　　贷：应收账款　　10 000

【例 3-18】小企业通过其他途径得知安欣公司被吊销营业执照，破产财产尚不足以支付外部欠款，小企业之前预付给安欣公司 50 000 元货款全部无法收回。

借：营业外支出　　50 000

　　贷：预付账款——安欣公司　　50 000

【例 3-19】小企业收到宏大公司前期所欠货款 30 000 元。该笔款项之前已经确认为坏账损失。

借：银行存款　　30 000

　　贷：营业外收入　　30 000

需要注意，已确认为坏账的应收款项并不表示企业放弃追索权。一旦更新收回坏账损失，小企业应及时入账。

思考题

1. 什么是应收账款？小企业如何加强应收账款的日常管理？

2. 如何辨别应收账款、应收票据和其他应收款?
3. 小企业的折扣有哪些? 有何区别?
4. 什么是应收票据? 如何分类?
5. 如何理解票据贴现是小企业的一种融资行为?
6. 什么是坏账? 小企业形成坏账的原因有哪些?
7. 小企业如何确认坏账损失?
8. 什么是其他应收款? 包括哪些内容?

练习题

一、单项选择题

1. 小企业收到商业汇票时应按(　　)确认计价。

A. 票据面值　　B. 票据到期值　　C. 票据贴现值　　D. 到期值的现值

2. 应收账款的入账价值为(　　)。

A. 预估金额　　B. 实际发生额　　C. 双方协商的金额　　D. 合同金额

3. 以下不属于应收账款的入账价值的是(　　)。

A. 销售货物或提供劳务的货款　　B. 为购货方代垫的运杂费

C. 应收客户租借包装物的保证金　　D. 应收销售货物或提供劳务的增值税

4. 预付款项情况不多的小企业,可以不单独设置"预付账款"科目,只需将预付款项直接记入(　　)科目的借方。

A."应收账款"　　B."其他应收款"　　C."应付账款"　　D."应收票据"

5. 销货方按商品售价给予客户的现金折扣,会计上应该作为(　　)处理。

A. 增加管理费用　　B. 冲减销售收入　　C. 增加财务费用　　D. 增加销售费用

6. 某小企业应收账款为 50 000 元,规定现金折扣条件为 2/10,1/20,n/30,客户已于 3 月 18 日付款,应给予客户的现金折扣为(　　)元。

A. 1 000　　B. 500　　C. 750　　D. 0

7. 应收票据的贴现息应该计入(　　)。

A. 财务费用　　B. 管理费用　　C. 销售费用　　D. 营业外支出

8. 商业汇票到期,如果因付款人无力支付票款,票据由银行退回,收款单位应(　　)。

A. 转作管理费用　　B. 转作应收账款　　C. 转作营业外支出　　D. 转作营业外收入

9. 下列应收、暂付款项中,不通过"其他应收款"科目核算的是(　　)。

A. 应收保险公司的赔款　　B. 应收出租包装物的租金

C. 应向职工收取的各种垫付款项　　D. 应向客户收取的代垫的运费

10. 采购方采购商品使用商业汇票结算时,小企业应核算的会计科目是(　　)。

A. 应收账款　　B. 应收票据　　C. 应付票据　　D. 预收账款

二、多项选择题

1. 适用于小企业“应收票据”业务核算的票据有(　　)。

A. 支票　B. 银行汇票　C. 商业承兑汇票　D. 银行承兑汇票

2. 按照我国现行小企业会计准则的规定,小企业因销售商品发生的应收账款,其入账价值包括(　　)。

A. 产品销售收入的价款　B. 增值税销项税额

C. 代购买方垫付的运杂费　D. 商业折扣

3. 下列各项中,应通过“其他应收款”科目核算的有(　　)。

A. 应收的各种赔款　B. 应收的押金

C. 预付给供应单位货款　D. 应收的债券利息

4. 小企业的预付账款可以通过(　　)科目进行核算。

A. 预付账款　B. 应付账款　C. 其他应收款　D. 其他应付款

5. 下列各项中引起小企业期末应收账款账面价值发生变化的有(　　)。

A. 收回应收账款　B. 收回已转销的坏账损失

C. 确认坏帐损失　D. 结转到期不能收回的应收票据

6. 下列项目中应通过“其他应收款”核算的有(　　)。

A. 实行定额备用金制的小企业日常报销

B. 应收的各种罚款

C. 收取的各种押金

D. 应向职工收取的各种垫付款项

7. 小企业确认坏账损失的条件有(　　)。

A. 债务人依法宣告破产、关闭、解散、被撤销,或者被依法注销、吊销营业执照,其清算财产不足清偿的

B. 债务人死亡,或者依法被宣告失踪、死亡,其财产或者遗产不足清偿的

C. 与债务人达成债务重组协议或法院批准破产重整计划后,无法追偿的

D. 债务人逾期 3 年以上未清偿,且有确凿证据证明已无力清偿债务的

三、判断题

1. 小企业持商业汇票向银行等金融机构贴现,并将办理贴现的手续费计入“财务费用”科目。(　　)

2. 小企业收到承兑的商业汇票为商业承兑汇票,即承兑人为银行等金融机构。(　　)

3. 商业折扣是按应收账款的发票价格减去商业折扣后的净额确认。(　　)

4. 小企业“应收账款”科目核算的内容包括应向职工收取的各种垫付款项、应收未收的销货款和代垫的运杂费等。(　　)

5. 销售商品涉及现金折扣的,应当按照扣除现金折扣后的金额确定销售商品收入全额。 (　　)

6. 小企业内部各部门之间周转使用的备用金应在“其他应收款”科目核算。 (　　)

7. 按现行会计准则规定,小企业应对应收款项计提坏账准备。 (　　)

8. 应收款项的坏账损失应当于计提时计入营业外支出,同时冲减应收款项。 (　　)

四、业务题

1. 某小企业为增值税一般纳税人,适用的增值税税率为13%。20×2年12月发生经济业务如下:

(1)12月3日,向红星工厂赊销商品一批,商品标明的金额为200 000万元(不含增值税),由于是批发销售,销售量较大,小企业给予红星工厂10%的商业折扣。

(2)12月5日,小企业得到消息,欠销售款的某个客户破产,根据清算程序,有应收账款50 000元无法收回,确认为坏账损失。

(3)12月10日,收到红星工厂的货款100 000元,存入银行。

(4)12月13日,因客户荣发公司业绩转好,小企业收回上年度已确认并转销的坏账损失10 000元。

(5)12月27日,收到荣发公司公司交来银行承兑汇票一张,面值30 000元,用以偿还其前欠货款。

(6)12月31日,向红星工厂销售商品一批,增值税专用发票上注明的售价为200 000元,增值税税额为26 000元。小企业为了及早收回货款在合同中规定的现金折扣条件为2/10,1/20,*n*/30。假定现金折扣不考虑增值税。

要求:编制小企业上述业务的会计分录。

2. 资料:某企业发生以下经济业务:

(1)向A单位销售产品,货款20 000元,增值税额2 600元,共计22 600元。取得不带息商业承兑汇票一张,面值22 600元。

(2)向B公司销售产品,货款60 000元,增值税额7 800元,共计67 800元。取得期限为3个月的带息银行承兑汇票一张,出票日期为20×2年11月1日,票面利息为10%。

(3)A单位承兑的商业汇票到期,企业收回款项22 600元,存入银行。

(4)向C公司销售产品,货款40 000元,增值税额5 200元。共计45 200元,取得期限为2个月的带息商业承兑汇票一张,出票日期为20×2年12月1日,票面利息为9%。

(5)20×2年12月31日,计提B公司和C公司商业汇票利息。

(6)向B公司销售产品所收的银行承兑汇票到期,企业收回款项,面值67 800元,利息1 695元,共计69 495元。

第四章　存　货

学习目标

通过本章学习，了解存货的概念、特征及分类和计量原则；掌握原材料、库存商品、周转材料、委托加工物资核算应设置的会计科目及账务处理方法；理解存货发出的计价方法及核算；存货盘盈、盘亏及毁损的核算；掌握消耗性生物资产的相关概念及核算；同时对成本的核算流程与核算方法有基本的理解。

第一节　存货概述

一、存货的概念、特征及内容

存货，是指小企业在日常生产经营过程中持有以备出售的产成品或商品、处在生产过程中的在产品、将在生产过程或提供劳务过程中耗用的材料和物料等，以及小企业（农、林、牧、渔业）为出售而持有的或在将来收获为农产品的消耗性生物资产。

存货区别于固定资产、无形资产等非流动资产的最基本的特征是，小企业持有存货的最终的目的是出售，包括可供直接销售的产成品、商品，以及需经过进一步加工后出售的原材料等。同时，存货相对于非流动资产来说其周转速度较快，通常在1年内变现、出售或耗用。

小企业的存货包括原材料、在产品、半成品、产成品、商品、周转材料、委托加工物资、消耗性生物资产等。

①原材料。原材料是指小企业在生产过程中经加工将改变其形态或性质并构成产品主要实体的各种原料及主要材料、辅助材料、外购半成品（外购件）、修理用备件（备品备件）、包装材料、燃料等。

②在产品。在产品是指小企业正在制造尚未完工的产品，包括正在各个生产工序加工的产品和已加工完毕但尚未检验或已检验但尚未办理入库手续的产品。

③半成品。半成品是指经过一定生产过程并已检验合格交付半成品仓库保管，但尚未制造完工，仍需进一步加工的中间产品。

④产成品。产成品是指小企业已经完成全部生产过程并已验收入库，可以按照合同

规定的条件送交订货单位,或者可以作为商品对外销售的产品。小企业接收来料加工制造的代制品和为外单位加工修理的代修品,制造和修理完成验收入库后,应视同小企业的产成品。

⑤商品。商品是指小企业(批发业、零售业)外购或委托加工完成并已验收入库用于销售的各种商品。

商品与产成品都是小企业的存货,但是也存在区别,主要有两个方面:一是针对企业主体不同,商品这类存货主要是针对批发业和零售业等商品流通类小企业而言,产成品这类存货主要是针对农、林、牧、渔业,工业,房地产开发经营等工业制造类小企业而言;二是形成方式不同,商品主要是外购的,由外单位完成了生产制造过程,产成品主要是自制的;由本单位完成生产制造过程。

⑥周转材料。周转材料是指小企业能够多次使用、逐渐转移其价值但仍保持原有形态且不确认为固定资产的材料。包括包装物、低值易耗品、小企业(建筑业)的钢模板、木模板、脚手架等。

⑦委托加工物资。委托加工物资是指小企业委托外单位加工的各种材料、商品等物资。

⑧消耗性生物资产。消耗性生物资产是指小企业(农、林、牧、渔业)生长中的大田作物、蔬菜、用材林以及存栏待售的牲畜等。

二、存货的确认条件

在会计核算上,作为存货还必须同时具备以下两个条件,才能予以确认:

(一)与该存货有关的经济利益很可能流入企业

小企业在确认存货时,需要判断与该项存货相关的经济利益是否很可能流入企业。在实务中,主要通过判断与该项存货所有权相关的风险和报酬是否转移到了企业来确定。与存货所有权相关的风险,是指由于经营情况发生变化造成的相关收益的变动,以及由于存货滞销、毁损等原因造成的损失;与存货所有权相关的报酬,是指在出售该项存货或其经过进一步加工取得的其他存货时获得的收入,以及处置该项存货实现的利得等。

通常情况下,取得存货的所有权是与存货相关的经济利益很可能流入本企业的一个重要标志。例如,根据销售合同已经售出(取得现金或收取现金的权利)的存货,其所有权已经转移,与其相关的经济利益已不再流入本企业,此时,即使该项存货尚未运离本企业,也不能再确认为本企业的存货。又如,委托代销商品,由于其所有权并未转移至受托方,因此委托代销的商品仍应当确认为委托企业存货的一部分。总之,企业在判断与存货相关的经济利益能否流入企业时,主要结合该项存货所有权的归属情况进行分析。

(二)该存货的成本能够可靠地计量

作为小企业资产的组成部分,要确认存货,企业必须能够对其成本进行可靠的计量。存货的成本能够可靠地计量必须以取得确凿、可靠的证据为依据,并且具有可验证性。

如果存货成本不能可靠地计量,则不能确认为一项存货。例如,企业承诺的订货合同,由于并未实际发生,不能可靠地确定其成本,因此就不能确认为购买企业的存货。又如,企业预计发生的制造费用,由于并未实际发生,不能可靠地确定其成本,因此不能计入产品成本。

三、存货成本的确定

(一)小企业存货成本的构成

小企业取得的存货,应当按照成本进行计量。存货成本包括采购成本、加工成本和其他成本。

1. 存货的采购成本

存货的采购成本包括购买价款、相关税费、运输费、装卸费、保险费以及其他可归属于存货采购成本的费用。

其中,存货的购买价款是指小企业购入的材料或商品的发票账单上列明的价款,但不包括按照规定可以抵扣的增值税进项税额。存货的相关税费是指小企业购买存货发生的进口关税、消费税、资源税和不能抵扣的增值税进项税额以及相应的教育费附加等应计入存货采购成本的税费。其他可归属于存货采购成本的费用是指采购成本中除上述各项以外的可归属于存货采购的费用,如在存货采购过程中发生的仓储费、包装费、运输途中的合理损耗、入库前的挑选整理费用等。运输途中的合理损耗,是指商品在运输过程中,因商品性质、自然条件及技术设备等因素,所发生的自然的或不可避免的损耗。例如,汽车在运输煤炭、化肥等的过程中自然散落以及易挥发产品在运输过程中的自然挥发。

批发业、零售业小企业在采购商品过程中发生的运输费、装卸费、保险费以及其他可归属于存货采购成本的费用等进货费用,应当直接计入"销售费用",不计入存货的采购成本。

2. 存货的加工成本

存货的加工成本是指在存货的加工过程中发生的追加费用,包括直接人工以及按照一定方法分配的制造费用。直接人工是指企业在生产产品过程中发生的直接从事产品生产人员的职工薪酬。制造费用是指企业为生产产品而发生的各项间接费用。

3. 存货的其他成本

存货的其他成本是指除采购成本、加工成本以外的,使存货达到目前场所和状态所发生的其他支出。为特定客户设计产品所发生的、可直接确定的设计费用应计入存货的成本。但是企业设计产品发生的设计费用通常应计入当期损益。

(二)存货的来源不同,其成本的构成内容也不同

原材料、商品、低值易耗品等通过购买而取得的存货的成本主要由采购成本构成;产成品、在产品、半成品等自制或需委托外单位加工完成的存货的成本由采购成本、加工成本以及使存货达到目前场所和状态所发生的其他支出构成。

实务中具体按以下原则确定：

①外购存货的成本包括购买价款、相关税费、运输费、装卸费、保险费以及在外购存货过程发生的其他直接费用，但不含按照税法规定可以抵扣的增值税进项税额。

②通过进一步加工取得存货的成本包括直接材料、直接人工以及按照一定方法分配的制造费用。

经过1年期以上的制造才能达到预定可销售状态的存货发生的借款费用，也计入存货的成本。借款费用，是指小企业因借款而发生的利息及其他相关成本。包括借款利息、辅助费用以及因外币借款而发生的汇兑差额等。

③投资者投入存货的成本，应当按照评估价值确定。

④提供劳务的成本包括与劳务提供直接相关的人工费、材料费和应分摊的间接费用。

⑤自行栽培、营造、繁殖或养殖的消耗性生物资产的成本，应当按照下列规定确定：

a. 自行栽培的大田作物和蔬菜的成本包括在收获前耗用的种子、肥料、农药等材料费、人工费和应分摊的间接费用。

b. 自行营造的林木类消耗性生物资产的成本包括郁闭前发生的造林费、抚育费、营林设施费、良种试验费、调查设计费和应分摊的间接费用。

c. 自行繁殖的育肥畜的成本包括出售前发生的饲料费、人工费和应分摊的间接费用。

d. 水产养殖的动物和植物的成本包括在出售或入库前耗用的苗种、饲料、肥料等材料费、人工费和应分摊的间接费用。

⑥盘盈存货的成本，应当按照同类或类似存货的市场价格或评估价值确定。

（三）不应计入存货成本的项目

下列费用不应计入存货成本，而应在其发生时计入当期损益。

①非正常消耗的直接材料、直接人工和制造费用，应在发生时计入当期损益，不应计入存货成本。比如，因自然灾害而发生的直接材料、直接人工和制造费用，由于这些费用的发生无助于使该存货达到目前场所和状态，不应计入存货成本，而应确认为当期损益。

②仓储费用指企业在存货采购入库后发生的储存费用，应在发生时计入当期损益。但是，在生产过程中为达到下一个生产阶段所必需的仓储费用应计入存货成本。比如，某种酒类产品生产企业为使生产的酒达到规定的产品质量标准而必须发生的仓储费用，应计入酒的成本，而不应计入当期损益。

③不能归属于使存货达到目前场所和状态的其他支出，应在发生时计入当期损益，不得计入存货成本。

四、发出存货的计价方法

存货在流动资产总额中一般占有较大比重。小企业应注意存货的保管、维护和安全，防止损失；应加强对存货的管理、控制和核算，做好存货的收发计量工作；应合理安排好存货储备，避免因存货积压而引起的资金周转困难或因存货不足而影响企业正常的生产经营活动。有效地使用存货,对降低生产和经营成本,加速资金周转,提高企业的经济效益起着十分重要的作用。

小企业应当根据各类存货的实物流转方式、企业管理的要求、存货的性质等实际情况,合理地确定发出存货成本的计算方法,以及当期发出存货的成本。对于性质和用途相同的存货,应当采用相同的成本计算方法确定发出存货的成本。

实务中,小企业发出的存货可以按实际成本核算,也可以按计划成本核算。如采用计划成本核算,会计期末应调整为实际成本。在实际成本核算方式下,小企业应当采用先进先出法、月末一次加权平均法、移动加权平均法或者个别计价法确定发出存货的实际成本。计价方法一经选用,不得随意变更。

(一)先进先出法

先进先出法是指以先购入的存货应先发出(用于销售或耗用)这样一种存货实物流动假设为前提,对发出存货进行计价的一种方法。采用这种方法,先购入的存货成本在后购入存货成本之前转出,据此确定发出存货和期末存货的成本。具体方法是:收入存货时,逐笔登记收入存货的数量、单价和金额;发出存货时,按照先进先出的原则逐笔登记存货的发出成本和结存金额。

【例 4-1】假设甲小企业 20×2 年 3 月,A 商品本期收入、发出和结存情况如表 4-1 所示。请使用先进先出法得出的发出存货成本和期末存货成本。

表 4-1 A 商品购销明细账 金额单位:元

日期		摘要	收入			发出			结存		
月	日		数量	单价	金额	数量	单价	金额	数量	单价	金额
3	1	期初余额							100	10	1 000
	5	购入	200	11	2 200				300		
	9	销售				240			60		
	13	购入	500	9	4 500				560		
	18	销售				450			110		
	20	购入	300	10	3 000				410		
	28	销售				320			90		
	31	本期合计	1 000	—	9 700	1 010	—		90		

从该表可以看出存货成本的计价顺序,如 3 月 9 日发出的 240 件存货,按先进先出法的流转顺序,应先发出期初库存存货 1 000 元(100×10),然后再发出 3 月 5 日购入的 140 件,即 1 540 元(140×11),其他依此类推。从表 4-2 中看出,使用先进先出法得出的发出存货成本和期末存货成本分别为 2 540 元和 660 元。

表 4-2　A 商品购销明细账(先进先出法)　　金额单位:元

日期		摘要	收入			发出			结存		
月	日		数量	单价	金额	数量	单价	金额	数量	单价	金额
3	1	期初余额							100	10	1 000
	5	购入	200	11	2 200				100 200	10 11	3 200
	9	销售				100 140	10 11	2 540	60	11	660
	13	购入	500	9	4 500				60 500	11 9	5 160
	18	销售				60 390	11 9	4 170	110	9	990
	20	购入	300	10	3 000				110 300	9 10	3 990
	28	销售				110 210	9 10	3 090	90	10	900
	31	本期合计	1 000	—	9 700	1 010	—	9 800	90	10	900

甲小企业日常账面记录显示,A 商品期初结存存货为 1 000 元(100×10),本期购入存货三批,按先后顺序分别为:2 200 元(200×11)、4 500 元(500×9)、3 000 元(300×10)。假设经过盘点,发现期末库存 90 件,则本期发出存货为 1 010 件。

本期发出存货成本

=(100×10+140×11)+(60×11+390×9)+(110×9+210×10)=9 800(元)

期末结存存货成本=90×10=900(元)

或:期末结存存货成本

=期初结存存货成本+本期收入存货成本-本期发出存货成本

=100×10+(200×11+500×9+300×10)-9 800=1 000+9 700-9 800=900(元)

先进先出法可以随时结转存货发出成本,但较烦琐。如果存货收发业务较多,且存货单价不稳定时,其工作量较大。在物价持续上升时,期末存货成本接近于市价,而发出成本偏低,会高估企业当期利润和库存存货价值;反之,会低估企业存货价值和当期利润。

(二)月末一次加权平均法

月末一次加权平均法是指以本月全部进货数量加上月初存货数量作为权数,去除本月全部进货成本加上月初存货成本,计算出存货的加权平均单位成本,以此为基础计算本月发出存货的成本和期末结存存货的成本的一种方法。计算公式如下:

$$\text{存货单位成本}=\frac{\text{月初结存存货成本}+\sum\text{本月各批进货的实际单位成本}\times\text{本月各批进货的数量}}{\text{月初结存存货的数量}+\text{本月各批进货数量之和}}$$

本月发出存货的成本=本月发出存货的数量×存货单位成本

本月月末结存存货成本=月末结存存货的数量×存货单位成本

或:本月月末结存存货成本=月初结存存货成本+本月收入存货成本-本月发出存货成本

【例4-2】假设甲小企业20×2年3月,A商品本期收入、发出和结存情况如表4-1所示。请采用月末一次加权平均法核算存货。

根据表4-1,3月A商品的平均单位成本计算如下:

3月A商品的平均单位成本

=(月初结存存货成本+本月收入存货成本之和)÷(月初结存存货数量+本月收入存货数量之和)

=(100×10+200×11+500×9+300×10)÷(100+200+500+300)≈9.727(元)

则,3月A商品的发出成本与期末结存成本分别为:

3月A商品的发出成本=1 010×9.727=9 827.30(元)

3月A商品的期末结存成本

=月初结存存货成本+本月收入存货成本-本月发出存货成本

=[100×10+(200×11+500×9+300×10)]-9 827.30

=10 700-9 827.3=872.70(元)

则3月A商品本期收入、发出和结存情况如表4-3所示。

从表4-3中可以看出,采用月末一次加权平均法,A商品的平均单位成本从期初的10元变为期末的9.73元;采用月末一次加权平均法得出的本期发出存货成本和期末结存存货成本分别为9 827.3元和872.7元。

表4-3　A商品购销明细账(月末一次加权平均法)　　金额单位:元

日期		摘要	收入			发出			结存		
月	日		数量	单价	金额	数量	单价	金额	数量	单价	金额
3	1	期初余额							100	10	1 000
	5	购入	200	11	2 200				300	—	
	9	销售				240	—		60	—	
	13	购入	500	9	4 500				560	—	
	18	销售				450	—		110	—	
	20	购入	300	10	3 000				410	—	
	28	销售				320	—		90	—	
	31	本期合计	1 000	—	9 700	1 010	9.727	9 827.3	90	9.727	872.7

采用月末一次加权平均法只在月末一次计算加权平均单价,有利于简化成本计算工作。但由于平时无法从账上提供发出和结存存货的单价及金额,不利于存货成本的日常管理与控制。

(三)移动加权平均法

移动加权平均法是指以每次进货的成本加上原有结存存货的成本的合计额,除以每次进货数量加上原有结存存货的数量的合计数,据以计算加权平均单位成本,作为在下次进货前计算各次发出存货成本依据的一种方法。计算公式如下:

$$存货单位成本=\frac{原有结存存货成本+本次进货的成本}{原有结存存货数量+本次进货数量}$$

本次发出存货成本=本次发出存货数量×本次发货前存货的单位成本

本月月末结存存货成本=月末结存存货的数量×本月月末存货单位成本

或:本月月末结存存货成本=月初结存存货成本+本月收入存货成本-本月发出存货成本

采用移动加权平均法能够使企业管理层及时了解存货的结存情况,计算的平均单位成本以及发出和结存的存货成本比较客观。但由于每次收货都要计算一次平均单位成本,计算工作量较大,对收发货较频繁的小企业不太适用。

【例 4-3】假设甲小企业 20×1 年 3 月,A 商品本期收入、发出和结存情况如表 4-1 所示。请采用移动加权平均法核算存货。

根据表 4-1,3 月 A 商品各平均单位成本计算如下:

3 月 5 日购入存货后的平均单位成本

=(100×10+200×11)÷(100+200)≈10.67(元)

3 月 13 日购入存货后的平均单位成本

=(60×10.67+500×9)÷(60+500)≈9.18(元)

3 月 20 日购入存货后的平均单位成本

=(110×9.18+300×10)÷(110+300)=9.78(元)

本次发出存货成本=本次发出存货数量×本次发货前存货的单位成本

3 月 9 日销售存货的成本=240×10.67=2 560.80(元)

3 月 18 日销售存货的成本=450×9.18=4 131.00(元)

3 月 28 日销售存货的成本=320×9.78=3 129.60(元)

或:本月月末结存存货成本

=月初结存存货成本+本月收入存货成本-本月发出存货成本

=100×10+[(200×11)+(500×9)+(300×10)]-[(240×10.67)+(450×9.18)+(320×9.78)]

=1 000+(2 200+4 500+3 000)-(2 560.8+4 131+3 129.6)

=1 000+9 700-9 821.4=878.6(元)

注:由于计算取整原因,造成与另一种算法有差。

则 3 月 A 商品本期收入、发出和结存情况如表 4-4 所示。

表 4-4　A 商品购销明细账(移动加权平均法)　　金额单位:元

日期		摘要	收入			发出			结存		
月	日		数量	单价	金额	数量	单价	金额	数量	单价	金额
3	1	期初余额							100	10	1 000
	5	购入	200	11	2 200				300	10.67	3 201
	9	销售				240	10.67	2 560.8	60	10.67	640.2
	13	购入	500	9	4 500				560	9.18	5 140.8
	18	销售				450	9.18	4 131	110	9.18	1 009.8
	20	购入	300	10	3 000				410	9.78	4 009.8
	28	销售				320	9.78	3 129.6	90	9.78	878.6
	31	本期合计	1 000	—	9 700	1 010	—	9 821.4	90	9.78	878.6

从表 4-4 中可以看出,采用移动加权平均法,A 商品的平均单位成本从期初的 10 元变为期中的 10.67 元、9.18 元,再变成期末的 9.78 元;采用移动加权平均法得出的本期发出存货成本和期末结存存货成本分别为 9 821.4 元和 878.6 元。

(四)个别计价法

个别计价法是假设存货具体项目的实物流转与成本流转相一致,按照各种存货逐一辨认各批发出存货和期末存货所属的购进批别或生产批别,分别按其购入或生产时所确定的单位成本计算各批发出存货和期末存货成本的方法。在这种方法下,把每一种存货的实际成本作为计算发出存货成本和期末存货成本的基础。

【例 4-4】假设甲小企业 20×2 年 3 月,A 商品本期收入、发出和结存情况如表 4-1 所示。假设经过具体辨认,本期发出存货的单位成本如下:3 月 9 日发出的 240 件存货中,100 件系期初结存存货,单位成本为 10 元,另外 140 件为 3 月 5 日购入存货,单位成本为 11 元;3 月 18 日发出的 450 件存货系 3 月 13 日购入,单位成本为 9 元;3 月 28 日发出的 320 件存货中,20 件存货系 3 月 13 日购入,单位成本为 9 元,300 件为 3 月 20 日购入,单位成本为 10 元。请采用个别计价法核算存货。

甲小企业 3 月 A 商品收入、发出与结存情况如表 4-5 所示。

表 4-5 A 商品购销明细账(个别计价法) 金额单位:元

日期		摘要	收入			发出			结存		
月	日		数量	单价	金额	数量	单价	金额	数量	单价	金额
3	1	期初余额							100	10	1 000
	5	购入	200	11	2 200				100 200	10 11	3 200
	9	销售				100 140	10 11	2 540	60	11	660
	13	购入	500	9	4 500				60 500	11 9	5 160
	18	销售				450	9	4 050	60 50	11 9	1 110
	20	购入	300	10	3 000				60 50 300	11 9 10	4 110
	28	销售				20 300	9 10	3 180	60 30	11 9	930
	31	本期合计	1 000	—	9 700	1 010	—	9 770	90	—	930

从表 4-5 中可知,甲小企业本期发出存货成本及期末结存存货成本如下:

本期发出存货成本=(100×10+140×11)+(450×9)+(20×9+300×10)=9 770(元)

期末结存存货成本=60×11+30×9=930(元)

或:期末结存存货成本

=期初结存存货成本+本期收入存货成本-本期发出存货成本

=100×10+(200×11+500×9+300×10)-9 770=1 000+9 700-9 770=930(元)

个别计价法的成本计算准确,符合实际情况,但在存货收发频繁的情况下,其发出成本分辨的工作量较大。因此,这种方法通常适用于一般不能替代使用的存货、为特定项目专门购入或制造的存货以及提供的劳务,如珠宝、名画等贵重物品。

对于性质和用途相似的存货,应当采用相同的成本计算方法确定发出存货的成本。对于不能替代使用的存货、为特定项目专门购入或制造的存货以及提供的劳务,应采用个别计价法确定发出存货的成本。

第二节 原材料

原材料是指小企业在生产过程中经加工将改变其形态或性质并构成产品主要实体的各种原料及主要材料、辅助材料、外购半成品(外购件)、修理用备件(备品备件)、包装材料、燃料等。

原材料的日常收入、发出及结存可以采用实际成本核算,也可以采用计划成本核算。

一、科目设置

(一)“材料采购”科目

“材料采购”科目核算小企业采用计划成本进行材料日常核算、购入材料的采购成本。“材料采购”科目借方登记采购材料的实际成本,贷方登记入库材料的计划成本。借方金额大于贷方金额表示超支,从“材料采购”科目贷方转入“材料成本差异”科目的借方;贷方金额大于借方金额表示节约,从“材料采购”科目借方转入“材料成本差异”科目的贷方;“材料采购”科目期末借方余额,反映小企业已经收到发票账单、但材料尚未到达或尚未验收入库的在途材料的采购成本。

采用实际成本进行材料日常核算的,购入材料的采购成本,在“在途物资”科目核算。委托外单位加工材料、商品的加工成本,在“委托加工物资”科目核算。“材料采购”科目应按照供应单位和材料品种进行明细核算。

(二)“在途物资”科目

“在途物资”科目核算小企业采用实际成本进行材料、商品等物资的日常核算、尚未到达或尚未验收入库的各种物资的实际采购成本。“在途物资”科目的借方登记小企业购入的在途物资的实际成本,贷方登记验收入库的在途物资的实际成本,期末余额在借方,反映小企业已经收到发票账单、但材料或商品尚未到达或尚未验收入库的在途材料、商品等物资的采购成本。

小企业(批发业、零售业)在购买商品过程中发生的费用(包括运输费、装卸费、包装费、保险费、运输途中的合理损耗和入库前的挑选整理费等),在“销售费用”科目核算,不在本科目核算。“在途物资”科目应按照供应单位和物资品种进行明细核算。

(三)“原材料”科目

“原材料”科目核算小企业库存的各种材料。包括原料及主要材料、辅助材料、外购半成品(外购件)、修理用备件(备品备件)、包装材料、燃料等的实际成本或计划成本。在原材料按实际成本核算时,“原材料”科目的借方登记入库材料的实际成本,贷方登记发出材料的实际成本,期末余额在借方,反映小企业库存材料的实际成本。在采用计划成本核算材料时,“原材料”科目的借方登记入库材料的计划成本,贷方登记发出材料的计划成本,期末余额在借方,反映小企业库存材料的计划成本。

购入的工程用材料,在“工程物资”科目核算,不在本科目核算。“原材料”科目应按照材料的保管地点(仓库)、材料的类别、品种和规格等进行明细核算。

(四)“材料成本差异”科目

“材料成本差异”科目核算小企业采用计划成本进行日常核算的材料计划成本与实际成本的差额。小企业也可以在“原材料”“周转材料”等科目设置“材料成本差异”明细科目。“材料成本差异”科目借方登记入库材料的超支差异及发出材料应负担的节约差异，贷方登记入库材料的节约差异及发出材料应负担的超支差异。“材料成本差异”科目期末借方余额，反映小企业库存材料等的实际成本大于计划成本的差异（即超支差异）；贷方余额反映小企业库存材料等的实际成本小于计划成本的差异（即节约差异）。

“材料成本差异”科目按照类别或品种进行明细核算。

（五）“委托加工物资”科目

“委托加工物资”科目核算小企业委托外单位加工的各种材料、商品等物资的实际成本。借方登记委托加工物资的实际成本，贷方登记加工完成验收入库的物资的实际成本和剩余物资的实际成本，期末余额在借方，反映小企业委托外单位加工尚未完成物资的实际成本。委托加工物资也可以采用计划成本或售价进行核算，其方法与库存商品相关业务会计处理基本相同。

“委托加工物资”科目应按照加工合同、受托加工单位以及加工物资的品种等进行明细核算。

（六）“应付票据”科目

“应付票据”科目核算小企业因购买材料、商品和接受劳务等日常生产经营活动开出、承兑的商业汇票（银行承兑汇票和商业承兑汇票）。“应付票据”科目期末贷方余额，反映小企业开出、承兑的尚未到期的商业汇票的票面金额。

“应付票据”科目应按照债权人进行明细核算。

（七）“应付账款”科目

“应付账款”科目核算小企业因购买材料、商品和接受劳务等日常生产经营活动应支付的款项。“应付账款”科目的贷方登记企业因购入材料、商品和接受劳务等尚未支付的款项，借方登记支付的应付账款，期末一般为贷方余额，反映小企业尚未支付的应付账款。

“应付账款”科目应按照对方单位（或个人）进行明细核算。

二、原材料采用实际成本核算

材料采用实际成本核算时，材料的收入、发出及结存，无论总分类核算还是明细分类核算，均按照实际成本计价。使用的会计科目有“原材料”“在途物资”等，“原材料”科目的借方、贷方及余额均以实际成本计价，不存在成本差异的计算与结转问题。但采用实际成本核算，日常反映不出材料成本是节约还是超支，从而不便于反映和考核物资采购业务对经营成果的影响。因此，这种方法通常适用于材料收发业务较少的企业。在实务工作中，对于材料收发业务较多并且计划成本资料较为健全、准确的企业，一般可以采用计划成本进行材料收入、发出的核算。

（一）原材料的取得

1. 购入原材料的账务处理

由于支付方式不同，原材料入库的时间与付款的时间可能一致，也可能不一致，在会计处理上也有所不同。

①材料已验收入库，货款已经支付或开出、承兑商业汇票。

【例 4-5】甲小企业购入 A 材料一批，增值税专用发票上注明的价款为 500 000 元，增值税税额为 65 000 元，款项已用转账支票付讫，材料已验收入库。甲小企业为增值税一般纳税人，采用实际成本进行材料日常核算，应编制如下会计分录：

借：原材料——A 材料　　500 000
　　应交税费——应交增值税（进项税额）　　65 000
　　贷：银行存款　　565 000

【例 4-6】甲小企业持银行汇票 904 000 元购入 A 材料一批，增值税专用发票上注明的价款为 800 000 元，增值税税额为 104 000 元，材料已验收入库。甲小企业为增值税一般纳税人，采用实际成本进行材料日常核算，应编制如下会计分录：

借：原材料——A 材料　　800 000
　　应交税费——应交增值税（进项税额）　　104 000
　　贷：其他货币资金——银行汇票存款　　904 000

②材料尚未到达或尚未验收入库，货款已经支付或开出、承兑商业汇票。

【例 4-7】甲小企业采用汇兑结算方式购入 B 材料一批，发票及账单已收到，取得的增值税专用发票上注明的价款为 200 000 元，增值税税额为 26 000 元，材料尚未到达。甲小企业为增值税一般纳税人，采用实际成本进行材料日常核算，应编制如下会计分录：

借：在途物资——B 材料　　200 000
　　应交税费——应交增值税（进项税额）　　26 000
　　贷：银行存款　　226 000

【例 4-8】上述购入的 B 材料已收到，并验收入库。甲小企业应编制如下会计分录：

借：原材料——B 材料　　200 000
　　贷：在途物资——B 材料　　200 000

③材料已经验收入库，货款尚未支付。

【例 4-9】甲小企业购入 C 材料一批，增值税专用发票上注明的价款为 100 000 元，增值税税额为 13 000 元。结算凭证已到，款项尚未支付，材料已验收入库。甲小企业为增值税一般纳税人，采用实际成本进行材料日常核算，应编制如下会计分录：

借：原材料——C 材料　　100 000
　　应交税费——应交增值税（进项税额）　　13 000
　　贷：应付账款　　113 000

【例 4-10】甲小企业购入 C 材料一批，材料已验收入库，月末发票账单未到，无法确定其实际成本，暂估价值为 100 000 元。甲小企业为增值税一般纳税人，采用实际成本进行材料日常核算，应编制如下会计分录：

材料入库时，由于发票账单未到，暂不做账。

月末，按暂估价入账：

借：原材料——C 材料　　100 000
　　贷：应付账款——暂估应付账款　　100 000

下月初,用红字冲销原暂估入账金额:

借:原材料——C 材料　　100 000（红字）

　　贷:应付账款——暂估应付账款　　100 000（红字）

在【例 4-10】这种情况下,发票账单未到也无法确定实际成本,期末应按照暂估价值先入账,在下月初,用红字冲销原暂估入账金额,待收到发票账单后再按照实际金额记账。即对于材料已到达并已验收入库,但发票账单等结算凭证未到,货款尚未支付的采购业务,应于期末按材料的暂估价值,借记“原材料”科目,贷记“应付账款——暂估应付账款”科目。下月初,用红字冲销原暂估入账金额,以便下月付款或开出、承兑商业汇票后,按正常程序,借记“原材料”“应交税费——应交增值税(进项税额)”科目,贷记“银行存款”或“应付票据”等科目。

【例 4-11】上述购入的 C 材料于次月收到发票账单,增值税专用发票上注明的价款为 100 000 元,增值税税额为 13 000 元,已用银行存款付讫。甲小企业为增值税一般纳税人,采用实际成本进行材料日常核算,应编制如下会计分录:

借:原材料——C 材料　　100 000

　　应交税费——应交增值税(进项税额)　　13 000

　　贷:银行存款　　113 000

④货款已经预付,材料尚未验收入库。

【例 4-12】甲小企业为增值税一般纳税人,为购买 D 材料向乙公司预付 200 000 元购料款,已通过汇兑方式汇出。甲小企业采用实际成本进行材料日常核算,应编制如下会计分录:

借:预付账款——乙公司　　200 000

　　贷:银行存款　　200 000

【例 4-13】甲小企业收到【例 4-12】中乙公司发来的 D 材料,已验收入库。取得的增值税专用发票上注明的价款为 300 000 元,增值税税额为 39 000 元,所欠款项以银行存款付讫。甲小企业采用实际成本进行材料日常核算,应编制如下会计分录:

借:原材料——D 材料　　300 000

　　应交税费——应交增值税(进项税额)　　39 000

　　贷:预付账款　　200 000

　　　　银行存款　　139 000

2. 取得投资者投入的原材料的账务处理

取得投资者投入的原材料,应当按照评估价值,借记“原材料”科目,贷记“实收资本”“资本公积”科目。涉及增值税进项税额的,还应进行相应的账务处理。

【例 4-14】甲小企业收到丁有限责任公司投资的材料一批,该材料的成本评估价值为 100 000 元。

借:原材料　　100 000

　　贷:实收资本　　100 000

3. 通过进一步加工取得的原材料

小企业进一步加工取得的原材料主要包括自制与委托外单位加工等。

自制并已验收入库的材料，按照实际成本，借记“原材料”科目，贷记“生产成本”科目。

【例 4-15】甲小企业自制加工完成原材料 B 一批，已入库，实际生产成本为 20 000 元。

借：原材料——B　　20 000

　　贷：生产成本　　20 000

委托外单位加工取得原材料的核算见本节四“委托加工物资”。

（二）原材料的发出

企业发出材料主要有以下几种情形：

①生产经营领用材料，按照实际成本，贷记生产经营领用材料，企业按照领用材料的用途，借记“生产成本”“制造费用”“销售费用”“管理费用”等科目，贷记“原材料”科目。

②出售材料结转成本，按照实际成本，借记“其他业务成本”科目，贷记“原材料”科目。

③发给外单位加工的材料，按照实际成本，借记“委托加工物资”科目，贷记“原材料”科目。

企业采用实际成本进行材料日常核算的，发出材料的实际成本，可以采用先进先出法、月末一次加权平均法、移动加权平均法或个别计价法计算确定。

企业各生产单位及有关部门领用的材料具有种类多、业务频繁等特点。为了简化核算，企业可以在月末根据“领料单”或“限额领料单”中有关领料的单位、部门等加以归类，编制“发料凭证汇总表”，据以编制记账凭证、登记入账。发出材料实际成本的确定，可以由企业从上述个别计价法、先进先出法、月末一次加权平均法、移动加权平均法等方法中选择。计价方法一经确定，不得随意变更。如需变更，应在附注中予以说明。

【例 4-16】甲小企业为增值税一般纳税人，根据“发料凭证汇总表”的记录，1 月份生产车间领用 A 材料 50 000 元，车间管理部门领用 A 材料 5 000 元，销售机构领用 A 材料 1 000 元，企业行政管理部门领用 A 材料 4 000 元，计 60 000 元。甲小企业采用实际成本进行材料日常核算，应编制如下会计分录：

借：生产成本　　50 000

　　制造费用　　5 000

　　销售费用　　1 000

　　管理费用　　4 000

　　贷：原材料——A 材料　　60 000

三、原材料采用计划成本核算

材料采用计划成本核算时，材料的收入、发出及结存，无论总分类核算还是明细分类核算，均按照计划成本计价。使用的会计科目有“原材料”“材料采购”“材料成本差异”等。材料实际成本与计划成本的差异，通过“材料成本差异”科目核算。月末，计算本月发出材料应负担的成本差异并进行分摊,根据领用材料的用途计入相关资产的成本或者当期损益,从而将发出材料的计划成本调整为实际成本。

(一)原材料的取得

1. 购入原材料的账务处理

在【例 4-17】至【例 4-24】中,假设甲小企业为增值税一般纳税人,采用计划成本进行材料日常核算,A 材料计划成本为每千克 10 元。20×2 年 1 月期初结存 1 000 千克。“材料成本差异”账户期初为借方余额 50 元。

①货款已经支付,同时材料验收入库。

【例 4-17】20×2 年 1 月 5 日,甲小企业购入 A 材料 50 000 千克,增值税专用发票上注明的价款为 500 000 元,增值税税额为 65 000 元,另发生运杂费 2 000 元,所有款项已用转账支票付讫,材料已验收入库。应编制如下会计分录:

借:材料采购——A 材料　　502 000
　　应交税费——应交增值税(进项税额)　　65 000
　　贷:银行存款　　567 000

同时:

借:原材料——A 材料　　500 000
　　贷:材料采购——A 材料　　500 000

结转材料成本差异:

借:材料成本差异——A 材料　　2 000
　　贷:材料采购——A 材料　　2 000

【例 4-18】20×2 年 1 月 13 日,甲小企业持银行汇票 226 000 元购入 A 材料 19 000 千克,增值税专用发票上注明的价款为 200 000 元,增值税税额为 26 000 元,材料已验收入库,实际入库 18 995 千克,其中 5 千克为途中合理损耗。应编制如下会计分录:

借:材料采购——A 材料　　200 000
　　应交税费——应交增值税(进项税额)　　26 000
　　贷:其他货币资金——银行汇票存款　　226 000

同时:

借:原材料——A 材料　　189 950
　　贷:材料采购——A 材料　　189 950

结转材料成本差异:

借:材料成本差异——A 材料　　10 050
　　贷:材料采购——A 材料　　10 050

②材料尚未到达或尚未验收入库,货款已经支付或开出、承兑商业汇票。

【例 4-19】20×2 年 1 月 15 日,甲小企业采用汇兑结算方式购入 A 材料 50 000 千克,发票及账单已收到,取得的增值税专用发票上注明的价款为 500 000 元,增值税税额为 65 000 元,材料尚未到达。

借:材料采购——A 材料　　500 000

应交税费——应交增值税(进项税额)　　65 000

贷:银行存款　　565 000

【例 4-20】20×2 年 1 月 20 日,上述购入的 A 材料已收到,并验收入库。甲小企业应编制如下会计分录:

借:原材料——A 材料　　500 000

贷:材料采购——A 材料　　500 000

③材料已经验收入库,货款尚未支付。

【例 4-21】20×2 年 1 月 22 日,甲小企业购入 A 材料 80 000 千克,增值税专用发票上注明的价款为 780 000 元,增值税税额为 101 400 元。结算凭证已到,开出银行承兑汇票一张,材料已验收入库。应编制如下会计分录:

借:材料采购——A 材料　　780 000

应交税费——应交增值税(进项税额)　　101 400

贷:应付票据　　881 400

借:原材料——A 材料　　800 000

贷:材料采购——A 材料　　800 000

借:材料采购——A 材料　　20 000

贷:材料成本差异——A 材料　　20 000

【例 4-22】20×2 年 1 月 28 日,甲小企业购入 A 材料 20 000 千克,材料已验收入库,月末发票账单尚未放到也无法确定其实际成本。月末应编制如下会计分录:

借:原材料——A 材料　　200 000

贷:应付账款——暂估应付账款　　200 000

在这种情况下,发票账单未到也无法确定实际成本,期末应按照计划成本先入账,在下月初,用红字冲销原入账金额,待收到发票账单后再按照实际金额记账。

④货款已经预付,材料尚未验收入库。

【例 4-23】20×2 年 1 月 30 日,甲小企业为购买 A 材料向该乙公司预付 200 000 元购料款,已通过汇兑方式汇出。应编制如下会计分录:

借:预付账款——乙公司　　200 000

贷:银行存款　　200 000

2. 其他方式取得原材料的账务处理

原材料入库时以计划成本入账,同时确认材料成本差异。

(二)原材料的发出

结转发出材料应负担的材料成本差异,按照实际成本大于计划成本的差异,借记“生产成本”“管理费用”“销售费用”“委托加工物资”“其他业务成本”等科目,贷记“材料成本差异”科目;实际成本小于计划成本的差异做相反的会计分录。

发出材料应负担的成本差异应当按月分摊,不得在季末或年末一次计算。发出材料应负担的成本差异,除委托外部加工发出材料可按照月初成本差异率计算外,应使用本月的实际成本差异率;月初成本差异率与本月实际成本差异率相差不大的,也可按照月初成本差异率计算。计算方法一经确定，不得随意变更。

材料成本差异率的计算公式如下：

本月材料成本差异率＝(月初结存材料的成本差异＋本月验收入库材料的成本差异)÷(月初结存材料的计划成本＋本月验收入库材料的计划成本)×100%

月初材料成本差异率＝月初结存材料的成本差异÷月初结存材料的计划成本×100%

发出材料应负担的成本差异＝发出材料的计划成本×材料成本差异率

【例4-24】假设月末，根据“发料凭证汇总表”的记录，1月份生产车间领用A材料190 000千克，车间管理部门领用A材料20 000千克，销售机构领用A材料1 000千克。甲小企业采用实际成本进行材料日常核算，应编制如下会计分录：

借：生产成本　　1 900 000
　　制造费用　　200 000
　　销售费用　　10 000
　　贷：原材料——A材料　　2 110 000

本月材料成本差异率

＝(月初结存材料的成本差异＋本月验收入库材料的成本差异)÷(月初结存材料的计划成本＋本月验收入库材料的计划成本)×100%

＝(50＋2 000＋10 950＋0－20 000)/(10 000＋500 000＋189 950＋500 000＋800 000)×100%

＝－7 000/1 999 950×100%≈－0.35%

本月发出材料应负担的成本差异＝发出材料的计划成本×材料成本差异率

＝2 110 000×(－0.35%)＝－7 385

借：材料成本差异　　7 385
　　贷：生产成本　　6 650
　　　　制造费用　　700
　　　　销售费用　　35

四、委托加工物资的账务处理

委托加工物资是指小企业委托外单位加工的各种材料、商品等物资。与材料或商品销售不同，委托加工材料发出后，虽然其保管地点发生位移，但材料或商品仍属于企业存货范畴。经过加工，材料或商品不仅实物形态、性能和使用价值可能发生变化，加工过程中也要消耗其他材料，发生加工费、税费，导致被加工材料或商品的成本增加。

小企业委托外单位加工物资的成本包括加工中实际耗用物资的成本、支付的加工费用及应负担的运杂费、支付的税费等。委托加工物资核算内容主要包括拨付加工物资、支付加工费用和税金、收回加工物资和剩余物资等。

小企业发给外单位加工的物资，按照实际成本，借记“委托加工物资”科目，贷记“原材料”“库存商品”等科目；外单位加工完成并已验收入库的材料，按照加工收回材料的实际成本，借记“原材料”科目，贷记“委托加工物资”科目。

支付加工费、运杂费等,借记“委托加工物资”科目,贷记“银行存款”等科目;需要交纳消费税的委托加工物资,由受托方代收代缴的消费税,借记“委托加工物资”科目(收回后用于直接销售的)或“应交税费——应交消费税”科目(收回后用于继续加工的),贷记“应付账款”“银行存款”等科目。

加工完成验收入库的物资和剩余的物资,按照加工收回物资的实际成本和剩余物资的实际成本,借记“原材料”“库存商品”,贷记“委托加工物资”科目。

委托加工物资也可以采用计划成本或售价进行核算。

(一)发出物资

【例4-25】甲小企业对材料和委托加工物资采用计划成本核算,某月委托某量具厂加工一批量具,发出材料的计划成本为70 000元,材料成本差异率为4%。甲小企业应编制如下会计分录:

借:委托加工物资　　72 800
　　贷:原材料　　70 000
　　　　材料成本差异——××材料　　2 800

需要说明的是,小企业向外单位发出加工物资时,如果采用计划成本或售价核算的,还应同时结转材料成本差异或商品进销差价,贷记或借记“材料成本差异”科目,或贷记“商品进销差价”科目。

(二)支付加工费、运费等

【例4-26】承【例4-25】,甲小企业以银行存款支付相关运费1 000元,增值税专用发票上注明的增值税税额为90元。甲小企业应编制如下会计分录:

借:委托加工物资　　1 000
　　应交税费——应交增值税(进项税额)　　90
　　贷:银行存款　　1 090

需要说明的是,小企业向外单位发出加工物资支付的运费,一是计入委托加工物资的成本,借记“委托加工物资”科目;二是将支付的、可抵扣的增值税进项税额,记入“应交税费——应交增值税(进项税额)”科目单独核算。

【例4-27】承【例4-25】和【例4-26】,甲小企业以银行存款支付上述量具的加工费用20 000元,增值税专用发票上注明的增值税税额为2 600元。甲小企业应编制如下会计分录:

借:委托加工物资　　20 000
　　应交税费——应交增值税(进项税额)　　2 600
　　贷:银行存款　　22 600

(三)加工完成验收入库

【例4-28】承上例,甲小企业收回由某量具厂(为增值税一般纳税人)代加工的量具,以银行存款支付运费3 000元,增值税专用发票上注明的增值税税额为270元。该量具已验收入库,其计划成本为98 000元。甲小企业应编制如下会计分录:

1. 支付运费时

借:委托加工物资　　3 000

　应交税费——应交增值税(进项税额)　　270

　贷:银行存款　　3 270

2. 量具入库时

借:原材料　　98 000

　贷:委托加工物资　　96 800

　　材料成本差异——××量具　　1 200

本例中,加工完成的委托加工物资的实际成本为96 800元(72 800+1 000+20 000+3 000),计划成本为98 000元,成本差异为-1 200元(96 800-98 000)为节约差异,记入"材料成本差异"科目的贷方。

需要注意的是,需要交纳消费税的委托加工物资,由受托方代收代缴的消费税,收回后用于直接销售的,记入"委托加工物资"科目;收回后用于继续加工的,记入"应交税费——应交消费税"科目借方。

【例4-29】甲小企业委托乙企业加工材料一批(属于应税消费品的非黄金饰品)。原材料成本为20 000元,支付的加工费为7 000元(不含增值税),消费税税率为10%,材料加工完成并已验收入库,加工费用等已经支付。双方适用的增值税税率为13%。

甲小企业按实际成,本核算原材料,有关账务处理如下:

1. 发出委托加工材料

借:委托加工物资——乙企业　　20 000

　贷:原材料　　20 000

2. 支付加工费和税金

消费税组成计税价格=(20 000+7 000)÷(1-10%)=30 000(元)

受托方代收代缴的消费税税额=30 000×10%=3 000(元)

应交增值税税额=7 000×13%=910(元)

①甲小企业收回加工后的材料用于连续生产应税消费品的。

借:委托加工物资——乙企业　　7 000

　应交税费——应交增值税(进项税额)　　910

　　　　——应交消费税　　3 000

　贷:银行存款　　10 910

②甲小企业收回加工后的材料直接用于销售的。

借:委托加工物资——乙企业　　10 000　　(7 000+3 000)

　应交税费——应交增值税(进项税额)　　910

　贷:银行存款　　10 910

3. 加工完成,收回委托加工材料

①甲小企业收回加工后的材料用于连续生产应税消费品的。

借:原材料　(20 000 +7 000)　　27 000

贷:委托加工物资——乙企业　　27 000

②甲小企业收回加工后的材料直接用于销售的。

借:库存商品（20 000+10 000）　　30 000

贷:委托加工物资——乙企业　　30 000

【例4-30】甲小企业采用实际成本核算,委托丙公司加工一批材料M,发出原料的成本为50 000元,甲小企业应编制如下会计分录:

借:委托加工物资——M　　50 000

贷:原材料　　50 000

甲小企业以银行存款支付加工费4 000元,增值税专用发票上注明的增值税税额为520元。

借:委托加工物资——M　　4 000

应交税费——应交增值税(进项税额)　　520

贷:银行存款　　4 520

甲小企业以银行存款支付加工材料M的消费税6 000元。

①甲小企业收回加工后的材料M用于连续生产应税消费品的。

借:应交税费——应交消费税　　6 000

贷:银行存款　　6 000

②甲小企业收回加工后的材料M直接用于销售的。

借:委托加工物资——M　　6 000

贷:银行存款　　6 000

加工完成,收回委托加工材料。

①甲小企业收回加工后的材料M用于连续生产应税消费品的。

借:原材料——M　　54 000

贷:委托加工物资——M　　54 000

②甲小企业收回加工后的材料M直接用于销售的。

借:原材料——M　　60 000

贷:委托加工物资——M　　60 000

第三节　生产成本与库存商品

一、生产成本的含义

小企业的成本核算就是按照国家有关的法规、制度和企业经营管理的要求,对生产经营过程中实际发生的各种劳动耗费进行计算,并进行相应的账务处理,提供真实、有用的成本信息。

成本有广义和狭义之分。广义的成本泛指为达到一定目的而发生的资源耗费,甚至包括投资活动。狭义成本专指对象化的耗费，也就是分配到成本计算对象上的耗费。

小企业应当根据生产特点和成本管理的要求，选择适合于本企业的成本核算对象、成本项目和成本计算方法。小企业发生的各项生产费用，应当按照成本核算对象和成本项目分别归集。

①属于材料费、人工费等直接费用，直接计入基本生产成本和辅助生产成本。

②属于辅助生产车间为生产产品提供的动力等直接费用，可以先作为辅助生产成本进行归集，然后按照合理的方法分配计入基本生产成本；也可以直接计入所生产产品发生的生产成本。

③其他间接费用应当作为制造费用进行归集，月度终了，再按一定的分配标准，分配计入有关产品的成本。

二、生产费用的分类

工业小企业生产经营过程中的耗费是多种多样的，为了科学地进行成本管理，正确计算产品成本和期间费用，需要对种类繁多的费用进行合理分类。

计入产品成本的生产费用在产品生产过程中的用途不尽相同。有的直接用于产品生产，有的则用于企业的生产单位（如生产车间）的组织管理活动等其他方面。因此，为具体反映计入产品成本的生产费用的各种用途，提供产品成本构成情况的资料，还应将其进一步划分为若干项目，即产品生产成本项目，简称产品成本项目或成本项目。工业小企业一般应设置以下几个成本项目。

（一）直接材料

直接材料是指直接用于产品生产、构成产品实体的原料、主要材料以及有助于产品形成的辅助材料费用。

（二）直接燃料和动力

直接燃料和动力是指直接用于产品生产的各种自制和外购的燃料和动力费用。

（三）直接人工

直接人工是指直接参加产品生产的工人的薪酬费用。

（四）制造费用

制造费用是指间接用于产品生产的各项费用，以及虽直接用于产品生产，但不便于直接计入产品成本，因而没有专设成本项目的费用（如机器设备的折旧费用）。制造费用包括小企业内部生产单位（分厂、车间）的管理人员薪酬费用、固定资产折旧费、租赁费（不包括融资租赁费）、机物料消耗、低值易耗品摊销、取暖费、水电费、办公费、运输费、保险费、设计制图费、试验检验费、劳动保护费、季节性或修理期间的停工损失以及其他制造费用。

三、成本核算的一般程序

成本核算的一般程序是指对小企业生产经营过程中发生的各项费用，按照成本核算的要求，逐步进行归集和分配，最后计算出各产品的成本和各项期间费用的基本程序。根据前述的成本核算的要求和费用的分类，可以将成本核算的一般程序归纳如下：

（一）确定产品成本计算对象和成本计算期

产品成本计算对象，就是生产费用归集的具体对象，即费用的承担者，通俗地讲，就是计算什么的成本。产品成本的计算过程，实际上就是将生产费用在成本计算对象中归集和分配的过程，因此，进行产品成本计算，必须首先确定成本计算对象。

成本计算期，是指每间隔多长时间计算一次成本。从理论上讲，成本计算期应当与产品的生产周期一致，但在实际工作中，成本计算期还必须考虑小企业生产的特点和分期考核的要求。

（二）确定成本项目和费用项目

进行成本核算不仅要提供成本计算对象的总成本和单位成本以及各种期间费用的总体发生情况，而且要按照成本项目、费用项目反映它们发生的详细具体的情况，以满足成本管理的需要。因此，确定成本项目和费用项目是成本核算的重要环节。

（三）按成本计算对象及成本项目开设产品成本明细账

按照期间费用的种类及费用项目开设期间费用明细账。产品成本和期间费用的核算，是通过对企业生产经营过程中所发生的各种劳动耗费的明细核算来完成的。为此，必须按照成本计算对象和成本项目设置各种产品成本明细账。按照期间费用的种类和费用项目设定各种期间费用明细账。

（四）正确地归集和分配各种费用

登记产品成本明细账和期间费用明细账，归集和分配各种费用。

（五）计算本期产品的总成本和单位成本

在计算产品成本时，如果所有产品均已完工，则分配计入的各项生产费用之和，就构成了该种完工产品的总成本，除以完工产品的数量即可得到单位成本。如果一部分产品完工，一部分产品未完工，则要确定是否需要计算在产品的成本。不需要计算在产品成本的，就将本期该种产品的全部生产费用都作为本期完工产品的成本，在产品不分配成本；需要计算在产品成本的，应将生产费用在本期完工产品和在产品间进行分配。

（六）结转产成品成本

计算出完工产品成本后，应编制产品成本计算表，结转产成品成本。

四、科目设置

（一）“生产成本”科目

“生产成本”科目核算小企业进行工业性生产发生的各项生产成本。包括生产各种产品（产成品、自制半成品等）、自制材料、自制工具、自制设备等。

小企业对外提供劳务发生的成本，可将本科目改为“劳务成本”科目，或单独设置“劳务成本”科目进行核算。

小企业发生的各项直接生产成本,借记“生产成本”科目(基本生产成本、辅助生产成本),贷记“原材料”“库存现金”“银行存款”“应付职工薪酬”等科目。

各生产车间应负担的制造费用,借记“生产成本”科目(基本生产成本、辅助生产成本),贷记“制造费用”科目。

辅助生产车间为基本生产车间、管理部门和其他部门提供的劳务和产品,可在月末按照一定的分配标准分配给各受益对象,借记“生产成本”(基本生产成本)、“销售费用”、“管理费用”、“其他业务成本”、“在建工程”等科目,贷记“生产成本”科目(辅助生产成本);也可在提供相关劳务和产品时,借记“生产成本”“销售费用”“管理费用”“其他业务成本”“在建工程”等科目,贷记“原材料”“库存现金”“银行存款”“应付职工薪酬”等科目。

小企业已经生产完成并已验收入库的产成品以及入库的自制半成品,可在月末,借记“库存商品”等科目,贷记“生产成本”科目(基本生产成本)。

“生产成本”科目期末借方余额,反映小企业尚未加工完成的在产品成本。

“生产成本”科目可按照基本生产成本和辅助生产成本进行明细核算。

(二)“制造费用”科目

“制造费用”科目核算小企业生产车间(部门)为生产产品和提供劳务而发生的各项间接费用。小企业经过 1 年期以上的制造才能达到预定可销售状态的产品发生的借款费用,也在“制造费用”科目核算。小企业行政管理部门为组织和管理生产经营活动而发生的管理费用,在“管理费用”科目核算,不在“制造费用”科目核算。

“制造费用”科目应按照不同的生产车间、部门和费用项目进行明细核算。

生产车间发生的机物料消耗,借记“制造费用”科目,贷记“原材料”“银行存款”等科目。

发生的生产车间管理人员的工资等职工薪酬,借记“制造费用”科目,贷记“应付职工薪酬”科目。

生产车间计提的固定资产折旧费,借记“制造费用”科目,贷记“累计折旧”科目。

生产车间支付的办公费、水电费等,借记“制造费用”科目,贷记“银行存款”等科目。

发生季节性和修理期间的停工损失,借记“制造费用”科目,贷记“原材料”“应付职工薪酬”“银行存款”等科目。

小企业经过 1 年期以上的制造才能达到预定可销售状态的产品在制造完成之前发生的借款利息,在应付利息日根据借款合同利率计算确定的利息费用,借记“制造费用”科目,贷记“应付利息”科目。制造完成之后发生的利息费用,借记“财务费用”科目,贷记“应付利息”科目。

将制造费用分配计入有关的成本核算对象,借记“生产成本——基本生产成本、辅助生产成本”等科目,贷记“制造费用”科目。

(三)“库存商品”科目

“库存商品”科目核算小企业库存的各种商品的实际成本或售价。包括库存产成品、外购商品、存放在门市部准备出售的商品、发出展览的商品以及寄存在外的商品等。

接受来料加工制造的代制品和为外单位加工修理的代修品，在制造和修理完成验收入库后，视同小企业的产成品，也通过本科目核算。

可以降价出售的不合格品，也在本科目核算，但应与合格产品分开记账。

已经完成销售手续，但购买单位在月末未提取的库存产成品，应作为代管产品处理，单独设置代管产品备查簿，不再在本科目核算。

小企业（农、林、牧、渔业）可将本科目改为“农产品”科目。

小企业（批发业、零售业）在购买商品过程中发生的费用（包括运输费、装卸费、包装费、保险费、运输途中的合理损耗和入库前的挑选整理费等），在“销售费用”科目核算，不在本科目核算。“库存商品”科目期末借方余额，反映小企业库存商品的实际成本或售价。

“库存商品”科目应按照库存商品的种类、品种和规格等进行明细核算。

五、要素费用的归集和分配

（一）材料费用的分配

由于原料和主要材料的耗用量一般与产品的重量、体积有关，因此原料和主要材料费用一般可以按产品的重量或体积比例分配。在材料消耗定额比较准确的情况下，原料和主要材料费用也可以按照产品的材料定额消耗量的比例或材料定额费用的比例分配。

1. 按原材料定额消耗量比例分配原材料费用

其计算分配的程序是：第一，计算各种产品原材料定额消耗量；第二，计算单位原材料定额消耗量应分配的原材料实际消耗量（即原材料消耗量分配率）；第三，计算出各种产品应分配的原材料实际消耗量；第四，计算出各种产品应分配的原材料实际费用。

2. 按原材料定额费用比例分配原材料费用

在生产多种产品或多种产品共同耗用多种原材料费用的情况下，为了简化核算，也可以采用按原材料定额费用比例分配原材料费用。其计算分配的程序是：第一，计算各种产品原材料定额费用；第二，计算单位原材料定额费用应分配的原材料实际费用（即原材料费用分配率）；第三，计算出各种产品应分配的原材料实际费用。

（二）人工费用的分配

人工费用的分配是指将企业职工的工资作为一种费用，按照其用途和发生部门进行的归集和分配。企业生产经营所发生的工资费用，应计入产品成本或期间费用。

（三）折旧费用的分配

固定资产在长期使用过程中保持实物形态不变，但其价值随着固定资产的损耗而逐渐减少，这部分由于损耗而减少的价值应该以折旧费用的形式计入产品成本或期间费用。小企业生产单位（车间或分厂）固定资产的折旧费用应计入产品成本，企业管理部门、销售部门固定资产的折旧费用则应计入期间费用。固定资产的折旧应按其使用车间、部门等进行汇总，并进行相应的会计处理。

(四)其他费用的分配

其他费用是指除上述各项费用以外的费用,包括差旅费、邮递费、保险费、劳动保护费、运输费、办公费、水电费、技术转让费、业务招待费等。这些费用有的是产品成本的,有的则是期间费用的组成部分,即使是应计入产品成本的,也没有单独设立成本项目,因此,这些费用发生时,根据有关的付款凭证等,按照费用的用途进行归类,分别借记“制造费用”“辅助生产成本”“管理费用”“销售费用”等科目,贷记“银行存款”等科目。

小企业的各种要素费用通过以上分配后,计入产品成本的费用就按照费用的用途分别记入了“生产成本——基本生产成本”“生产成本——辅助生产成本”“制造费用”等科目的借方。

六、辅助生产费用的归集与分配

辅助生产费用是指为基本生产车间、企业行政管理部门等单位服务而进行的产品生产和劳务供应。其中有的只生产一种产品或提供一种劳务,如供电、供水、供气、供风、运输等辅助生产;有的则生产多种产品或提供多种劳务,如从事工具、模具、修理用备件的制造,以及机器设备的修理等辅助生产。

辅助生产费用的归集和分配是通过“辅助生产成本”科目进行的。“辅助生产成本”科目一般应按车间及产品或劳务的种类设置明细账,账内按成本项目设置专栏,进行明细核算。进行辅助生产发生的各项费用应记入该科目的借方。辅助生产费用的分配,通常采用直接分配法、顺序分配法、交互分配法、代数分配法和计划成本分配法等。

七、制造费用的归集与分配

制造费用是指工业小企业为生产产品(或提供劳务)而发生的、应计入产品成本但没有专设成本项目的各项生产费用。制造费用的大部分不是直接用于产品生产的费用,而是间接用于产品生产的费用,如机物料消耗、车间厂房的折旧费、车间照明费、水费、取暖费以及车间管理和辅助人员的薪酬费用、差旅费和办公费等。也有一部分直接用于产品生产,但管理上不要求单独核算,也不专设成本项目的费用,如机器设备的折旧费等。企业生产单位的动力费用,如果不专设成本项目也不单独核算,也应包括在制造费用中。制造费用的核算是通过“制造费用”科目进行归集和分配的。该科目应按车间、部门设置明细账,账内按照费用项目设专栏或专项,分别反映各车间、部门各项制造费用的支出情况。

制造费用的分配方法一般有生产工时比例法、生产工人工资比例法、机器工时比例法和按年度计划分配率分配法等。分配方法一经确定,不应随意变更。

八、成本在完工产品和月末在产品之间分配费用

在产品结构复杂、零件种类和加工工序较多的情况下,企业应该根据在产品数量的多少、月末在产品数量变化的大小、各项费用比重的大小以及定额管理基础的好坏等具体条件,选择既合理又简便的分配方法,在完工产品与月末在产品之间分配费用。

在完工产品与月末在产品之间分配费用的方法有多种，但若将其加以归纳，大体上可以分为两种类型：第一种是将月初在产品费用与本月费用之和划分为本月完工产品费用和月末在产品费用两部分；第二种类型是先确定月末在产品费用，然后用月初在产品费用与本月费用之和减去月末在产品费用即可得到本月完工产品费用。

完工产品和月末在产品之间分配费用通常采用的具体方法包括：不计算在产品成本法、按年初数固定计算在产品成本法、在产品按所耗直接材料费用计价法、约当产量比例法、在产品按完工产品成本计算法、在产品按定额成本计价法和定额比例法。

九、产品成本计算方法

小企业在进行产品成本计算时，应当根据其生产经营特点、生产经营组织类型和成本管理要求，确定成本计算方法。成本计算基本方法主要有品种法、分批法和分步法三种。

（一）品种法

品种法，是指以产品品种作为成本核算对象，归集和分配生产成本，计算产品成本的一种方法。这种方法适用于单步骤、大量生产的小企业，如供水、采掘等小企业。在这种类型的生产中，产品的生产技术过程不能从技术上划分步骤，比如，企业或车间的规模较小，或者车间是封闭的，也就是从材料投入到产品产出的全部生产过程都是在一个车间内进行的，或者生产按流水线组织，管理上不要求按照生产步骤计算产品成本，都可以按照品种计算产品成本。

品种法计算成本的主要特点：一是成本核算对象是产品品种。如果企业只生产一种产品，全部生产成本都是直接成本，可直接计入该产品生产成本明细账的有关成本项目中，不存在在各种成本核算对象之间分配成本的问题。如果生产多种产品，间接生产成本则要采用适当的方法，在各成本核算对象之间进行分配。二是品种法下一般定期（每月月末）计算产品成本。三是如果企业月末有在产品，要将生产成本在完工产品和在产品之间进行分配。

（二）分批法

分批法，是指以产品的批别作为产品成本核算对象，归集和分配生产成本，计算产品成本的一种方法。这种方法主要适用于单件、小批生产的小企业，如造船、重型机器制造、精密仪器制造等，也可用于一般企业中的新产品试制或试验的生产、在建工程以及设备修理作业等。

分批法计算成本的主要特点有：一是成本核算对象是产品的批别。由于产品的批别大多是根据销货订单确定的，因此，这种方法又称订单法。成本核算对象是购买者事先订货或企业规定的产品批别。二是产品成本的计算是与生产任务通知单的签发和结束紧密配合的，因此产品成本计算是不定期的。成本计算期与产品生产周期基本一致，但与财务报告期不一致。三是由于成本计算期与产品的生产周期基本一致，因此在计算月末在产品成本时，一般不存在在完工产品和在产品之间分配成本的问题。

(三)分步法

分步法,是指以生产过程中各个加工步骤(分品种)为成本核算对象,归集和分配生产成本,计算各步骤半成品和最后产成品成本的一种方法。这种方法适用于大量大批的多步骤生产,如冶金、纺织、机械制造等。在这类小企业中,产品生产可以分为若干个生产步骤的成本管理,通常不仅要求按照产品品种计算成本,而且还要求按照生产步骤计算成本,以便为考核和分析各种产品及各生产步骤成本计划的执行情况提供资料。

分步法计算成本的主要特点有:一是成本核算对象是各种产品的生产步骤。二是月末为计算完工产品成本,还需要将归集在生产成本明细账中的生产成本在完工产品和在产品之间进行分配。三是除了按品种计算和结转产品成本外,还需要计算和结转产品的各步骤成本。其成本核算对象是各种产品及其所经过的各个加工步骤。如果小企业只生产一种产品,则成本核算对象就是该种产品及其所经过的各个生产步骤。其成本计算期是固定的,与产品的生产周期不一致。

【例4-31】某小企业基本生产车间生产甲、乙两种产品,根据“发料凭证汇总表”的记录,本月份基本生产车间共领用材料190 000元。其中,100 000元材料用于甲产品生产,80 000元材料用于乙产品生产,基本生产车间的管理部门领用材料6 000元;辅助生产车间领用材料4 000元。根据“工资结算汇总表”结算的本月应付基本生产车间生产工人工资为70 000元。其中,生产甲产品生产工人工资20 000元,生产乙产品生产工人工资30 000元,基本生产车间管理人员工资为12 000元,辅助生产车间工人的工资8 000元。月末计提折旧18 000元。其中,基本生产车间12 000元,辅助生产车间6 000元。该企业辅助生产车间不设“制造费用”账户,月末全部转出,基本生产车间负担70%(按生产工人工资分配进入产品)、行政管理部门负担20%、销售机构负担10%。假定甲、乙两种产品本月无其他耗费,制造费用按生产工人工资比例进行分配。甲、乙两种产品均于本月末完工并验收入库,且无月初在产品成本和月末在产品成本。

根据上述业务编制如下会计分录:

1. 领用原材料

借:生产成本——基本生产成本(甲产品)　　100 000
　　　　　——基本生产成本(乙产品)　　80 000
　　　　　——辅助生产成本　　4 000
　制造费用——基本生产车间　　6 000
　贷:原材料　　190 000

2. 分配工资

借:生产成本——基本生产成本(甲产品)　　20 000
　　　　　——基本生产成本(乙产品)　　30 000
　　　　　——辅助生产成本　　8 000
　制造费用——基本生产车间　　12 000
　贷:应付职工薪酬　　70 000

3. 计提折旧

借:生产成本——辅助生产成本　　6 000

　制造费用——基本生产车间　　12 000

　贷:累计折旧　　18 000

4. 分配、结转辅助生产成本

辅助生产成本合计为 4 000+8 000+6 000 = 18 000(元)

产品分配金额 = 18 000×70% = 12 600(元)

甲产品分配金额 = 12 600×20 000/(20 000+30 000) = 5 040(元)

乙产品分配金额 = 12 600×30 000/(20 000+30 000) = 7 560(元)

管理部门分配金额 = 12 600×20% = 2 520(元)

销售部门分配金额 = 12 600×10% = 1 260(元)

借:生产成本——基本生产成本(甲产品)　　5 040

　　　——基本生产成本(乙产品)　　7 560

　管理费用　　2 520

　销售费用　　1 260

　贷:生产成本——辅助生产成本　　12 600

5. 分配、结转制造费用

制造费用合计为 6 000+12 000+12 000 = 30 000(元)

甲产品分配金额 = 30 000×20 000/(20 000+30 000) = 12 000(元)

乙产品分配金额 = 30 000×30 000/(20 000+30 000) = 18 000(元)

借:生产成本——基本生产成本(甲产品)　　12 000

　　　——基本生产成本(乙产品)　　18 000

　贷:制造费用——基本生产车间　　30 000

6. 结转完工产品成本

甲产品的总成本为 100 000+20 000+5 040+12 000 = 137 040(元)

乙产品的总成本为 80 000+30 000+7 560+18 000 = 135 560(元)

借:库存商品——甲产品　　137 040

　　　——乙产品　　135 560

　贷:生产成本——基本生产成本(甲产品)　　137 040

　　　——基本生产成本(乙产品)　　135 560

十、库存商品

库存商品是指小企业完成全部生产过程并已验收入库、合乎标准规格和技术条件,可以按照合同规定的条件送交订货单位,或可以作为商品对外销售的产品以及外购或委托加工完成验收入库用于销售的各种商品。包括库存产成品、外购商品、存放在门市部准备出售的商品、发出展览的商品以及寄存在外的商品等。

(一)科目设置

若为商品流通小企业,除设置“库存商品”科目外,还需设置“商品进销差价”科目。

“商品进销差价”科目核算小企业采用售价进行日常核算的商品售价与进价之间的差额。“商品进销差价”科目应按照库存商品的种类、品种和规格等进行明细核算。

小企业购入、加工收回以及销售退回等增加的库存商品,按照商品售价,借记“库存商品”科目,按照商品进价,贷记“银行存款”“委托加工物资”等科目,按照售价与进价之间的差额,贷记“商品进销差价”科目。

月末,分摊已销商品的进销差价,借记“商品进销差价”科目,贷记“主营业务成本”科目。

“商品进销差价”科目的期末贷方余额,反映小企业库存商品的商品进销差价。

(二)库存商品的账务处理

1. 制造业小企业的核算

对于库存商品采用实际成本核算的制造业小企业,当产品完成生产并验收入库时,应按实际成本,借记“库存商品”科目,贷记“生产成本——基本生产成本”科目。

企业销售产成品按规定确认收入的同时,应计算并结转与收入相关的产成品成本。产成品销售成本的计算与结转,通常是在期(月)末进行。采用实际成本进行产成品日常核算的,应根据本期(月)销售产品数量及其相应的单位生产成本(按先进先出法、加权平均法或个别计价法计算)计算确定本期产品销售成本总额,借记“主营业务成本”科目,贷记“库存商品”科目。

【例 4-32】甲小企业月末汇总的发出商品中,当月已实现销售的 Y 产品 500 台,Z 产品 1 500 台。该月采用加权平均法计算的 Y 产品实际单位成本 2 000 元,Z 产品实际单位成本 1 000 元。结转销售成本应编制如下会计分录:

借:主营业务成本	2 500 000	
贷:库存商品——Y 产品		1 000 000
——Z 产品		1 500 000

2. 商品批发小企业的核算

商品批发小企业一般采用数量进价金额核算法核算库存商品,按照商品品种同时登记数量和进价成本。

其具体做法:库存商品总分类账按进价进行核算,同时,按商品品种、规格等设置库存商品明细分类账,记载商品增减变动和结存的数量和进价。

(1)取得存货

小企业对于取得的存货按照存货的进价(实际成本)入账。如果取得的存货已经入库,按照实际进价借记“库存商品”账户,按照可抵扣的增值税税额借记“应交税费——应交增值税(进项税额)”账户,贷记“银行存款”等账户;如果取得存货尚未入库,按照实际进价借记“在途物资”账户,按照可抵扣的增值税税额借记“应交税费——应交增值税(进项税额)”账户,贷记“银行存款”等账户。

【例 4-33】甲公司是一家从事商品流通的小企业,采用进价法核算存货。最近,甲公司向乙公司采购了一批服装,总价款为 300 000 元,增值税税率为 13%,甲公司又另外支付了 1 000 元的运输费,目前这批服装已经验收入库,甲公司已经全额付款并收到了乙公

司开出的有关销售发票。甲公司应编制如下会计分录:

借:库存商品　　300 000
　应交税费——应交增值税(进项税额)　　39 000
　销售费用　　1 000
　贷:银行存款　　340 000

(2)存货发出

采用进价法核算的商业企业可以采用个别计价法、先进先出法、加权平均法、移动平均法或毛利率法等来核算存货的发出成本。商业批发小企业通常采用毛利率法估算存货的发出成本。

毛利率法是指根据本期销售净额乘以上期实际(或本期计划)毛利率匡算本期销售毛利,并据以计算发出存货和期末存货成本的一种方法。其计算公式如下:

毛利率=销售毛利/销售净额×100%

销售净额=商品销售收入-销售退回与折让

销售毛利=销售净额×毛利率

销售成本=销售净额-销售毛利

期末存货成本=期初存货成本+本期购货成本-本期销售成本

这一方法是商品流通企业,尤其是商业批发企业常用的计算本期商品销售成本和期末库存商品成本的方法。商品流通企业由于经营商品的品种繁多,如果分品种计算商品成本,工作量将大大增加,而且一般来讲,商品流通企业同类商品的毛利率大致相同,采用这种存货计价方法既能减轻工作量,也能满足对存货管理的需要。

【例 4-34】甲商业批发小企业采用毛利率法进行核算,20×2 年 4 月 1 日 A 商品库存余额 200 000 元,本月购进 300 000 元,本月销售收入 600 000 元,上季度该类商品毛利率为 30%。本月已销商品和月末库存商品的成本计算如下:

销售毛利=600 000×30%=180 000(元)

本月销售成本=600 000-180 000=420 000(元)

月末库存商品成本=200 000+300 000-420 000=80 000(元)

借:主营业务成本　　420 000
　贷:库存商品　　420 000

3. 商品零售小企业的核算

在会计实务中,对于从事商业零售业务的小企业(如百货公司、超市等),由于经营的商品种类、品种、规格等繁多,而且要求按商品零售价格标价,采用其他成本计算结转方法均较困难,因此商品零售企业一般广泛采用售价金额核算法核算库存商品,类似于计划成本法。

(1)取得存货

采用售价金额核算的商品零售小企业设置"库存商品"账户核算商品的售价金额,其借方和贷方均按照售价金额入账;设立"商品进销差价"账户核算商品售价与进价之间的差额。

小企业购入、加工收回以及销售退回等增加的库存商品，按照商品售价，借记“库存商品”科目，按照商品进价，贷记“银行存款”“委托加工物资”等科目，按照售价与进价之间的差额，贷记“商品进销差价”科目。

(2)存货发出

月末，分摊已销商品的进销差价，借记“商品进销差价”科目，贷记“主营业务成本”科目。

销售商品应分摊的商品进销差价，按照以下公式计算：

$$商品进销差价率=\frac{期初库存商品进销差价+本期购入商品进销差价}{期初库存商品售价+本期购入商品售价}\times 100\%$$

本月销售商品应分摊的商品进销差价=本期商品销售收入×商品进销差价率

小企业的商品进销差价率各月之间比较均衡的，也可以采用上月商品进销差价率计算分摊本月的商品进销差价。年度终了，应对商品进销差价进行复核调整。

【例4-35】甲商业零售小企业采用售价金额核算法进行存货核算，20×2年3月1日“库存商品”账户以售价计算的余额为100 000元，“商品进销差价”账户的余额为25 000元。当年3月15日甲企业购入了一批存货，实际成本为500 000元，售价为625 000元；3月26日甲企业销售了一批商品，销售价格为600 000元（暂不考虑增值税）。

甲小企业应编制如下会计分录：

会计分录	借方	贷方
借：库存商品	625 000	
贷：银行存款		500 000
商品进销差价		125 000
借：银行存款	600 000	
贷：主营业务收入		600 000
借：主营业务成本	600 000	
贷：库存商品		600 000

进销差价率=(25 000+125 000)÷(100 000+600 000)×100%≈21.43%

已销商品应承担的商品进销差价=600 000×21.43%=128 580(元)

会计分录	借方	贷方
借：商品进销差价	128 580	
贷：主营业务成本		128 580

第四节　周转材料

周转材料是指小企业能够多次使用，不符合固定资产定义，逐渐转移其价值但仍保持原有形态的材料物品。企业的周转材料包括包装物和低值易耗品等。

一、科目设置

“周转材料”科目核算小企业库存的周转材料的实际成本或计划成本。包括包装物、低值易耗品，以及小企业（建筑业）的钢模板、木模板、脚手架等。

各种包装材料，如纸、绳、铁丝、铁皮等，应在"原材料"科目内核算；用于储存和保管产品、材料而不对外出售的包装物，应按照价值大小和使用年限长短，分别在"固定资产"科目或本科目核算。小企业的包装物、低值易耗品，也可以单独设置"包装物""低值易耗品"科目。包装物数量不多的小企业，也可以不设置本科目，将包装物并入"原材料"科目核算。

"周转材料"科目应按照周转材料的种类，分别以"在库""在用"和"摊销"进行明细核算。

小企业购入、自制、委托外单位加工完成并验收入库的周转材料，以及对周转材料的清查盘点，比照"原材料"科目的相关规定进行账务处理。

生产、施工领用周转材料，通常采用一次转销法，在领用时按照其成本，借记"生产成本""管理费用""工程施工"等科目，贷记"周转材料"科目。

随同产品出售但不单独计价的包装物，按照其成本，借记"销售费用"科目，贷记"周转材料"科目。

随同产品出售并单独计价的包装物，按照其成本，借记"其他业务成本"科目，贷记"周转材料"科目。

出租或出借周转材料，不需要结转其成本，但应当进行备查登记。

金额较大的周转材料，也可以采用分次摊销法，领用时应按照其成本，借记"周转材料"科目（在用），贷记"周转材料"科目（在库）；按照使用次数摊销时，应按照其摊销额，借记"生产成本""管理费用""工程施工"等科目，贷记"周转材料"科目（摊销）。

周转材料采用计划成本进行日常核算的，领用等发出周转材料，还应结转应分摊的成本差异。

"周转材料"科目的期末余额，反映小企业在库、出租、出借周转材料的实际成本或计划成本以及在用周转材料的摊余价值。

二、包装物

（一）包装物的内容

包装物是指为了包装商品而储备的各种包装容器，如桶、箱、瓶、坛、袋等。具体包括：

①生产过程中用于包装产品作为产品组成部分的包装物。

②随同商品出售而不单独计价的包装物。

③随同商品出售单独计价的包装物。

④出租或出借给购买单位使用的包装物。

（二）包装物的账务处理

为了反映和监督包装物的增减变动及其价值损耗、结存等情况，企业应当设置"周转材料——包装物"科目进行核算，借方登记包装物的增加，贷方登记包装物的减少，期末余额在借方,反映小企业期末结存包装物的金额。

对于生产领用包装物,应根据领用包装物的实际成本或计划成本,借记“生产成本”科目,贷记“周转材料——包装物”“材料成本差异”(采用计划成本核算时使用该科目)等科目。随同商品出售而不单独计价的包装物,小企业应于包装物发出时,按其实际成本计入销售费用,借记“销售费用”科目,贷记“周转材料——包装物”等科目。随同商品出售而单独计价的包装物,一方面应反映其销售收入,记入“其他业务收入”科目的贷方;另一方面应反映其实际销售成本,记入“其他业务成本”科目的借方。多次使用的包装物应当根据使用次数分次进行摊销。

1. 生产领用包装物

生产领用包装物,应按照领用包装物的实际成本,借记“生产成本”科目,按照领用包装物的计划成本,贷记“周转材料——包装物”科目,按照其差额,借记或贷记“材料成本差异”科目。

【例4-36】甲小企业为增值税一般纳税人,对包装物采用计划成本核算,某月生产产品领用包装物的计划成本为200 000元,材料成本差异率为1%。甲小企业应编制如下会计分录:

借:生产成本　　202 000

　贷:周转材料——包装物　　200 000

　　材料成本差异　　2 000

2. 随同商品出售不单独计价的包装物

随同商品出售不单独计价的包装物,应按其实际成本计入销售费用,借记“销售费用”科目,按其计划成本,贷记“周转材料——包装物”科目,按其差额,借记或贷记“材料成本差异”科目。

【例4-37】甲小企业为增值税一般纳税人,对包装物采用实际成本核算,某月销售商品领用不单独计价包装物的成本为8 000元,甲小企业应编制如下会计分录:

借:销售费用　　8 000

　贷:周转材料——包装物　　8 000

若本例中,采用计划成本核算包装物,则应贷记“周转材料”科目反映由于销售商品领用而减少的包装物的计划成本,销售商品领用不单独计价包装物的实际成本与计划成本之间的差异即材料成本差异,通过“材料成本差异”科目进行反映。

3. 随同商品出售而单独计价的包装物

随同商品出售而单独计价的包装物,按照实际取得的金额,借记“银行存款”等科目,按照其销售收入,贷记“其他业务收入”科目,按照增值税专用发票上注明的增值税销项税额,贷记“应交税费——应交增值税(销项税额)”科目;同时,结转所销售包装物的成本,应按其实际成本计入其他业务成本,借记“其他业务成本”科目,按其计划成本,贷记“周转材料——包装物”科目,按其差额,借记或贷记“材料成本差异”科目。

【例4-38】甲小企业为增值税一般纳税人,对包装物采用计划成本核算,某月销售商品领用单独计价包装物的计划成本为100 000元,销售收入为120 000元,取得的增值税专用发票上注明的增值税税额为15 600元,款项已存入银行。该包装物的材料成本差异率为-1%。甲小企业应编制如下会计分录:

①出售单独计价包装物时:

借:银行存款　　135 600

　贷:其他业务收入　　120 000

　　应交税费——应交增值税(销项税额)　　15 600

②结转所售单独计价包装物的成本:

借:其他业务成本　　99 000

　材料成本差异　　1 000

　贷:周转材料——包装物　　100 000

在本例中,如果采用实际成本核算包装物,则"其他业务成本"科目和"周转材料"科目均反映包装物的实际成本,由于不存在成本差异,因此不需要设置"材料成本差异"科目,也不需要结转材料成本差异。

4. 出租与出借包装物

有时小企业因销售产品或商品,会将包装物出租或出借给客户暂时使用,并与客户约定一定时间内收回包装物。

小企业出租包装物取得的租金收入计入"营业外收入"科目,出租、出借包装物收取的押金记入"其他应付款"科目。出租或出借周转材料,不需要结转其成本,但应当进行备查登记,并对其收到的租金和押金进行会计处理。

小企业确认出租包装物的租金收入,借记"其他应收款"等科目,贷记"营业外收入"科目。小企业收到出租或出借包装物的押金;借记"库存现金""银行存款"等科目,贷记"其他应付款"科目,退回押金做相反会计处理。小企业确认逾期未退包装物押金收益,借记"其他应付款"等科目,贷记"营业外收入"科目。涉及增值税销项税额的,还应进行相应的账务处理。

【例4-39】20×2年6月1日,甲小企业向乙公司销售商品,同时出租一批全新包装物给乙公司。出租时该批包装物账面成本为13 000元,收取租金6 780元(含增值税),同时收取押金10 000元存入银行。甲小企业应编制如下会计分录:

①出租与出借包装物的发出。

不需要结转其成本,只需备查登记。

②收到出租或出借包装物的押金。

借:银行存款　　10 000

　贷:其他应付款——存入保证金　　10 000

③收到出租包装物的租金(若出借包装物,则无租金)。

借:银行存款　　6 780

　贷:营业外收入　　6 000

　　应交税费——应交增值税(销项税额)　　780

④收到退回的包装物,同时退还押金时。

借:其他应付款——存入保证金　　10 000
　贷:银行存款　　10 000

⑤若包装物被损坏,未收回,没收押金时(假设不考虑增值税)。

借:其他应付款——存入保证金　　10 000
　贷:营业外收入　　10 000

三、低值易耗品

(一)低值易耗品的内容

作为存货核算和管理的低值易耗品,被划分为一般工具、专用工具、替换设备、管理用具、劳动保护用品和其他用具等。

(二)低值易耗品的账务处理

为了反映和监督低值易耗品的增减变动及其结存情况,企业应当设置"周转材料——低值易耗品"科目,借方登记低值易耗品的增加,贷方登记低值易耗品的减少,期末余额在借方,通常反映企业期末结存低值易耗品的金额。

小企业购入、自制、委托外单位加工完成并已验收入库的低值易耗品的实际成本构成,以及低值易耗品的清查盘点,比照"原材料"的相关规定进行核算。

小企业低值易耗品符合存货定义和条件的,按照使用次数分次计入成本费用。金额较小的,可在领用时一次计入成本费用,但为加强实物管理,应当在备查簿中进行登记。

采用分次摊销法摊销低值易耗品,低值易耗品在领用时摊销其账面价值的单次平均摊销额。分次摊销法适用于可供多次反复使用的低值易耗品。在采用分次摊销法的情况下,需要单独设置"周转材料——低值易耗品(在用)""周转材料——低值易耗品(在库)""周转材料——低值易耗品(摊销)"明细科目。

【例4-40】甲小企业为增值税一般纳税人,对低值易耗品采用实际成本核算,某月基本生产车间领用专用工具一批,实际成本为90 000元,不符合固定资产定义,采用分次摊销法进行摊销。该专用工具的估计使用次数为3次。甲小企业应编制如下会计分录:

1. 领用专用工具时

借:周转材料——低值易耗品(在用)　　90 000
　贷:周转材料——低值易耗品(在库)　　90 000

2. 第一次领用时摊销其价值的三分之一

借:制造费用　　30 000
　贷:周转材料——低值易耗品(摊销)　　30 000

3. 第二次领用时摊销其价值的三分之一

借:制造费用　　30 000
　贷:周转材料——低值易耗品(摊销)　　30 000

4. 第三次领用时摊销其价值的三分之一

借:制造费用　　30 000

贷:周转材料——低值易耗品(摊销)　　30 000

同时:

借:周转材料——低值易耗品(摊销)　　90 000

贷:周转材料——低值易耗品(在用)　　90 000

需要注意的是,当低值易耗品的价值摊销完毕时,需要将"周转材料——低值易耗品"明细科目中的"摊销"明细科目的贷方余额与"在用"明细科目的借方余额进行相互抵消,从而结平"周转材料——低值易耗品"明细科目的余额,使其余额为0。

第五节　消耗性生物资产

一、生物资产的概念与分类

(一)农业活动

农业活动是指农业小企业对将生物资产转化为农产品或其他生物资产的生物转化的管理。这里的农业包括种植业、畜牧养殖业、林业和水产业等具体行业。

农业活动是一项管理活动,是对某一活动或过程的管理。管理的对象有两个:一个是将生物资产转化为农产品的活动,另一个是除转化为农产品的生物资产外的其他生物资产的生物转化过程。

将生物资产转化为农产品的活动,是指通过消耗性生物资产的生长和收获而获得农产品的活动过程,以及利用生产性生物资产产出农产品的活动过程。例如,种植业作物的生长和收获而获得稻谷、小麦等农产品的活动过程;畜牧养殖业的饲养和收获而获得仔猪、肉猪、肉鸡、鸡蛋、牛奶等畜产品的活动过程;林业中用材林的生长和管护而获得林产品等活动过程;水产业中的养殖而获得水产品(种鱼养殖除外)等活动过程,都属于将生物资产转化为农产品的活动。

其他生物资产的生物转化过程,是指除转化为农产品的生物资产外的生物资产的生长和管理,例如,经济林木在有生产能力之前的生长和管理,奶牛在第一次产奶前的饲养等管理活动。

以上所指农业活动都存在以下共同特点:

①转化的能力。动物和植物能够进行生物转化。

②转化的管理。通过增强或者至少是稳定转化发生所必需的条件,能够促成生物转化的发生,如营养、湿度、温度、土壤肥力和光照等。这种管理使农业活动与其他活动区分开来。例如,从未经管理的资源中收获的活动,如海洋渔业和原始森林的采伐等活动,并不是农业活动。

③转化的计量。对生物转化带来的质量(遗传价值、密度、成熟期、脂肪层、纤维强度)变化和数量(产果量、重量、立方米、纤维的长度或直径)变化的计量和监控成为管理的日常职能。

（二）生物转化

生物转化是指导致生物资产质量或数量发生变化的生长、蜕化、生产、繁殖的过程。

生长是指动物或植物体积、重量的增加或质量的提高；蜕化是指动物或植物产出量的减少或质量的退化；生产是指动物或植物本身产出农产品；繁殖是指产生新的动物或植物。例如，农作物从种植开始到收获前的过程就属于生长，奶牛产奶能力的不断下降就属于蜕化，蛋鸡产蛋、奶牛产奶就属于生产，奶牛产牛犊、母猪生小猪就属于繁殖。

（三）对生物资产进行分类的目的

生物资产的范围非常广泛，而且在管理上有着不同的要求。例如动物和植物是生物资产的两个大的类别，二者有着不同的生产特点，它们中有的属于流动资产，有的属于长期资产；有的可以用作出售，有的可以用作生产手段。而从企业管理的角度来讲，不同用途的生物资产的管理方式是不同的。会计核算为了满足不同管理对核算信息的不同需求，就必须对生物资产分类进行核算，以达到提供不同信息、促进改善经营管理、提高经营效益的目的。

（四）生物资产的分类

小企业会计中所称生物资产，是农业活动所涉及的活的动物或植物。例如企业种植的农作物、果树、橡胶树，养殖的奶牛、鱼、蛋鸡和肉鸡，企业营造的消耗性林木等。生物资产可以划分为消耗性生物资产、生产性生物资产和公益性生物资产三大类。

1. 消耗性生物资产

消耗性生物资产是指将收获为农产品或为出售而持有的生物资产，它们都是有生命的劳动对象。如种植业的玉米和小麦等庄稼、林业中的长成后准备作为原木的树木、畜牧养殖业中存栏待售的牲畜和准备用来生产肉品的牲畜、水产业中养殖的鱼等。

2. 生产性生物资产

生产性生物资产是指为产出农产品、提供劳务或出租等目的而持有的生物资产，例如，产奶的牲畜、产畜和役畜、种畜、葡萄树、果树、保留树干但收获柴薪的树木、母树林、剑麻等。生产性生物资产具备自我生长性，属于有生命的劳动手段。

与消耗性生物资产相比较，生产性生物资产最大的不同点在于其持有目的。消耗性生物资产持有的目的是出售（如用材林）或者是即将收获为农产品（如小麦、玉米、大豆等农作物），而生产性生物资产持有的目的则是为了在生产经营中长期地、反复地使用，利用其进行繁殖（如产畜、种畜）或者不断产出农产品（如果树、橡胶树、奶牛），或者是长期役用（如役畜）。

有些生物资产同时具有生产性和消耗性特点，小企业应根据生产经营的主要目的将其划分为生产性生物资产或消耗性生物资产进行核算和管理。例如蛋鸡，小企业可根据生产经营的主要目的及其管理需要将其确定为消耗性生物资产或者生产性生物资产进行管理和核算。

对于暂时无法区分生产性和消耗性特点的生物资产，企业应作为消耗性生物资产进行核算和管理，等到能够明确划分为生产性生物资产或消耗性生物资产时，再将生产性生物资产转出,单独进行核算和管理。例如,企业在将来可能将猪全部出售,也可能将其中的一头或几头留用作为种猪。在这种情况下,小企业应当先将仔猪全部当作消耗性生物资产进行管理和核算,待确定用途后,再转群分别核算。

(五)收获

收获是指农产品从生物资产上分离或生物资产的生长过程的结束。例如收割小麦、采摘水果、挤牛奶、采伐用材林、捕捞养殖的鱼等。

(六)管护费用

管护费用是指为了维持郁闭后的消耗性林木资产或公益林的正常存在或为了促使已经达到预定生产经营目的的成熟生产性生物资产进行正常生产而发生的有关费用,例如为果树剪枝发生的费用、为生物资产灭虫发生的人工和药物费用以及对产奶奶牛的饲养管理费用等。

二、生物资产的确认和计量

(一)生物资产的确认标准

某一资产项目,如果要作为生物资产加以确认,首先需要符合生物资产的定义,其次,还需要符合生物资产的确认标准,即:

①因过去交易、事项的结果而由企业拥有或控制。

②该资产包含的经济利益很可能流入企业。

③该资产的成本能够可靠地计量。

遵循以上原则,生物资产在同时满足以下条件时,才能予以确认:

1. 因过去交易、事项的结果而由企业拥有或控制

这一确认标准是指企业所确认入账的生物资产必须是企业所拥有或控制的,并且是过去交易或事项的结果。它包含两层含义。

①生物资产是为企业所拥有的,或者即使不为企业所拥有,也是企业所控制的。企业拥有生物资产,就能够排他地从生物资产中获取经济利益。有些生物资产虽然不为企业所拥有,但是企业能够控制支配这些生物资产,因此同样能够排他地从生物资产中获取经济利益。如果企业不能拥有或控制生物资产所能带来的经济利益,那么它就不能被确认为该企业的生物资产。例如,甲农业企业与乙家庭农场签订承包合同,将 50 公顷果园承包给乙家庭农场,承包期为 8 年;承包期内,乙家庭农场每年向甲农业企业上交承包金 187 500 元;承包期满,乙家庭农场将 50 公顷果园归还甲农业企业;预计这 50 公顷果园每年可产生经济效益 282 000 元。从形式上看,承包期内,这 50 公顷果园由乙家庭农场经营并从中受益,但是,由于甲农业企业仍拥有其所有权并通过让渡该资产而获取经济利益,所以,这 50 公顷果园仍应作为甲农业企业的生物资产予以确认和计量。

②生物资产必须是现实的生物资产,而不能是预期的生物资产。只有过去发生的交易或事项才能增加或减少企业的生物资产,而不能根据谈判中的交易或计划中的经济业务来确认生物资产。例如,已经发生的生物资产购买交易会形成企业的生物资产,而计

划中的生物资产购买交易则不能作为企业的生物资产予以确认。

2. 该资产包含的经济利益很可能流入企业

这一确认标准是指企业所拥有或控制的生物资产包含的经济利益流入企业的可能性超过50%。

所谓经济利益，是指直接或间接地流入企业的现金或现金等价物。资产之所以成为资产，就在于其能够为企业带来经济利益。如果某项目不能给企业带来经济利益，那么就不能确认为企业的资产。对生物资产的确认来说，如果某一生物资产预期不能给企业带来经济利益，就不能确认为企业的生物资产。在实务工作中，首先需要判断该项生物资产所包含的经济利益是否很可能流入企业。如果该项生物资产包含的经济利益流入企业的可能性不是很大，那么，即使其满足生物资产确认的其他条件，企业也不应将其确认为生物资产；如果该项生物资产包含的经济利益很可能流入企业，并同时满足生物资产确认的其他条件，那么，企业应将其确认为生物资产。

在实务中，判断生物资产包含的经济利益是否很可能流入企业，主要依据与该生物资产所有权相关的风险和报酬是否转移到了企业。其中，与生物资产所有权相关的风险是指由于经营情况变化造成的相关收益的变动，以及由于遭受自然灾害、病虫害、动物疫病侵袭等原因造成的损失；与生物资产所有权相关的报酬是指在生物资产使用寿命内直接使用该资产而获得的收入，以及处置该资产所实现的利得等。通常取得生物资产的所有权是判断与生物资产所有权相关的风险和报酬转移到企业的一个重要标志。凡是所有权已属于企业，无论企业是否收到或持有该生物资产，均可作为企业的生物资产；反之，如果没有取得所有权，即使存放在企业。也不能作为企业的生物资产。

有时，某项生物资产的所有权虽然不属于企业，但是，企业能够控制该项生物资产，其所包含的经济利益能流入企业。在这种情况下，可以认为与生物资产所有权相关的风险和报酬实质上已转移给企业，也可以作为企业的生物资产加以确认。

3. 该资产的成本能够可靠地计量

这一确认标准是指企业所确认入账的生物资产的成本能够可靠地计量。如果生物资产的成本能够可靠地计量，并同时满足其他确认条件，就可以加以确认；否则，企业不应加以确认。

（二）生物资产初始入账价值的确定

生物资产的初始入账价值是指生物资产的取得成本，其所涉及的问题是，当生物资产满足确认标准时，应以什么金额入账。生物资产的取得方式包括购买、自行营造、盘盈、接受捐赠、接受投资、非货币性交易、债务重组等。取得方式的不同，其初始入账价值的确定也不相同。

三、消耗性生物资产概述

消耗性生物资产是指小企业（农、林、牧、渔业）为出售而持有的或在将来收获为农产品的生物资产，如种植业的玉米和小麦等庄稼、林业中的长成后准备作为原木的树木、畜牧养殖业中存栏待售的牲畜和准备用来生产肉品的牲畜、水产业中养殖的鱼等。

小企业(农、林、牧、渔业)持有的消耗性生物资产,应按照成本计量,成本的确定方法如下:

①外购消耗性生物资产,按照购买价款、相关税费、运输费、装卸费、保险费以及在外购过程中发生的其他直接费用,作为实际成本。

②自行栽培、营造、繁殖或养殖的消耗性生物资产的成本,应当按照下列规定确定:

a. 自行栽培的大田作物和蔬菜的成本包括在收获前耗用的种子、肥料、农药等材料费,人工费和应分摊的间接费用。

b. 自行营造的林木类消耗性生物资产的成本包括郁闭前发生的造林费、抚育费、营林设施费、良种试验费、调查设计费和应分摊的间接费用。

c. 自行繁殖的育肥畜的成本包括出售前发生的饲料费、人工费和应分摊的间接费用。

d. 水产养殖的动物和植物的成本包括在出售或入库前耗用的苗种、饲料、肥料等材料费,人工费和应分摊的间接费用。

四、科目设置

"消耗性生物资产"科目核算小企业(农、林、牧、渔业)持有的消耗性生物资产的实际成本。"消耗性生物资产"科目应按照消耗性生物资产的种类、群别等进行明细核算。

"消耗性生物资产"科目期末借方余额,反映小企业(农、林、牧、渔业)消耗性生物资产的实际成本。

五、消耗性生物资产的账务处理

(一)外购的消耗性生物资产

按照应计入消耗性生物资产成本的金额,借记"消耗性生物资产"科目,贷记"银行存款""应付账款"等科目。

【例4-41】小企业甲农场为满足节日市场供应,从外地购买一批育肥畜1 000头,以银行存款支付对方价款500 000元,其他各种相关费用10 000元。则甲农场应做如下会计处理:

借:消耗性生物资产　　510 000

　贷:银行存款　　510 000

(二)自行营造的消耗性生物资产

应按照收获前发生的必要支出,借记"消耗性生物资产"科目,贷记"银行存款"等科目。

自行营造的林木类消耗性生物资产,应按照郁闭前发生的必要支出,借记"消耗性生物资产"科目,贷记"银行存款"等科目。

自行繁殖的育肥畜、水产养殖的动植物,应按照出售前发生的必要支出,借记"消耗性生物资产"科目,贷记"银行存款"等科目。

【例 4-42】小企业甲农场种植有蔬菜 500 亩,收获前企业发生的支出有:种苗费 70 000 元、肥料 10 000 元、农药 5 000 元、人工费 15 000 元,该批蔬菜的生产成本 100 000 元。则甲农场应做如下会计处理:

借:消耗性生物资产　　　　100 000

　贷:银行存款　　　　100 000

【例 4-43】小企业甲林场为营造用材林(尚未郁闭),发生的支出有:苗木费 10 000 元、人工费 5 000 元,则甲林场应做如下会计处理:

借:消耗性生物资产　　　　15 000

　贷:银行存款　　　　15 000

(三)由生产性生物资产转入

产畜或役畜淘汰转为育肥畜,应按照转群时的账面价值,借记"消耗性生物资产"科目,按照已计提的累计折旧,借记"生产性生物资产累计折旧"科目,按照其账面余额,贷记"生产性生物资产"科目。育肥畜转为产畜或役畜的,应按照其账面余额,借记"生产性生物资产"科目,贷记"消耗性生物资产"科目。

【例 4-44】小企业甲农场将部分育肥畜转为产畜,转换时育肥畜的账面余额为10 000 元。则甲农场应做如下会计处理:

借:生产性生物资产　　　　10 000

　贷:消耗性生物资产　　　　10 000

(四)管护等费用

择伐、间伐或抚育更新性质采伐而补植林木类消耗性生物资产发生的后续支出,借记"消耗性生物资产"科目,贷记"银行存款"等科目。林木类消耗性生物资产达到郁闭后发生的管护费用等后续支出,借记"管理费用"科目,贷记"银行存款"等科目。

【例 4-45】小企业甲林场为已郁闭的用材林发生管护人工费支出 1 000 元,则甲林场应做如下会计处理:

借:管理费用　　　　1 000

　贷:银行存款　　　　1 000

农业生产过程中发生的应归属于消耗性生物资产的费用,按照应分配的金额,借记"消耗性生物资产"科目,贷记"生产成本"科目。

【例 4-46】小企业甲农场 2 月翻耕土地,按工作量法计算拖拉机折旧费 500 元,其中 70% 种植玉米,30% 种植小麦。

借:生产成本——玉米　　　　350

　　　　　——小麦　　　　150

　贷:累计折旧　　　　500

借:消耗性生物资产——玉米　　　　350

　　　　　　　——小麦　　　　150

　贷:生产成本——玉米　　　　350

——小麦　　150

（五）消耗性生物资产的收获

消耗性生物资产的收获为农产品时，应按照其账面余额，借记“农产品”科目，贷记“消耗性生物资产”科目。

【例 4-47】小企业甲农场 500 亩蔬菜经过 4 个月的种植，收获 80 000 千克，已验收入库，该批蔬菜的生产成本为 100 000 元。则甲农场应做如下会计处理：

借：农产品　　100 000

　贷：消耗性生物资产　　100 000

（六）出售消耗性生物资产

应按照实际收到的金额，借记“银行存款”等科目，贷记“主营业务收入”等科目。按照其账面余额，借记“主营业务成本”等科目，贷记“消耗性生物资产”科目。

【例 4-48】小企业甲农场一批育肥羊，经过 8 个月饲养出栏并直接销售，结转成本 60 000 元，出售价格 80 000 元。则甲农场应做如下会计处理：

借：银行存款　　80 000

　贷：主营业务收入　　80 000

借：主营业务成本　　60 000

　贷：消耗性生物资产　　60 000

第六节　存货清查

存货清查是指通过对存货的实地盘点，确定存货的实有数量，并与账面结存数核对，从而确定存货实存数与账面结存数是否相符的一种专门方法。

由于存货种类繁多、收发频繁，在日常收发过程中可能发生计量错误、计算错误、自然损耗，还可能发生损坏变质等情况，造成账实不符，形成存货的盘盈、盘亏。对于存货的盘盈、盘亏，应填写存货盘点报告（如实存账存对比表），及时查明原因，按照规定程序报批处理。

存货发生毁损，处置收入、可收回的责任人赔偿和保险赔款，扣除其成本、相关税费后的净额。盘盈存货实现的收益应当计入营业外收入，盘亏存货发生的损失应当计入营业外支出。

一、科目设置

为了反映和监督企业在财产清查中查明的各种存货的盘盈、盘亏和毁损情况，小企业应当设置“待处理财产损溢”科目，核算小企业在清查财产过程中查明的各种财产盘盈、盘亏和毁损的价值。所采购物资在运输途中因自然灾害等发生的损失或尚待查明的损耗，也通过“待处理财产损溢”科目核算。

“待处理财产损溢”科目应按照待处理流动资产损溢和待处理非流动资产损溢进行明细核算。

二、存货盘盈的账务处理

盘盈的各种材料、产成品、商品、现金等，应当按照同类或类似存货的市场价格或评估价值，借记“原材料”“库存商品”等科目，贷记“待处理财产损溢”科目（待处理流动资产损溢）。盘亏、毁损、短缺的各种材料、产成品、商品、现金等，应当按照其账面余额，借记“待处理财产损溢”科目（待处理流动资产损溢），贷记“材料采购”或“在途物资”“原材料”“库存商品”等科目。涉及增值税进项税额的，还应进行相应的账务处理。

小企业的财产损溢，应当查明原因，经批准，记入“营业外收入”账户，处理后“待处理财产损溢”科目应无余额。

【例 4-49】甲小企业在财产清查中盘盈 A 材料 500 千克，实际单位成本 60 元，经查属于材料收发计量方面的错误。甲小企业应编制如下会计分录：

1. 批准处理前

借：原材料　　30 000

　贷：待处理财产损溢——待处理流动资产损溢　　30 000

2. 批准处理后

借：待处理财产损溢——待处理流动资产损溢　　30 000

　贷：营业外收入　　30 000

三、存货盘亏及毁损的账务处理

小企业盘亏、毁损、报废的各项资产，按照管理权限经批准后处理时，按照残料价值，借记“原材料”等科目，按照可收回的保险赔偿或过失人赔偿，借记“其他应收款”科目，按照“待处理财产损溢”科目余额，贷记“待处理财产损溢”科目（待处理流动资产损溢），按照其借方差额，借记“营业外支出”科目。

【例 4-50】甲小企业在财产清查中发现毁损 B 材料 1 000 千克，实际成本为 20 000 元，相关增值税专用发票上注明的增值税税额为 2 600 元。经查属于材料保管员的过失造成的，按规定由其个人赔偿 20 000 元。甲小企业应编制如下会计分录：

1. 批准处理前

借：待处理财产损溢——待处理流动资产损溢　　22 600

　贷：原材料　　20 000

　　　应交税费——应交增值税（进项税额转出）　　2 600

2. 批准处理后

①由过失人赔款部分：

借：其他应收款　　20 000

　贷：待处理财产损溢——待处理流动资产损溢　　20 000

②材料毁损净损失：

借:营业外支出　　　　　　　　　　　　　　　2 600

　　贷:待处理财产损溢——待处理流动资产损溢　　　　2 600

思考题

1. 小企业会计的存货包含哪些内容?

2. 小企业外购存货的成本由哪些项目构成?

3. 小企业会计消耗性生物资产有哪些特点?

练习题

一、单项选择题

1. 小企业在材料收入的核算中,需在月末暂估入账并于下月初红字冲回的是(　　)。

A. 月末购货发票账单未到,但已入库的材料

B. 月末购货发票账单已到,货款未付但已入库的材料

C. 月末购货发票账单已到,货款已付且已入库的材料

D. 月末购货发票账单已到,货款已付但未入库的材料

2. 某小企业 11 月 1 日甲存货结存数量为 200 件,单价为 8 元;11 月 2 日发出甲存货 150 件;11 月 5 日购进甲存货 200 件,单价 8.8 元;11 月 7 日发出甲存货 100 件。在对甲存货发出采用先进先出法的情况下,11 月 7 日发出甲存货的实际成本为(　　)。

A. 800　　B. 840　　C. 870　　D. 880

3. 小企业对随同商品出售而不单独计价的包装物进行会计处理时,该包装物的实际成本应结转到(　　)。

A. "制造费用"科目　　B. "销售费用"科目

C. "营业外支出"科目　　D. "其他业务成本"科目

二、多项选择题

1. 下列属于小企业存货的有(　　)。

A. 原材料　　B. 正在加工的产品　　C. 周转材料　　D. 生产性生物资产

2. 下列属于小企业会计采用实际成本发出存货时采用的计价方法的是(　　)。

A. 先进先出法　B. 全月一次加权平均法　C. 个别计价法　　D. 移动加权平均法

3. 自行栽培、营造、繁殖或养殖的消耗性生物资产的成本有(　　)。

A. 在收获前耗用的种子、肥料、农药等材料费、人工费和应分摊的间接费用

B. 郁闭前发生的造林费、抚育费、营林设施费、良种试验费、调查设计费和应分摊

的间接费用

C. 在出售前耗用的苗种、饲料、肥料等材料费、人工费和应分摊的间接费用

D. 在出售或入库前耗用的苗种、饲料、肥料等材料费、人工费和应分摊的间接费用

三、判断题

1. 小企业外购材料在运输途中发生的合理损耗无须单独进行账务处理。（　）

2. 小企业的存货发生毁损，可收回的各种赔偿扣除其成本、相关税费后的净额，应当记入“管理费用”科目。（　）

3. 无论小企业对存货采用实际成本核算，还是采用计划成本核算，在编制资产负债表时，资产负债表上的存货项目反映的都是存货的实际成本。（　）

4. 小企业接受投资者投入的商品，应按投资双方的协商价入账。（　）

四、业务题

1. 某小企业甲对原材料采用实际成本法核算，期初有 A 材料 1 000 千克，每千克成本 10 元。假设企业为一般纳税人，增值税率为 13%。购买的 A 材料均入库。本月发生材料的收发业务如下：

1 日，购买 A 材料 2 000 千克，单价 9.3 元。

5 日，购买 A 材料 5 000 千克，单价 9 元，发生运杂费 6 000 元；同时，运输途中发生合理损耗 10 千克。

10 日，发出 A 材料 6 000 千克。其中生产 M 产品领用 3 000 千克；生产 N 产品领用2 000 千克；车间领用 1 000 千克。

18 日，购入 A 材料 1 000 千克，单价 12 元。

25 日，发出 A 材料 2 500 千克，用于销售部门。

26 日，购入 A 材料 1 000 千克，单价 10 元。

材料采用全月一次加权平均法计价。

2. 某小企业 M 对原材料采用计划成本法核算，期初有甲材料 1 000 千克，每千克计划成本 10 元，材料节约差为 50 元。假设 M 企业为一般纳税人，增值税率为 13%。购买的甲材料均入库。本月发生材料的收发业务如下：

1 日，购买甲材料 2 000 千克，单价 9.3 元。

5 日，购买甲材料 5 000 千克，单价 9 元，发生运杂费 6 000 元；同时，运输途中发生合理损耗 10 千克。

10 日，发出甲材料 6 000 千克。其中，生产 A 产品领用 3 000 千克，生产 B 产品领用 2 000 千克，车间领用 1 000 千克。

18 日，购入甲材料 1 000 千克，单价 12 元。

25 日，发出甲材料 2 500 千克，用于销售部门。

26 日，购入甲材料 1 000 千克，单价 10 元。

3. 20×2 年 7 月甲小企业委托乙企业加工用于连续生产的应税消费品，甲、乙两企业

均为增值税一般纳税人,假定适用的增值税税率均为13%,适用的消费税税率为10%,甲小企业对原材料按实际成本法进行核算,有关该业务的资料如下:

(1)甲小企业发出材料一批,实际成本为392 000元。

(2)甲小企业以银行存款支付乙企业加工费58 000元(不含增值税)以及相应的增值税和消费税。

(3)甲小企业以银行存款支付往返运杂费10 000元。

(4)材料加工完成,甲小企业收回该委托加工物资并验收入库。

要求:

(1)计算甲小企业应支付的增值税和消费税。

(2)计算甲小企业收回加工材料的实际成本。

(3)编制甲小企业的有关会计分录。

第五章　对外投资

学习目标

通过本章学习，了解对外投资的含义、分类及特征；投资核算应设置的科目；理解短期投资、长期债券投资和长期股权投资成本的确定；掌握取得、持有及出售投资的账务处理。

第一节　对外投资

一、对外投资的含义

对外投资就是小企业在其本身经营的主要业务以外，以现金、实物、无形资产等方式，或者以购买股票、债券等有价证券方式向境内外的其他单位进行投资，以期在未来获得投资收益的经济行为。企业对外投资收益是企业总收益的组成部分。在市场经济特别是发展横向经济联合的条件下，小企业对外投资已成为企业财务活动的重要内容。

二、对外投资的分类

（一）按对外投资形成的企业拥有权益分类

按对外投资形成的企业拥有权益不同分类，分为股权投资和债权投资。

股权投资形成被投资企业的资本金，而投资企业则拥有被投资企业的股权。如购买上市公司的股票、兼并投资、联营投资。

债权投资形成被投资单位的负债，而投资企业是被投资单位的债权人。包括购买各种债券投资。债权投资与对外股权投资相比，具有投资权利小、风险小等特点。

（二）按对外投资方式分类

按对外投资方式不同分类，分为实物投资与证券投资。

实物投资属直接投资的一种，是指直接以现金、实物、无形资产等投入其他单位并直接形成生产经营活动的能力，为某种生产经营活动创造必要条件。它具有与生产经营紧密联系、投资回收期较长、投资变现速度慢、流动性差等特点。实物投资包括联营投资、兼并投资等。

证券投资属间接投资的一种,是指用现金、实物、无形资产等购买或折价取得其他单位有价证券(如股票、债券等)的对外投资。这些有价证券按其性质分为三类:

①债券性证券,包括国库券、金融债券和其他公司债券。

②权益性证券,即表明企业拥有证券发行公司的所有权,如其他公司发行的普通股股票。

③混合性证券,优先股股票是介于普通股股票和债券之间的一种混合性有价证券。投资形式主要是购买可转换公司债券,购买优先股股票。

(三)按对外投资的目的分类

按对外投资的时间长短分为短期投资和长期投资。

短期投资是指小企业购入的能随时变现并且持有时间不准备超过1年(含1年)的投资,如小企业以赚取差价为目的从二级市场购入的股票、债券、基金等。短期投资的目的是利用生产经营暂时闲置不用的资金谋求收益,投资购入的有价证券通常是证券市场上交易活跃、容易脱手的证券。

长期投资是指购进不准备随时变现、持有时间在1年以上的有价证券,以及超过1年的其他对外投资。

第二节　短期投资

一、短期投资概述

短期投资是指小企业购入的能随时变现并且持有时间不准备超过1年(含1年,下同)的投资,如小企业以赚取差价为目的从二级市场购入的股票、债券、基金等。

短期投资相对于长期投资,通常具有以下三个特征:

1. 投资目的很明确

短期投资是小企业为了提高暂时闲置资金的使用效率和效益而进行的对外投资,也包括以赚取差价为目的。

2. 投资时间比较短

小企业短期投资通常是为了提高暂时闲置资金的使用效率和效益,其持有时间往往会较短,通常不超过1年。

3. 投资品种易变现

短期投资为了能够实现及时变现的目的,通常投资于二级市场上公开交易的股票、债券、基金等,这些资产在市场上极易变现。这些资产既可能是债权性的,也可能是股权性的。

二、科目设置

为了核算小企业短期投资的取得、收取现金股利或利息、处置等业务，企业应当设置“短期投资”“应收股利”“应收利息”“投资收益”等科目。

(一)“短期投资”科目

“短期投资”科目核算小企业购入的能随时变现并且持有时间不准备超过1年(含1年)的投资。“短期投资”科目应按照股票、债券、基金等短期投资种类进行明细核算。借方登记短期投资的取得成本，贷方登记处置短期投资时结转的实际成本，“短期投资”科目期末借方余额，反映小企业持有的短期投资成本。

(二)“应收股利”科目

“应收股利”科目核算小企业应收取的现金股利或利润。“应收股利”科目应按照被投资单位进行明细核算。“应收股利”科目借方登记小企业短期投资或长期股权投资持有期间，被投资单位宣告分派现金股利或利润，本企业应享有的金额，以及小企业短期投资或长期股权投资过程中实际支付的购买价款中包含已宣告但尚未发放的现金股利金额，贷方登记小企业实际收到的现金股利或利润数额，“应收股利”科目期末借方余额，反映小企业尚未收到的现金股利或利润。

(三)“应收利息”科目

“应收利息”科目核算小企业债券投资应收取的利息。“应收利息”科目应按照被投资单位进行明细核算。“应收利息”科目借方登记小企业购入债券时如果实际支付的购买价款中包含已到付息期但尚未领取的债券利息，以及长期债券投资持有期间，在债务人应付利息日，按照分期付息、一次还本债券投资的票面利率计算的利息收入金额，贷方登记小企业实际收到的债券利息，“应收利息”科目期末借方余额反映小企业尚未收到的债券利息。

购入的一次还本付息债券投资持有期间的利息收入，在“长期债券投资”科目核算，不在“应收利息”科目核算。

(四)“投资收益”科目

“投资收益”科目核算小企业确认的投资收益或投资损失。“投资收益”科目应按照投资项目进行明细核算。贷方登记小企业持有或出售短期投资等实现的投资收益；借方登记小企业出售短期投资等发生的投资损失。月末，可将“投资收益”科目余额转入“本年利润”科目，“投资收益”科目结转后应无余额。

三、短期投资的账务处理

(一)取得短期投资

小企业购入各种股票、债券、基金等作为短期投资的，应当按照实际支付的购买价款和相关税费，借记“短期投资”科目，贷记“银行存款”科目。小企业会计准则中，相关税费是指小企业在交易过程中按照有关规定应负担的各种税款、行政事业性收费以及手续费、佣金等。

小企业购入股票，如果实际支付的购买价款中包含已宣告但尚未发放的现金股利，应当按照实际支付的购买价款和相关税费扣除已宣告但尚未发放的现金股利后的金额，借记“短期投资”科目，按照应收的现金股利，借记“应收股利”科目，按照实际支付的购买价款和相关税费，贷记“银行存款”科目。

小企业购入债券，如果实际支付的购买价款中包含已到付息期但尚未领取的债券利息，应当按照实际支付的购买价款和相关税费扣除已到付息期但尚未领取的债券利息后的金额，借记“短期投资”科目，按照应收的债券利息，借记“应收利息”科目，按照实际支付的购买价款和相关税费，贷记“银行存款”科目。

【例5-1】20×2年5月18日，甲小企业以银行存款从证券交易所购入A上市公司股票100万股，准备短期获利，共支付款项8 000 000元，其中包括已宣告但尚未发放的现金股利100 000元。另支付交易手续费等10 000元。6月10日收到宣告的现金股利。该企业的账务处理如下：

20×2年5月18日，购买股票时：

借：短期投资——A公司股票　　7 910 000
　　应收股利　　100 000
　　贷：银行存款　　8 010 000

20×2年6月10日，收到现金股利时：

借：银行存款　　100 000
　　贷：应收股利　　100 000

【例5-2】20×2年1月1日，甲小企业以银行存款从证券交易所购入B公司20×1年1月1日发行的5年期公司债券100份，准备短期获利，每张债券面值1 000元，票面年利率5%，每年1月3日支付上年利息。甲小企业共支付款项105 000元，其中包括已宣告但尚未发放的债券利息5 000元。另支付交易手续费等1 000元。1月3日收到已到期的债券利息。甲小企业的账务处理如下：

20×2年1月1日，购买债券时：

借：短期投资——B公司债券　　101 000
　　应收利息　　5 000
　　贷：银行存款　　106 000

20×2年1月3日，收到利息时：

借：银行存款　　5 000
　　贷：应收利息　　5 000

【例5-3】20×2年1月1日，甲小企业以银行存款从证券交易所购入B公司20×1年1月1日发行的5年期公司债券100份，准备短期获利，每张债券面值1 000元，票面年利率5%，债券每年计息，到期一次性支付全部利息。甲小企业共支付款项105 000元，另支付交易手续费等1 000元。甲小企业的账务处理如下：

20×2年1月1日，购买债券时：

借:短期投资——B 公司债券　　106 000
　贷:银行存款　　106 000

(二)持有短期投资

在短期投资持有期间,被投资单位宣告分派的现金股利,借记"应收股利"科目,贷记"投资收益"科目。

在债务人应付利息日,按照分期付息、一次还本债券投资的票面利率计算的利息收入,借记"应收利息"科目,贷记"投资收益"科目。

【例 5-4】20×2 年 3 月 18 日,A 上市公司宣告发放现金股利,每股 0.3 元。甲小企业持有的 A 上市公司股票 10 万股,甲小企业持有的 A 上市公司股票目的为短期获利,甲小企业的账务处理如下:

20×2 年 3 月 18 日,A 上市公司宣告发放现金股利时:

借:应收股利　　30 000
　贷:投资收益　　30 000

实际收到该现金股利时:

借:银行存款　　30 000
　贷:应收股利　　30 000

【例 5-5】20×2 年 12 月 31 日,甲小企业计算所持有准备短期获利的 B 公司 20×1 年 1 月 1 日发行的 5 年期公司债券的利息。甲小企业持有债券 100 份,每张债券面值 1 000 元,票面年利率 5%,每年 1 月 3 日支付上年利息。甲小企业的账务处理如下:

20×2 年 12 月 31 日,计算已到期利息时:

借:应收利息　　5 000
　贷:投资收益　　5 000

20×3 年 1 月 3 日实际收到该利息时:

借:银行存款　　5 000
　贷:应收利息　　5 000

(三)出售短期投资

出售短期投资应当按照实际收到的出售价款,借记"银行存款"或"库存现金"科目,按照该项短期投资的账面余额,贷记"短期投资"科目,按照尚未收到的现金股利或债券利息,贷记"应收股利"或"应收利息"科目,按出售价款扣除其账面余额、相关税费后的净额,贷记或借记"投资收益"科目。

【例 5-6】甲小企业将所持的 100 份 B 公司债券以每张 1 100 元的价格出售,共计 110 000 元,手续费及印花税为 880 元,从出售价款中扣除。甲小企业短期投资成本为 101 000 元。甲小企业的会计处理如下:

借:银行存款　　109 120
　贷:短期投资——B 公司债券　　101 000
　　　投资收益　　8 120

【例5-7】甲小企业在未收到已宣告但尚未发放的现金股利100 000元之前,将所持有的A公司的100万股股票以每股8.3元的价格出售,同时另外支付印花税和手续费8 000元,甲小企业短期投资成本为7 910 000元,甲小企业的会计处理如下:

借:银行存款　　8 292 000

　贷:应收股利　　100 000

　　短期投资——A公司股票　　7 910 000

　　投资收益　　282 000

第三节　长期投资

长期投资是指购进不准备随时变现、持有时间在1年以上的有价证券,以及超过1年的其他对外投资。企业管理层取得长期投资的目的在于持有而不在于出售,这是与短期投资的一个重要区别。小企业的长期投资包括长期债券投资和长期股权投资。

一、长期债券投资

(一)长期债券投资定义及内容

长期债券投资,是指小企业准备长期(在一年以上)持有的债券投资。

债券的票面上一般都载明以下内容:

①企业名称;②债券面值;③票面利率;④还本期限和还本方式;⑤利息的支付方式;⑥债券的发行日期等。

(二)长期债券投资特征

相对于短期投资和长期股权投资,长期债券投资通常具有以下3个特征:

①投资目的很明确,是小企业为了赚取高于银行存款利息收入而进行的对外投资。

②投资时间比较长,通常会超过1年。

③投资品种不易变现或持有意图长于1年。

(三)债券的分类

债券可以按不同的方式进行分类。在很多情况下,债券的种类不同,其会计处理也不相同。

①按债券的发行方式,债券分为面值发行、溢价发行和折价发行。

债券的发行,首先涉及发行价格与市场利率、实际利率的关系问题。就债券发行方而言,债券的发行价格与市场利率、实际利率是影响会计处理的重要因素。债券的发行价格,是债券发行方在发行债券时向债券投资者收取的全部现金或现金等价物。

债券的发行价格受很多因素的影响。除了债券的面值、期限、票面利率、利息支付方式之外,发行方自身的信用状况、资本结构等也会影响债券的发行价格。同时,资本市场上的利率水平、供求关系等,也是影响债券发行价格的重要因素。

假设其他条件不变,债券的票面利率高于同期银行存款利率时,可按超过债券票面价值的价格发行,称为溢价发行。溢价是发行方以后各期多付利息而事先得到的补偿。

如果债券的票面利率低于同期银行存款利率,可按低于债券面值的价格发行,称为折价发行。折价是发行方以后各期少付利息而预先给投资者的补偿。

如果债券的票面利率与同期银行存款利率相同,可按票面价格发行,称为面值发行。溢价或折价是发行债券方在债券存续期内对利息费用的一种调整。

②按债券的付息方式,债券分一次付息债券与分期付息债券。

(四)科目设置

长期债券投资应设置"长期债券投资""应收利息"和"投资收益"等科目。

1."长期债券投资"科目

"长期债券投资"科目核算小企业准备长期(在1年以上)持有的债券投资。"长期债券投资"科目应按照债券种类和被投资单位,分别"面值""溢折价""应计利息"进行明细核算。

小企业购入债券作为长期投资,应当按照债券票面价值,借记"长期债券投资"科目(面值),按照实际支付的购买价款和相关税费,贷记"银行存款"科目,按照其差额,借记或贷记本科目(溢折价)。

如果实际支付的购买价款中包含已到付息期但尚未领取的债券利息,应当按照债券票面价值,借记"长期债券投资"科目(面值),按照应收的债券利息,借记"应收利息"科目,按照实际支付的购买价款和相关税费,贷记"银行存款"科目,按照其差额,借记或贷记本科目(溢折价)。

在长期债券投资持有期间,在债务人应付利息日,按照分期付息、一次还本的长期债券投资票面利率计算的利息收入,借记"应收利息"科目,贷记"投资收益"科目;按照一次还本付息的长期债券投资票面利率计算的利息收入,借记"长期债券投资"科目(应计利息),贷记"投资收益"科目。

在债务人应计利息日,按照应分摊的债券溢折价金额,借记或贷记"投资收益"科目,贷记或借记"长期债券投资"科目(溢折价)。

长期债券投资到期,收回长期债券投资,应当按照收回的债券本金或本息,借记"银行存款"等科目,按照其账面余额,贷记"长期债券投资"科目(成本、溢折价、应计利息),按照应收未收的利息收入,贷记"应收利息"科目。

处置长期债券投资,应当按照处置收入,借记"银行存款"等科目,按照其账面余额,贷记"长期债券投资"科目(成本、溢折价),按照应收未收的利息收入,贷记"应收利息"科目,按照其差额,贷记或借记"投资收益"科目。

按照小企业会计准则规定确认实际发生的长期债券投资损失,应当按照可收回的金额,借记"银行存款"等科目,按照其账面余额,贷记"长期债券投资"科目(成本、溢折价),按照其差额,借记"营业外支出"科目。

"长期债券投资"科目期末借方余额,反映小企业持有的分期付息、一次还本债券投资的成本和到期一次还本付息债券投资的本息。

2."应收利息"科目

小企业购入债券,如果实际支付的购买价款中包含已到付息期但尚未领取的债券利息,应当按照实际支付的购买价款和相关税费扣除应收的债券利息后的金额,借记"长期债券投资"科目,按照应收的债券利息,借记"应收利息"科目,按照实际支付的购买价款和相关税费,贷记"银行存款"科目。

在长期债券投资持有期间,在债务人应付利息日,按照分期付息、一次还本债券投资的票面利率计算的利息收入,借记"应收利息"科目,贷记"投资收益"科目;按照一次还本付息债券投资的票面利率计算的利息收入,借记"长期债券投资——应计利息"科目,贷记"投资收益"科目。

实际收到债券利息,借记"银行存款"等科目,贷记"应收利息"科目。

3."投资收益"科目

在长期债券投资持有期间,在债务人应付利息日,按照分期付息、一次还本的长期债券投资的票面利率计算的利息收入,借记"应收利息"科目,贷记"投资收益"科目;按照一次还本付息的长期债券投资票面利率计算的利息收入,借记"长期债券投资——应计利息"科目,贷记"投资收益"科目。

在债务人应付利息日,按照应分摊的债券溢折价金额,借记或贷记"投资收益"科目,贷记或借记"长期债券投资——溢折价"科目。

处置长期债券投资,应当按照实际收到的价款或收回的金额,借记"银行存款"或"库存现金"科目,按照其账面余额,贷记"长期债券投资"科目,按照尚未领取的债券利息收入,贷记"应收利息"科目,按照其差额,贷记或借记"投资收益"科目。

(五)长期债券投资的账务处理

1.长期债券投资初始计量

长期债券投资应当按照购买价款和相关税费作为成本进行计量。实际支付价款中包含的已到付息期但尚未领取的债券利息,应当单独确认为应收利息,不计入长期债券投资的成本。

【例5-8】甲小企业20×2年7月1日用银行存款购入A公司同日发行的一次还本付息的为期三年的债券100张,每张面值为1 000元,票面利率为10%,市场利率为10%,支付金额100 000元。这笔业务的会计处理如下:

借:长期债券投资——面值　　100 000

　　贷:银行存款　　100 000

【例5-9】甲小企业20×2年1月1日用银行存款购入A公司20×1年1月1日发行的一次还本每年付息的为期三年的债券100张,每张面值为1 000元,票面利率为10%,支付买价110 000元(价款中含已到期未支付的利息10 000元),另以银行存款支付相关税费500元。这笔业务的会计处理如下:

借:长期债券投资——面值　　100 000

　　应收利息　　10 000

　　长期债券投资——溢折价　　500

贷:银行存款　　　　　　　　　　　　　　　　　　110 500

【例 5-10】甲小企业 20×2 年 1 月 1 日用银行存款购入 A 公司 20×1 年 1 月 1 日发行的一次还本付息的为期三年的债券 100 张,每张面值为 1 000 元,票面利率为 10%,支付金额 99 000 元,另以银行存款支付相关税费 400 元。这笔业务的会计处理如下:

借:长期债券投资——面值　　　　　　　　　　　　100 000

　贷:银行存款　　　　　　　　　　　　　　　　　　99 400

　　长期债券投资——溢折价　　　　　　　　　　　　　600

2. 长期债券投资后续计量

【例 5-11】续【例 5-8】,甲小企业后续会计处理如下:

20×2 年 12 月 31 日,计息时,

借:长期债券投资——应计利息　　　　　　　　　　5 000

　贷:投资收益　　　　　　　　　　　　　　　　　　5 000

20×3 年 12 月 31 日,20×4 年 12 月 31 日,计息时,

借:长期债券投资——应计利息　　　　　　　　　　10 000

　贷:投资收益　　　　　　　　　　　　　　　　　　10 000

20×5 年 6 月 30 日,计息时,

借:长期债券投资——应计利息　　　　　　　　　　5 000

　贷:投资收益　　　　　　　　　　　　　　　　　　5 000

20×5 年 7 月 1 日,到期,

借:银行存款　　　　　　　　　　　　　　　　　　130 000

　贷:长期债券投资——应计利息　　　　　　　　　　30 000

　　长期债券投资——面值　　　　　　　　　　　　100 000

【例 5-12】续【例 5-9】,甲小企业后续会计处理如下:

20×2 年 1 月 5 日,收到 20×1 年债券利息,

借:银行存款　　　　　　　　　　　　　　　　　　10 000

　贷:应收利息　　　　　　　　　　　　　　　　　　10 000

20×2 年 12 月 31 日,20×3 年 12 月 31 日,

借:应收利息　　　　　　　　　　　　　　　　　　10 000

　贷:长期债券投资——溢折价　　　　　　　　　　　　250

　　投资收益　　　　　　　　　　　　　　　　　　　9 750

债券的折价或者溢价在债券存续期间内于确认相关债券利息收入时采用直线法进行摊销。分期付息、一次还本的长期债券投资,在债务人应付利息日按照票面利率计算的应收未收利息收入应当确认为应收利息,不增加长期债券投资的账面余额。在持有期间发生的应收利息应当确认为投资收益。

收到 20×2 年、20×3 年债券利息,

借:银行存款　　　　　　　　　　　　　　　　　　10 000

　贷:应收利息　　　　　　　　　　　　　　　　　　10 000

20×4 年 1 月 1 日,债券到期

借:银行存款　　100 000

　贷:长期债券投资——面值　　100 000

【例 5-13】续【例 5-10】,甲小企业后续会计处理如下:

20×2 年 12 月 31 日,20×3 年 12 月 31 日

借:长期债券投资——应计利息　　10 000

　长期债券投资——溢折价　　300

　贷:投资收益　　10 300

一次还本付息的长期债券投资,在债务人应付利息日按照票面利率计算的应收未收利息收入应当增加长期债券投资的账面余额。

20×4 年 1 月 1 日

借:银行存款　　130 000

　贷:长期债券投资——面值　　100 000

　　长期债券投资——应计利息　　20 000

　　投资收益　　10 000

长期债券投资到期,小企业收回长期债券投资,应当冲减其账面余额。

3. 长期债券投资发生损失

《小企业会计准则》规定,小企业长期债券投资符合下列条件之一的,减除可收回的金额后确认的无法收回的长期债券投资,作为长期债券投资损失:

①债务人依法宣告破产、关闭,解散、被撤销,或者被依法注销、吊销营业执照,其清算财产不足清偿的。

②债务人死亡或者依法被宣告失踪、死亡,其财产或者遗产不足清偿的。

③债务人逾期 3 年以上未清偿,且有确凿证据证明已无力清偿债务的。

④与债务人达成债务重组协议或法院批准破产重整计划后,无法追偿的。

⑤因自然灾害、战争等不可抗力导致无法收回的。

⑥国务院财政、税务主管部门规定的其他条件。

长期债券投资损失应当于实际发生时计入营业外支出,同时冲减长期债券投资账面余额。按照《小企业会计准则》规定确认实际发生的长期债券投资损失,应当按照可收回的金额,借记“银行存款”等科目,按照其账面余额,贷记“长期债券投资”科目(面值、溢折价),按照其差额,借记“营业外支出”科目。

【例 5-14】续【例 5-13】,若 20×3 年 1 月 3 日接 A 公司通知,A 公司因遭受重大自然灾害,所发行的企业债券无力全部偿还,经双方协商后,由 A 公司支付 20 000 元抵付全部债券本息。款项已收存银行。则甲小企业会计处理为:

借:银行存款　　20 000

　长期债券投资——溢折价　　300

　营业外支出　　89 700

　贷:长期债券投资——面值　　100 000

长期债券投资——应计利息　　　　10 000

二、长期股权投资

(一)长期股权投资的概念

长期股权投资是指小企业准备长期持有的权益性投资。长期股权投资的性质为权益性投资,在被投资单位享有股份或按出资比例享有所有者权益份额,可以投资者身份从被投资单位获取净利润的分配,通常没有到期日,因而显著地不同于债券投资。

长期股权投资的确认应具备三个条件:

①投资企业准备长期持有。长期股权投资的目的是长期持有被投资单位的股份,以获取经济利益。

②投资企业与被投资单位形成了所有权关系。这是股权投资与债权投资的最大区别。

③长期股权投资最终以获取经济利益为目的,但要承担相应的投资风险。长期股权投资的经济利益可以通过分得利润或股利获取,也可以通过改善贸易关系间接获取。但是,当被投资单位出现经营业绩不佳,甚至破产清算时,投资企业也要承担相应的投资损失。

长期股权投资的取得方式有两种:

①以现金购买上市公司股票,并准备长期持有;

②以现金、材料、固定资产和无形资产等投入其他企业,被投资单位向投资企业出具股权证书,确认其股东权益。

(二)长期股权投资的分类

1. 按照投资对象划分

长期股权投资按投资对象划分,可以分为股票投资和其他股权投资。

股票投资是企业通过购买上市公司的股票实现的。其他股权投资是通过以现金、材料,固定资产和无形资产等投入其他企业,被投资单位向投资企业出具股权证书实现的。

2. 按照对被投资单位产生的影响划分

长期股权投资按照对被投资单位产生的影响可以划分为以下四类:

(1)控制型股权投资

控制是指有权决定一个企业的财务和经营政策,并能据以从该企业的经营活动中获取利益。具体而言,以下各种情形均属于控制型的股权投资。

①投资企业直接拥有被投资单位50%以上的表决权资本。

②投资企业虽然直接享有被投资单位50%以下的表决权资本,但对被投资单位具有实质控制权。

投资企业对被投资单位是否具有实质控制权,可以通过以下一项或若干项情况判定:

第一,通过与其他投资者的协议,投资企业拥有被投资单位50%以上表决权资本的控制权。

例如,A 公司拥有 B 公司 30% 表决权资本,C 公司拥有 B 公司 40% 的表决权资本,D 公司拥有 B 公司 30% 的表决权资本。A 公司与 C 公司达成协议,C 公司在 B 公司的权益由 A 公司代表,这样 A 公司能够控制的有表决权资本的比例达到了 70%,表明 A 公司实际上控制 B 公司。

第二,根据章程或协议,投资企业有权控制被投资单位的财务和经营政策。

例如,A 公司拥有 B 公司 45% 的表决权资本,同时,根据协议,B 公司的董事长和总经理由 A 公司派出,总经理有权负责 B 公司的经营管理。在这种情况下,A 公司虽然只拥有 B 公司 45% 的表决权资本,但由于 B 公司的董事长和总经理均由 A 公司派出,A 公司可以通过派出的董事长和总经理对 B 公司进行经营管理,达到对 B 公司的财务和经营政策续施控制的权利,则表明 A 公司实质上控制 B 公司。

第三,有权任免被投资单位董事会等类似权力机构的多数成员。

这种情况是指,虽然投资企业拥有被投资单位 50% 或以下表决权资本,但根据章程、协议等,有权任免董事会的董事,从而达到了实质上的控制目的。

第四,在董事会或类似权力机构会议上有半数以上投票权。

这种情况是指,虽然投资企业拥有被投资单位 50% 或以下表决权资本,但能够控制被投资单位董事会等类似权力机构的会议,从而能够控制其财务和经营政策,使其达到实质上的控制。

(2)共同控制型股权投资

所谓共同控制,是指按合同约定对某项经济活动所具有的控制。共同控制仅指共同控制实体,不包括共同控制经营、共同控制财产等。共同控制实体,是指由两个或多个企业共同投资建立的实体,该被投资单位的财务和经营政策必须由投资双方或若干方共同决定。

(3)重大影响型股权投资

所谓重大影响,是指对一个企业的财务和经营政策有参与决策的权利,但并不决定这些政策。当投资企业直接拥有被投资单位 20% 或以上至 50% 的表决权资本时,一般认为对被投资单位具有重大影响。

第一,在被投资单位的董事会或类似权力机构中派有代表。

在这种情况下,由于在被投资单位的董事会或类似权力机构中派有代表,并享有相应的实质性的参与决策权,投资企业可以通过所派代表参与被投资单位政策的制定,从而能够对该单位施加重大影响。

第二,参与被投资单位的政策制定过程。

在这种情况下,由于可以参与被投资单位的政策制定过程,在制定政策过程中可以为维护其自身利益提出建议和意见,由此可以对该单位施加重大影响。

第三,向被投资单位派出管理人员。

在这种情况下,通过投资企业对被投资单位派出管理人员,管理人员有权并负责被投资单位的财务和经营活动,从而能够对被投资单位施加重大影响。

第四,依赖投资企业的技术资料。

在这种情况下,由于被投资单位的生产经营需要依赖投资方的技术资料,从而表明投资企业对被投资单位具有重大影响。

第五,其他能足以证明投资企业对被投资单位具有重大影响的情形。

(4)其他类型的股权投资

所谓其他类型的股权投资,是指无控制、无共同控制且无重大影响的股权投资。具体而言,下列情况均属其他类型的股权投资。

第一,投资企业直接拥有被投资单位20%以下的表决权资本,同时不存在其他实施重大影响的途径。例如,A企业拥有B企业10%的表决权资本,同时也无其他实施重大影响的途径,则表明A企业对B企业无控制、无共同控制且无重大影响。

第二,投资企业虽然直接拥有被投资单位20%以上的表决权资本,但实质上对被投资单位不具有控制、共同控制和重大影响。例如,B企业由A企业和C企业共同投资建立,A企业拥有B企业25%表决权资本,C企业拥有B企业75%表决权资本。假如A企业除了拥有B企业25%表决权资本以外,无其他实施重大影响的途径。在这种情况下,表明C企业控制B企业,A企业对B企业不具有实施重大影响的能力。又如,A企业拥有B企业50%的表决权资本,但B企业已宣告破产,正处于破产清算过程中,则B企业主要是由清算小组加以控制,A企业对B企业的控制能力受到明显的限制,表明A企业对B企业不再具有控制能力。

(三)科目设置

长期投资应设置“长期股权投资”“应收股利”和“投资收益”等科目。

1.“长期股权投资”科目

“长期股权投资”科目核算小企业准备长期持有的权益性投资。“长期股权投资”科目应按照被投资单位进行明细核算。

“长期股权投资”科目期末借方余额,反映小企业持有的长期股权投资的成本。

2.“应收股利”科目

小企业购入股票,如果实际支付的购买价款中包含已宣告但尚未发放的现金股利,应当按照实际支付的购买价款和相关税费扣除已宣告但尚未发放的现金股利后的金额,借记“长期股权投资”科目,按照应收的现金股利,借记“应收股利”科目,按照实际支付的购买价款和相关税费,贷记“银行存款”科目。

在长期股权投资持有期间,被投资单位宣告分派现金股利或利润,应当按照本企业应享有的金额,借记“应收股利”科目,贷记“投资收益”科目。

3.“投资收益”科目

小企业应当按照被投资单位宣告分派的现金股利中属于本企业的部分,借记“应收股利”科目,贷记“投资收益”科目。

处置长期股权投资时应当按照实际收到的价款或收回的金额,借记“银行存款”或“库存现金”科目,按照其账面余额,贷记“长期股权投资”科目,按照尚未领取的现金股利,贷记“应收股利”科目,按照其差额,贷记或借记“投资收益”科目。

(四)长期股权投资的账务处理

①小企业以支付现金取得的长期股权投资,应当按照购买价款和相关税费作为成本进行计量。

以支付现金取得的长期股权投资,如果实际支付的购买价款中包含已宣告但尚未发放的现金股利,应当按照实际支付的购买价款和相关税费扣除已宣告但尚未发放的现金股利后的金额,借记“长期股权投资”科目,按照应收的现金股利,借记“应收股利”科目,按照实际支付的购买价款和相关税费,贷记“银行存款”科目。

【例 5-15】20×2 年 1 月 3 日,甲小企业用银行存款购买 A 股份有限公司普通股股票 20 000 股,每股市价 23 元,另付税费 1 500 元。该甲小企业此笔业务的会计处理如下:

投资成本=460 000+1 500=461 500(元)

借:长期股权投资——A 公司　　461 500

　贷:银行存款　　461 500

【例 5-16】20×2 年 4 月 20 日,甲小企业用银行存款购买 B 股份有限公司普通股股票 2 000 股,每股市价 30 元,其中包含已宣告但尚未发放的现金股利,每股 3 元,另付税费 420 元。此笔业务的会计处理如下:

投资成本=30×2 000+420−3×2 000=54 420(元)

借:长期股权投资——B 公司　　54 420

　应收股利　　6 000

　贷:银行存款　　60 420

10 日后收到 B 公司发放的现金股利 6 000 元,已存入银行。此笔业务的会计分录如下:

借:银行存款　　6 000

　贷:应收股利　　6 000

②通过非货币性资产交换取得的长期股权投资,应当按照非货币性资产的评估价值与相关税费之和,借记“长期股权投资”科目,按照换出非货币性资产的账面价值,贷记“固定资产清理”“无形资产”等科目,按照支付的相关税费,贷记“应交税费”等科目,按照其差额,贷记“营业外收入”或借记“营业外支出”等科目。

【例 5-17】20×2 年 6 月 9 日,甲小企业以固定资产交换乙公司拥有的 A 企业的长期股权投资。在交换日,乙公司拥有的 A 企业的长期股权投资的评估价值(市场价格)为 50 000 元;甲小企业固定资产的账面原价为 100 000 元,累计折旧金额为 40 000 元,评估价值(市场价格)为 50 000 元,甲小企业将换入的对 A 企业的投资仍作为长期股权投资。假设发生交换过程相关税费 900 元,以银行存款支付。

借:固定资产清理　　60 000

　累计折旧　　40 000

　　贷:固定资产　　100 000

借:长期股权投资——A 企业　　50 900

　营业外支出　　10 000

贷:固定资产清理　　　　　　　　　　　　60 000

银行存款　　　　　　　　　　　　　　900

③在长期股权投资持有期间,被投资单位宣告分派的现金股利或利润,应当按照应分得的金额,借记"应收股利"科目,贷记"投资收益"科目。

【例 5-18】20×1 年 4 月 20 日,甲小企业用银行存款购买的 B 股份有限公司普通股股票 2 000 股,20×2 年 3 月 20 日,B 公司宣告分派 20×1 年度的现金股利,每股 1 元。甲小企业的有关会计处理如下:

借:应收股利　　　　　　　　　　　　2 000

贷:投资收益　　　　　　　　　　　　2 000

④处置长期股权投资。

小企业持有的长期股权投资可能因企业经营或投资策略的变化而转让。处置长期股权投资时处置价款扣除其成本、相关税费后的净额,应当计入投资收益。按照处置价款,借记"银行存款"等科目,按照其成本,贷记"长期股权投资"科目,按照应收未收的现金股利或利润,贷记"应收股利"科目,按照其差额,贷记或借记"投资收益"科目。

【例 5-19】20×2 年 10 月 20 日,甲小企业持有 B 公司股票 2 000 股,因经营需要,准备出售。出售价格为每股 32 元,支付相关费用 500 元。收回股款存入银行。该项投资成本为 54 420 元。

出售股票净收入=32×2 000-500=63 500(元)

借:银行存款　　　　　　　　　　　　63 500

贷:长期股权投资　　　　　　　　　　54 420

投资收益　　　　　　　　　　　　9 080

⑤根据小企业会计准则规定,小企业长期股权投资符合下列条件之一的,减除可收回的金额后确认的无法收回的长期股权投资,作为长期股权投资损失:

a. 被投资单位依法宣告破产、关闭、解散、被撤销,或者被依法注销、吊销营业执照的。

b. 被投资单位财务状况严重恶化,累计发生巨额亏损,已连续停止经营 3 年以上,且无重新恢复经营改组计划的。

c. 对被投资单位不具有控制权,投资期限届满或者投资期限已超过 10 年,且被投资单位因连续 3 年经营亏损导致资不抵债的。

d. 被投资单位财务状况严重恶化,累计发生巨额亏损,已完成清算或清算期超过 3 年以上的。

e. 国务院财政、税务主管部门规定的其他条件。

长期股权投资损失应当于实际发生时计入营业外支出,同时冲减长期股权投资账面余额。确认实际发生的长期股权投资损失,应当按照可收回的金额,借记"银行存款"等科目,按照其账面余额,贷记"长期股权投资"科目,按照其差额,借记"营业外支出"科目。

【例 5-20】20×2 年 1 月 20 日,甲小企业持有 B 公司股票 2 000 股,该项投资成本为 54 420 元。因 B 公司财务状况严重恶化,累计发生巨额亏损,已连续停止经营 3 年以上,没有重新恢复经营改组的计划。经协商，B公司同意支付5 000元给甲小企业撤回投资，撤资款项已存入银行。甲小企业的会计处理如下：

借：银行存款　　　　　　　　　　　　5 000
　　营业外支出　　　　　　　　　　　49 420
　贷：长期股权投资　　　　　　　　　　　54 420

思考题

1. 小企业会计对外投资划分为短期投资与长期投资的标准是什么？
2. 小企业会计短期投资的种类有哪些？
3. 当付息方式不同时，小企业会计长期债券投资核算设置的科目有何不同？

练习题

一、单项选择题

1. 下列项目中，不应计入短期投资取得成本的是（　　）。

A. 支付的购买价格　　B. 支付的相关税金
C. 支付的手续费　　D. 支付价款中包含的应收股利

2. 在成本法下"长期股权投资"科目的余额表示的是（　　）。

A. 以市价反映的投资金额　　B. 以面值反映的投资金额
C. 在被投资企业净资产中拥有的份额　　D. 以成本反映的投资金额

3. 甲小企业出资500万元，取得了乙公司80%的控股权，假如购买的乙公司的净资产账面价值为700万元，公允价值为900万元，则甲小企业确认的长期股权投资成本为（　　）万元。

A. 500　　B. 560　　C. 720　　D. 400

二、多项选择题

1. 小企业在"长期债券投资"科目下，需要设置的明细科目有（　　）。

A. 面值　　B. 溢折价　　C. 应计利息　　D. 应收利息

2. 核算长期股权投资时，被投资单位宣告分派现金股利，小企业账务处理可能涉及的科目有（　　）。

A. 投资收益　　B. 利润分配　　C. 长期股权投资　　D. 应收股利

三、判断题

1. 小企业的长期股权投资核算中，当被投资企业发生盈亏时，小企业不做账务处理。
（　　）

2. 小企业短期股票投资持有期间，被投资单位宣告发放的现金股利，小企业应当在实际收到时计入投资收益。（　　）

3. 小企业溢价购入债券是由于今后少收利息事先得到的补偿。（　　）

4. 小企业的对外投资核算不采用公允价值计量。（　　）

四、业务题

1. 某小企业发生有关长期股权投资的经济业务如下：

(1)20×3 年 2 月 1 日，购入 D 股份公司股票 10 万股，每股成交价 5 元，支付印花税、手续费 2 000 元，占 D 股份公司有表决权资本的 10%，准备长期持有。款项均以银行存款支付。

(2)D 公司 20×4 年 3 月 5 日，宣告发放 20×3 年度的现金股利，每股 0.20 元。

(3)20×4 年 5 月 28 日，企业收到现金股利，存入银行。

(4)20×4 年 6 月 28 日，企业转让 D 公司股票 5 万股，实得价款 26 万元。存入银行。

要求：根据以上经济业务，编制会计分录。

2. 甲小企业 22×2 年 7 月 1 日用银行存款购入 A 公司同日发行的一次还本付息的为期三年的债券 100 张，每张面值为 2 000 元，票面利率为 10%，市场利率为 10%，支付金额 100 000 元。

要求：根据以上经济业务，编制会计分录。

3. 甲小企业 22×2 年 1 月 1 日用银行存款购入 A 公司同日发行的每年付息，到期还本的为期三年的债券 100 张，每张面值为 2 000 元，票面利率为 10%，市场利率为 10%，支付金额 100 000 元。债券利息于次年 1 月 5 日发放。

要求：根据以上经济业务，编制会计分录。

第六章　固定资产

学习目标

通过本章学习,了解固定资产的含义及特征;固定资产核算应设置的科目;掌握固定资产取得,持有及处置的账务处理;掌握固定资产清查的账务处理;掌握生产性生物资产的相关概念及核算。

第一节　固定资产概述

一、固定资产的定义

固定资产,是指小企业为生产产品、提供劳务、出租或经营管理而持有的,使用寿命超过一年的有形资产。小企业的固定资产包括房屋、建筑物、机器、机械、运输工具、设备、器具、工具等。

二、固定资产的特征

首先,企业持有固定资产的目的是用于生产商品、提供劳务、出租或经营管理,而不是直接用于出售。出租是指以经营租赁方式出租的机器设备等。

其次,固定资产的使用寿命超过一个会计年度。该特征使固定资产明显区别于流动资产。使用寿命超过一个会计年度,意味着固定资产属于长期资产。通常情况下,固定资产的使用寿命是指使用固定资产的预计使用期间,某些机器设备或运输设备等固定资产的使用寿命,也可以以该固定资产所能生产产品或提供劳务的数量来表示,如发电设备可按其预计发电量估计使用寿命。

最后,固定资产必须是有形资产。该特征将固定资产与无形资产区别开来。有些无形资产可能具备固定资产的某些特征,如无形资产是为生产商品、提供劳务而持有,使用寿命超过一个会计年度,但由于其没有实物形态,不属于固定资产。

三、固定资产的确认条件

一项资产如要作为固定资产加以确认,首先需要符合固定资产的定义,其次还要符合固定资产的确认条件,即与该固定资产有关的经济利益很可能流入企业,同时,该固定资产的成本能够可靠地计量。

(一)与该固定资产有关的经济利益很可能流入企业

企业在确认固定资产时,需要判断与该项固定资产有关的经济利益是否很可能流入企业。实务中,主要是通过判断与该固定资产所有权相关的风险和报酬是否转移到了企业来确定。

(二)该固定资产的成本能够可靠地计量

成本能够可靠地计量是资产确认的一项基本条件。要确认固定资产,企业取得该固定资产所发生的支出必须能够可靠地计量。企业在确定固定资产成本时,有时需要根据所获得的最新资料,对固定资产的成本进行合理的估计。如果企业能够合理地估计出固定资产的成本,则视同固定资产的成本能够可靠地计量。

四、固定资产确认条件的具体运用

企业由于安全或环保的要求购入设备等,虽然不能直接给企业带来未来经济利益,但有助于企业从其他相关资产的使用中获得未来经济利益或者获得更多的未来经济利益,也应确认为固定资产。如为净化环境或者满足国家有关排污标准的需要购置的环保设备,这些设备的使用虽然不会为企业带来直接的经济利益,但有助于企业提高对废水、废气、废渣的处理能力,有利于净化环境,企业为此将减少未来由于污染环境而需支付的环境治理费或者罚款,应将这些设备确认为固定资产。

固定资产的各组成部分,如果具有不同使用寿命或者以不同方式为企业提供经济利益,表明这些组成部分实际上是以独立的方式为企业提供经济利益,企业应当将各组成部分确认为单项固定资产。

对于工业企业所持有的工具、用具、备品备件、维修设备等资产,施工企业所持有的模板、挡板、架料等周转材料,以及地质勘探企业所持有的管材等资产,尽管该类资产具有固定资产的某些特征,如使用期限超过一年,也能够带来经济利益,但由于数量多、单价低,考虑到成本效益原则,在实务中通常确认为存货。但符合固定资产定义和确认条件的,应当确认为固定资产。

五、科目设置

为了核算小企业固定资产的初始计量、后续计量、处置等业务,企业应当设置"固定资产""累计折旧""在建工程""工程物资""固定资产清理""生产性生物资产""生产性生物资产累计折旧"等科目。

(一)"固定资产"科目

小企业应当根据《小企业会计准则》规定的固定资产标准,结合本企业的具体情况,制定固定资产目录,作为核算依据。小企业购置计算机硬件所附带的、未单独计价的软件,也应作为固定资产核算。小企业临时租入的固定资产和以经营租赁租入的固定资产,应另设备查簿进行登记,不在“固定资产”科目核算。

“固定资产”科目核算小企业固定资产的原价(成本)。“固定资产”科目应按照固定资产类别和项目进行明细核算。根据实际情况设置“固定资产登记簿”和“固定资产卡片”。

小企业购入(含以分期付款方式购入)不需要安装的固定资产,应当按照实际支付的购买价款、相关税费(不包括按照税法规定可抵扣的增值税进项税额)、运输费、装卸费、保险费等,借记“固定资产”,按照税法规定可抵扣的增值税进项税额,借记“应交税费——应交增值税(进项税额)”科目,贷记“银行存款”“长期应付款”等科目。购入需要安装的固定资产,先记入“在建工程”科目,安装完成后再转入“固定资产”科目。

自行建造固定资产完成竣工决算,按照竣工决算前发生相关支出,先记入“在建工程”科目,竣工决算完成后再转入“固定资产”科目。

取得投资者投入的固定资产,应当按照评估价值和相关税费,借记“固定资产”科目或“在建工程”科目,贷记“实收资本”“资本公积”科目。

融资租入的固定资产,在租赁期开始日,按照租赁合同约定的付款总额和在签订租赁合同过程中发生的相关税费等,借记“固定资产”科目或“在建工程”科目,贷记“长期应付款”等科目。

盘盈的固定资产,按照同类或类似固定资产的市场价格或评估价值扣除按照新旧程度估计的折旧后的余额,借记“固定资产”科目,贷记“待处理财产损溢——待处理非流动资产损溢”科目。

在固定资产使用过程中发生的修理费,应当按照固定资产的受益对象,借记“制造费用”“管理费用”等科目,贷记“银行存款”等科目。

固定资产的大修理支出,借记“长期待摊费用”科目,贷记“银行存款”等科目。

对固定资产进行改扩建时,应当按照该项固定资产账面价值,借记“在建工程”科目,按照其已计提的累计折旧,借记“累计折旧”科目,按照其原价,贷记“固定资产”科目。

因出售、报废、毁损、对外投资等原因处置固定资产,应当按照该项固定资产账面价值,借记“固定资产清理”科目,按照其已计提的累计折旧,借记“累计折旧”科目,按照其原价,贷记“固定资产”科目。

盘亏的固定资产,按照该项固定资产的账面价值,借记“待处理财产损溢——待处理非流动资产损溢”科目,按照已计提的折旧,借记“累计折旧”科目,按照其原价,贷记“固定资产”科目。

“固定资产”科目期末借方余额,反映小企业固定资产的原价(成本)。

(二)“累计折旧”科目

“累计折旧”科目核算小企业固定资产的累计折旧,可以进行总分类核算,也可以进行明细核算。需要查明某项固定资产的已计提折旧,可以根据“固定资产卡片”上所记载的该项固定资产原价、折旧率和实际使用年数等资料进行计算。

小企业按月计提固定资产的折旧费,应当按照固定资产的受益对象,借记“制造费用”“管理费用”等科目,贷记“累计折旧”科目。

因出售、报废、毁损、对外投资等原因处置固定资产,应当按照该项固定资产账面价值,借记"固定资产清理"科目,按照其已计提的累计折旧,借记"累计折旧"科目,按照其原价,贷记"固定资产"科目。

"累计折旧"科目期末贷方余额,反映小企业固定资产的累计折旧额。

(三)"在建工程"科目

"在建工程"科目核算小企业需要安装的固定资产、固定资产新建工程、改扩建等所发生的成本。小企业购入不需要安装的固定资产,在"固定资产"科目核算,不在"在建工程"科目核算。小企业已提足折旧的固定资产的改建支出和经营租入固定资产的改建支出,在"长期待摊费用"科目核算,不在"在建工程"科目核算。"在建工程"科目应按照在建工程项目进行明细核算。

小企业购入需要安装的固定资产,应当按照实际支付的购买价款、相关税费(不包括按照税法规定可抵扣的增值税进项税额)、运输费、装卸费、保险费、安装费等,借记"在建工程"科目,按照税法规定可抵扣的增值税进项税额,借记"应交税费——应交增值税(进项税额)"科目,贷记"银行存款"等科目。融资租入的固定资产,在租赁期开始日,按照租赁合同约定的付款总额和在签订租赁合同过程中发生的相关税费等,借记"在建工程"科目或"固定资产"科目,贷记"长期应付款"科目。

固定资产安装完成,借记"固定资产"科目,贷记"在建工程"科目。

自营工程领用工程物资,借记"在建工程"科目,贷记"工程物资"科目。

在建工程应负担的职工薪酬,借记"在建工程"科目,贷记"应付职工薪酬"科目。在建工程使用本企业的产品或商品,应当按照成本,借记"在建工程"科目,贷记"库存商品"科目。同时,按照税法规定应交纳的增值税额,借记"在建工程"科目,贷记"应交税费——应交增值税(销项税额)"科目。

在建工程在竣工决算前发生的借款利息,在应付利息日应当根据借款合同利率计算确定的利息费用,借记"在建工程"科目,贷记"应付利息"科目。办理竣工决算后发生的利息费用,在应付利息日,借记"财务费用"科目,贷记"应付利息"等科目。

在建工程在试运转过程中发生的支出,借记"在建工程"科目,贷记"银行存款"等科目;形成的产品或者副产品对外销售或转为库存商品的,借记"银行存款""库存商品"等科目,贷记"在建工程"科目。

自营工程办理竣工决算,借记"固定资产"科目,贷记"在建工程"科目。

出包工程,按照工程进度和合同规定结算的工程价款,借记"在建工程"科目,贷记"银行存款""预付账款"等科目。

工程完工收到承包单位提供的账单,借记"固定资产"科目,贷记"在建工程"科目。

对固定资产进行改扩建时,应当按照该项固定资产账面价值,借记"在建工程"科目,按照其已计提的累计折旧,借记"累计折旧"科目,按照其原价,贷记"固定资产"科目。

在改扩建过程中发生的相关支出,借记"在建工程"科目,贷记相关科目。改扩建完成办理竣工决算,借记"固定资产"科目,贷记"在建工程"科目。

"在建工程"科目期末借方余额,反映小企业尚未完工或虽已完工,但尚未办理竣工决算的工程成本。

(四)“工程物资”科目

“工程物资”科目核算小企业为在建工程准备的各种物资的成本。包括:工程用材料、尚未安装的设备以及为生产准备的工器具等。应按照“专用材料”“专用设备”“工具器具”等进行明细核算。

小企业购入为工程准备的物资,应当按照实际支付的购买价款和相关税费,借记“工程物资”科目,贷记“银行存款”等科目。

工程领用工程物资,借记“在建工程”科目,贷记“工程物资”科目。工程完工后将领出的剩余物资退库时做相反的会计分录。

工程完工后剩余的工程物资转作本企业存货的,借记“原材料”等科目,贷记“工程物资”科目。

“工程物资”科目期末借方余额,反映小企业为在建工程准备的各种物资的成本。

(五)“待处理财产损溢”账户

为了反映和监督企业在财产清查中查明的各种固定资产的盘盈、盘亏和毁损情况,小企业应当设置“待处理财产损溢”科目,核算小企业在清查财产过程中查明的固定资产盘盈、盘亏和毁损的价值。“待处理财产损溢”科目应设置待处理非流动资产损溢进行明细核算。

第二节　固定资产初始计量

一、固定资产初始计量原则

固定资产应当按照成本进行初始计量。固定资产的成本,是指企业购建某项固定资产竣工决算前所发生的一切合理、必要的支出。这些支出包括直接发生的价款、相关税费、运杂费、包装费和安装成本等,也包括间接发生的,如应承担的借款利息、外币借款折算差额以及应分摊的其他间接费用。

企业取得固定资产的方式一般包括购买、自行建造、投资者投入、融资租入和盘盈等,取得方式不同,初始计量的方法也各不相同。

1. 外购固定资产的成本

外购固定资产的成本包括购买价款、相关税费、运输费、装卸费、保险费、安装费等,但不含按照税法规定可以抵扣的增值税进项税额。以一笔款项购入多项没有单独标价的固定资产,应当按照各项固定资产或类似资产的市场价格或评估价值比例对总成本进行分配,分别确定各项固定资产的成本。

2. 自行建造固定资产的成本

自行建造固定资产的成本由建造该项资产在竣工决算前发生的支出(含相关的借款

费用)构成。

小企业在建工程在试运转过程中形成的产品、副产品或试车收入冲减在建工程成本。

3. 投资者投入固定资产的成本

应当按照评估价值和相关税费确定。

4. 融资租入的固定资产的成本

应当按照租赁合同约定的付款总额和在签订租赁合同过程中发生的相关税费等确定。

5. 盘盈固定资产的成本

应当按照同类或者类似固定资产的市场价格或评估价值,扣除按照该项固定资产新旧程度估计的折旧后的余额确定。

二、固定资产取得的账务处理

(一)外购固定资产

小企业外购固定资产的成本,包括购买价款、相关税费、运输费、装卸费、安装费和专业人员服务费等。

【例 6-1】20×2 年 5 月 20 日,甲小企业购入办公电脑一批,取得的增值税专用发票上注明的电脑价款为 300 000 元,增值税税额为 39 000 元。当日,电脑运抵甲小企业,款项已通过银行存款支付。甲小企业的账务处理如下:

借:固定资产——电脑　　300 000
　应交税费——应交增值税(进项税额)　　39 000
　贷:银行存款　　339 000

【例 6-2】20×2 年 2 月 27 日,甲小企业购入需安装的生产设备一台,取得的增值税专用发票上注明的设备价款为 500 000 元,增值税税额为 65 000 元。当日,设备运抵甲公司并开始安装。为安装设备,领用本公司原材料一批,价值 20 000 元,假设不考虑材料相关税,以银行存款支付安装费,取得的增值税专用发票上注明的安装费为 10 000 元,增值税税额为 900 元。20×2 年 3 月 31 日,该设备调试完毕,可以使用。甲小企业的账务处理如下:

2 月 27 日,购入设备。

借:在建工程——设备　　500 000
　应交税费——应交增值税(进项税额)　　65 000
　贷:银行存款　　565 000

领用本公司原材料,支付安装费等。

借:在建工程——设备　　30 000
　应交税费——应交增值税(进项税额)　　900
　贷:原材料　　20 000
　　银行存款　　10 900

3 月 31 日,该设备经调试完毕,投入使用。

借:固定资产　　530 000

　　贷:在建工程——设备　　530 000

在实际工作中,企业可能以一笔款项购入多项没有单独标价的固定资产。此时,应当按照各项固定资产的市场价格或评估价值比例对总成本进行分配,分别确定各项固定资产的成本。

【例6-3】20×2 年4 月21 日,甲小企业向乙公司一次购入3 套不同型号且具有不同生产能力的设备 A、B 和 C,取得的增值税专用发票上注明的设备总价款为 1 000 000 元,增值税税额为 130 000 元,全部以银行转账支付。假定 A、B 和 C 设备分别满足固定资产确认条件,其市场价值分别为 565 000 万元、226 000 万元和 339 000 万元。不考虑其他相关税费,甲小企业的账务处理如下:

①确定应计入固定资产成本的金额:1 000 000(元)

②确定 A 设备、B 设备和 C 设备的价值分配比例:

A 设备应分配的固定资产价值比例为:

56.5÷(56.5+22.6+33.9)×100% =50%

B 设备应分配的固定资产价值比例为:

22.6÷(56.5+22.6+33.9)×100% =20%

C 设备应分配的固定资产价值比例为:

33.9÷(56.5+22.6+33.9)×100% =30%

③确定 A 设备、B 设备和 C 设备各自的成本:

A 设备的成本=1 000 000×50% =500 000(元)

B 设备的成本=1 000 000×20% =200 000(元)

C 设备的成本=1 000 000×30% =300 000(元)

④会计分录:

借:固定资产——A 设备　　500 000

　　固定资产——B 设备　　200 000

　　固定资产——C 设备　　300 000

　　应交税费——应交增值税(进项税额)　　130 000

　　贷:银行存款　　1 130 000

(二)自行建造固定资产

自行建造的固定资产,其成本由建造该项资产竣工决算前所发生的必要支出构成,包括工程用物资成本、人工成本、交纳的相关税费、应予资本化的借款费用以及应分摊的间接费用等。企业为建造固定资产通过出让方式取得土地使用权而支付的土地出让金不计入在建工程成本,应确认为无形资产(土地使用权)。企业自行建造固定资产包括自营建造和出包建造两种方式。

1. 自营方式建造固定资产

企业以自营方式建造固定资产,是指小企业自行组织工程物资采购、自行组织施工人员从事工程施工完成固定资产建造，其成本应当按照实际发生的材料、人工、机械施工费等计量。企业为建造固定资产准备的各种物资，包括工程用材料、尚未安装的设备以及为生产准备的工器具等，通过“工程物资”科目进行核算。工程物资应当按照实际支付的买价、运输费、保险费等相关税费作为实际成本，并按照各种专项物资的种类进行明细核算。建造固定资产领用工程物资、原材料或库存商品，应按其实际成本转入所建工程成本。自营方式建造固定资产应负担的职工薪酬、辅助生产部门为之提供的水、电、修理、运输等劳务，以及其他必要支出等也应计入所建工程项目的成本。工程完工后，剩余的工程物资转为本企业存货的，按其实际成本或计划成本进行结转。盘盈、盘亏、报废、毁损的工程物资，减去残料价值以及保险公司、过失人等赔款后的差额，计入当期损益。

建造的固定资产已办理竣工结算的，应当自竣工结算之日起，根据工程实际成本转入固定资产，并按有关计提固定资产折旧的规定，计提固定资产折旧。

【例 6-4】甲小企业自行建造仓库一座，购入为工程准备的各种物资 20 000 元，支付的增值税额为 2 600 元，实际领用 50% 工程物资，剩余物资转作企业存货；另外还领用了企业生产用的原材料一批，实际成本为 3 000 元；支付工程人员工资 5 000 元，企业辅助生产车间为工程提供有关劳务支出 1 000 元，工程完工交付使用。甲小企业有关会计处理如下：

①购入为工程准备的物资：

借：工程物资　　20 000

　应交税费——应交增值税（进项税额）　　2 600

　贷：银行存款　　22 600

②工程领用物资：

借：在建工程——仓库　　10 000

　贷：工程物资　　10 000

③工程领用原材料：

借：在建工程——仓库　　3 000

　贷：原材料　　3 000

④支付工程人员工资：

借：在建工程——仓库　　5 000

　贷：应付职工薪酬　　5 000

⑤辅助生产车间为工程提供的劳务支出：

借：在建工程——仓库　　1 000

　贷：生产成本——辅助生产成本　　1 000

⑥工程完工交付使用：

借：固定资产——仓库　　19 000

　贷：在建工程——仓库　　19 000

⑦剩余工程物资转作企业存货：

借：原材料　　10 000

贷:工程物资　　　　　　　　　　　　　　10 000

【例 6-5】甲小企业自行建造安装生产设备一台,购入为工程准备的各种物资 200 000 元,支付的增值税额为 26 000 元,工程物资均投入设备建造;另外还领用了企业生产的 B 产品一批,实际成本为 30 000 元;支付工程人员工资 10 000 元,为建造设备借入 2 年期专门借款 200 000 元,到期一次归还本息,在建造期间该专门借款利息费用为 5 000 元,设备生产过程发生试生产支出 1 000 元,成功生产出合格产品 A,产品 A 取得出售收入 1 200 元(增值税 156 元),设备竣工结算交付车间使用。甲小企业有关会计处理如下:

①购入为工程准备的物资:

借:工程物资——生产设备　　　　　　　　200 000
　应交税费——应交增值税(进项税额)　　26 000
　贷:银行存款　　　　　　　　　　　　　226 000

②工程领用物资:

借:在建工程——生产设备　　　　　　　　200 000
　贷:工程物资　　　　　　　　　　　　　200 000

③工程领用 B 产品:

借:在建工程——生产设备　　　　　　　　30 000
　贷:库存商品——B 产品　　　　　　　　30 000

④支付工程人员工资:

借:在建工程——生产设备　　　　　　　　10 000
　贷:应付职工薪酬　　　　　　　　　　　10 000

⑤借入专门借款时:

借:银行存款　　　　　　　　　　　　　　200 000
　贷:长期借款　　　　　　　　　　　　　200 000

⑥建造期间发生专门借款利息费用:

借:在建工程——生产设备　　　　　　　　5 000
　贷:长期借款——应计利息　　　　　　　5 000

⑦发生试生产支出:

借:在建工程——生产设备　　　　　　　　1 000
　贷:银行存款　　　　　　　　　　　　　1 000

⑧试生产出合格产品 A:

借:库存商品——产品 A　　　　　　　　　1 000
　贷:在建工程——生产设备　　　　　　　1 000

⑨出售产品 A 取得收入:

借:银行存款　　　　　　　　　　　　　　1 356
　贷:在建工程——生产设备　　　　　　　1 200
　　应交税费——应交增值税(销项税额)　　156

⑩工程完工交付使用:

借:固定资产——生产设备　　　　243 800

　　贷:在建工程——生产设备　　　　243 800

2. 出包方式建造固定资产

采用出包方式建造固定资产,企业要与建造承包商签订建造合同。企业的新建、改建、扩建等建设项目,通常均采用出包方式。

企业以出包方式建造固定资产,其成本由建造该项固定资产竣工结算前所发生的必要支出构成,包括发生的建筑工程支出、安装工程支出等,包括为建造工程发生的管理费、可行性研究费、临时设施费、公证费、监理费、应负担的税金、符合资本化条件的借款费用、建设期间发生的工程物资盘亏、报废及毁损净损失,以及负荷联合试车费等。

以出包方式建造固定资产的具体支出,由建造承包商核算,“在建工程”科目实际成为企业与建造承包商的结算科目,企业将与建造承包商结算的工程价款作为工程成本,统一通过“在建工程”科目进行核算。

【例 6-6】甲小企业将建造 M 仓库一座,将该工程出包给丙企业,出包合同中工程总成本为 30 000 元;开工与竣工时各支付出包款 50%,工程完工交付使用时实际发生总成本 30 500 元。甲小企业有关会计处理如下:

开工时:

借:在建工程——M 仓库　　　　15 000

　　贷:银行存款　　　　15 000

竣工时:

借:在建工程——M 仓库　　　　15 500

　　贷:银行存款　　　　15 500

借:固定资产——M 仓库　　　　30 500

　　贷:在建工程——M 仓库　　　　30 500

(三)投资者投入的固定资产

取得投资者投入的固定资产,应当按照评估价值和相关税费,借记“固定资产”科目或“在建工程”科目,贷记“实收资本”“资本公积”科目。

【例 6-7】甲小企业收到乙企业投入的固定资产一台,乙企业记录的该固定资产的账面原值为 10 000 元,已提折旧 1 000 元;甲小企业接受投资时,聘请资产评估师对该固定资产进行评估,评估结果为,资产原值为 12 000 元,净值为 11 000 元。双方同意以评估净值确认投资额。

借:固定资产　　　　11 000

　　贷:实收资本——乙企业　　　　11 000

(四)融资租入的固定资产

融资租入的固定资产,在租赁期开始日,按照租赁合同约定的付款总额和在签订租赁合同过程中发生的相关税费等,借记“固定资产”科目或“在建工程”科目,贷记“长期应付款”等科目。

【例6-8】甲小企业以融资租赁方式租入一台生产设备，租赁期10年，租赁款于每年末支付，按租赁协议确定的租赁价款为1 000 000元。按租赁协议规定，该租赁过程中发生的运输费1 000元、途中保险费2 000元及安装调试费3 000元均以银行存款直接支付。租赁期满，甲小企业取得该生产设备的所有权。甲小企业会计处理如下：

①租赁开始时：

借：固定资产——融资租入固定资产　　1 006 000

　贷：长期应付款　　1 000 000

　　银行存款　　6 000

②每年末支付租金时：

借：长期应付款　　100 000

　贷：银行存款　　100 000

③每月末按平均年限法计提折旧时：

借：制造费用　　8 383.33

　贷：累计折旧　　8 383.33

④租赁期满：

借：固定资产　　1 006 000

　贷：固定资产——融资租入固定资产　　1 006 000

(五)盘盈的固定资产

盘盈的固定资产，应按照同类或类似固定资产的市场价格或评估价值扣除按照新旧程度估计的折旧后的余额，借记"固定资产"科目，贷记"待处理财产损溢——待处理非流动资产损溢"科目。

小企业固定资产盘盈的会计处理按以下两个步骤进行：

①发现盘盈时，按盘盈固定资产的同类或类似固定资产的市场价值减去按该项资产新旧程度估计的价值损耗后的余额，借记"固定资产"账户，贷记"待处理财产损溢——待处理非流动资产损溢"账户。

②按规定批准后，将盘盈净值从"待处理财产损溢——待处理非流动资损溢"账户转入"营业外收入"账户。

【例6-9】甲小企业在财产清查过程中盘盈一项固定资产，类似全新固定资产的市场价格为5 000元，应按照扣除该项固定资产新旧程度估计的折旧2 000元后的余额确定其入账价值。应进行账务处理如下：

借：固定资产　　3 000

　贷：待处理财产损溢——待处理非流动资产损溢　　3 000

借：待处理财产损溢——待处理非流动资产损溢　　3 000

　贷：营业外收入　　3 000

第三节　固定资产折旧

固定资产折旧,是指在固定资产使用寿命内,按照确定的方法对应计折旧额进行系统分摊。其中,应计折旧额是指应当计提折旧的固定资产的原值(成本)扣除其预计净残值后的金额;预计净残值是指假定固定资产预计使用寿命已满并处于使用寿命终了时的预期状态,企业目前从该项资产处置中获得的扣除预计处置费用后的金额。预计净残值预期能够在固定资产使用寿命终了后收回,计算折旧时应将其扣除。

企业应当根据固定资产的性质和使用情况,合理确定固定资产的使用寿命和预计净残值。固定资产的使用寿命、预计净残值一经确定,不得随意变更。

一、固定资产折旧范围

《小企业会计准则》规定,小企业应对所有的固定资产计提折旧;但已提足折旧仍继续使用的固定资产和单独计价入账的土地不得计提折旧。

已提足折旧,是指已经提足该项固定资产的应计折旧额。固定资产提足折旧后,不论能否继续使用,均不再计提折旧。提前报废的固定资产也不再补提折旧。

处于更新改造过程停止使用的固定资产,应将其账面价值转入在建工程,不再计提折旧。转为固定资产后再按照重新确定的使用寿命、预计净残值和折旧方法计提折旧。

二、固定资产折旧方法

小企业应当根据与固定资产有关的经济利益的预期消耗方式,合理选择折旧方法。固定资产折旧方法包括年限平均法、工作量法、双倍余额递减法和年数总和法等。小企业应当按照年限平均法(即直线法)计提折旧。小企业的固定资产由于技术进步等原因,确需加速折旧的,可以采用双倍余额递减法和年数总和法。

企业选用不同的固定资产折旧方法,将影响固定资产使用寿命期间内不同时期的折旧费用。小企业应当根据固定资产的性质和使用情况,并考虑税法的规定,合理确定固定资产的使用寿命和预计净残值。固定资产的折旧方法、使用寿命、预计净残值一经确定,不得随意变更。

(一)年限平均法

年限平均法,又称直线法,是指将固定资产的应计折旧额均衡地分摊到固定资产预计使用寿命内的一种方法。采用这种方法计算的每期折旧额相等。计算公式如下:

年折旧率=(1-预计净残值率)÷预计使用寿命(年)×100%

月折旧率=年折旧率÷12

月折旧额=固定资产原价×月折旧率

【例 6-10】20×2 年 12 月 20 日,甲小企业以银行存款 160 000 元外购一条生产线并立即投入使用,预计使用年限为 10 年,预计净残值为 4 000 元,采用年限平均法计提折旧。

年折旧率=(1-预计净残值率)÷预计使用寿命(年)×100%

=(1-0.4÷16)÷10×100% =9.75%

月折旧率=年折旧率÷12=9.75%÷12=0.812 5%

月折旧额=固定资产原价×月折旧率=160 000×0.812 5% =1 300(元)

(二)工作量法

工作量法是根据实际工作量计算每期应计提折旧额的一种方法。计算公式如下:

单位工作量折旧额=固定资产原价×(1-预计净残值率)÷预计总工作量

某项固定资产月折旧额=该项固定资产当月工作量×单位工作量折旧额

【例6-11】甲小企业有一辆卡车原价300 000元,预计总里程为500 000千米,预计净残值率为5%,本月行驶4 000千米,计算当月应计提的折旧额。

卡车单位工作量折旧额

=固定资产原价×(1-预计净残值率)÷预计总工作量

=300 000×(1-5%)÷500 000=0.57(元/千米)

卡车月折旧额

=该卡车当月工作量×单位工作量折旧额=4 000×0.57=2 280(元)

(三)双倍余额递减法

双倍余额递减法,是指在不考虑固定资产预计净残值的情况下,根据每期期初固定资产原值减去累计折旧后的金额和双倍的直线法折旧率计算固定资产折旧的一种方法。应用这种方法计算折旧额时,由于每年初固定资产净值没有扣除预计净残值,因此在计算固定资产折旧额时,应在其折旧年限到期前两年内,将固定资产净值扣除预计净残值后的余额平均摊销。计算公式如下:

年折旧率=2÷预计使用寿命(年)×100%

月折旧率=年折旧率÷12

月折旧额=(固定资产原价-累计折旧)×月折旧率

【例6-12】甲小企业一项固定资产的原值为300 000元,预计使用年限为5年,预计净残值为2 000元。按双倍余额递减法计算折旧,每年的折旧额计算如下:

年折旧率=2÷5×100% =40%

第一年应计提的折旧额=300 000×40% =120 000(元)

第二年应计提的折旧额=(300 000-120 000)×40% =72 000(元)

第三年应计提的折旧额=(300 000-120 000-72 000)×40% =43 200(元)

第四、第五年的折旧额=(300 000-120 000-72 000-43 200-2 000)÷2=31 400(元)

(四)年数总和法

年数总和法,又称年限合计法,是指将固定资产的原价减去预计净残值后的余额,乘以一个以固定资产尚可使用寿命为分子,以预计使用寿命逐年数字之和为分母的逐年递减的分数计算每年的折旧额。计算公式如下:

年折旧率=尚可使用寿命÷预计使用寿命的年数总和×100%

月折旧率=年折旧率÷12

月折旧额=(固定资产原价-预计净残值)×月折旧率

【例6-13】甲小企业一项固定资产的原价为200 000元,预计使用年限为4年,预计净残值为2 000元。按年数总和法计算折旧,每年的折旧额计算如下:

年折旧率=尚可使用寿命÷预计使用寿命的年数总和×100%

预计使用寿命的年数总和=1+2+3+4=10

第一年折旧率=4÷10×100%=40%

第二年折旧率=3÷10×100%=30%

第三年折旧率=2÷10×100%=20%

第四年折旧率=1÷10×100%=10%

第一年折旧额=(200 000-2 000)×40%=79 200(元)

第二年折旧额=(200 000-2 000)×30%=59 400(元)

第三年折旧额=(200 000-2 000)×20%=39 600(元)

第四年折旧额=(200 000-2 000)×10%=19 800(元)

小企业应当按月计提固定资产折旧,当月增加的固定资产,当月不计提折旧,从下月起计提折旧;当月减少的固定资产,当月仍计提折旧,从下月起不计提折旧。

【例6-14】20×0年6月20日,甲小企业一项固定资产的原价为200 000元,预计使用年限为4年,预计净残值为2 000元。按年数总和法计算折旧,每月的折旧额计算如下:

年折旧率=尚可使用寿命÷预计使用寿命的年数总和×100%

预计使用寿命的年数总和=1+2+3+4=10

第一年折旧率=4÷10×100%=40%

第二年折旧率=3÷10×100%=30%

第三年折旧率=2÷10×100%=20%

第四年折旧率=1÷10×100%=10%

20×0年7—12月,20×1年1—6月每月折旧额

=(200 000-2 000)×40%÷12=79 200÷12=6 600(元)

20×1年7—12月,20×2年1—6月每月折旧额

=(200 000-2 000)×30%÷12=59 400÷12=4 950(元)

20×2年7—12月,20×3年1—6月每月折旧额

=(200 000-2 000)×20%÷12=39 600÷12=3 300(元)

20×3年7—12月,20×4年1—6月每月折旧额

=(200 000-2 000)×10%÷12=19 800÷12=1 650(元)

20×0年折旧额=6 600×6=39 600(元)

20×1年折旧额=6 600×6+4 950×6=69 300(元)

20×2年折旧额=4 950×6+3 300×6=49 500(元)

20×3年折旧额=3 300×6+1 650×6=29 700(元)

20×4年折旧额=1 650×6=9 900(元)

三、固定资产折旧的账务处理

企业计提的固定资产的折旧费应当根据固定资产的受益对象计入相关资产成本或者当期损益。基本生产车间使用的固定资产,其计提的折旧应计入制造费用;管理部门使用的固定资产,计提的折旧应计入管理费用;销售部门使用的固定资产,计提的折旧应计入销售费用;未使用固定资产,其计提的折旧应计入管理费用等。

【例 6-15】20×2 年 6 月 30 日,甲小企业计提本月折旧费用 1 500 元,其中,生产部门折旧费用 1 000 元,管理部门折旧费用 200 元,销售部门折旧费用 230 元,自建工程负担折旧费用 70 元。甲小企业会计处理如下:

借:制造费用	1 000	
管理费用	200	
销售费用	230	
在建工程	70	
贷:累计折旧		1 500

四、固定资产使用寿命、预计净残值和折旧方法的复核

企业至少应当于每年年度终了,对固定资产的使用寿命、预计净残值和折旧方法进行复核。

在固定资产使用过程中,其所处的经济环境、技术环境以及其他环境有可能对固定资产使用寿命和预计净残值产生较大影响。如固定资产使用强度比正常情况大大加强,致使固定资产使用寿命大大缩短;替代该项固定资产的新产品的出现致使其实际使用寿命缩短,预计净残值减少等。此时,如果不对固定资产使用寿命和预计净残值进行调整,必然不能准确反映其实际情况,也不能真实反映其为企业提供经济利益的期间及每期实际的资产消耗。

企业至少应当于每年年度终了,对固定资产使用寿命和预计净残值进行复核。如有确凿证据表明固定资产使用寿命预计数与原先估计数有差异的,应当调整固定资产使用寿命;固定资产预计净残值预计数与原先估计数有差异的,应当调整预计净残值。

在固定资产使用过程中,与其有关的经济利益预期消耗方式也可能发生重大变化。在这种情况下,企业也应相应改变固定资产折旧方法。

固定资产使用寿命、预计净残值和折旧方法的改变按照会计估计变更的有关规定进行处理。需要特别注意的是,企业应当根据与固定资产有关的经济利益的预期消耗方式等实际情况合理确定固定资产折旧方法、预计净残值和使用寿命,除非有确凿证据表明经济利益的预期消耗方式发生了重大变化,或者取得了新的信息、积累了更多的经验,能够更准确地反映企业的财务状况和经营成果,否则不得随意变更。

第四节　固定资产的修理和改建

小企业的固定资产投入使用后,由于各个组成部分耐用程度不同或者使用条件不同,往往发生固定资产的局部损坏。为了保持固定资产的正常运转和使用,充分发挥其使用效能,需要对其进行必要的修理或改建。

一、固定资产的修理

固定资产的修理分为日常修理与大修理支出。

小企业会计准则下,生产车间发生的固定资产日常修理费用等后续支出,记入“制造费用”科目;行政管理部门等发生的固定资产日常修理费用等后续支出,记入“管理费用”科目。

小企业会计准则下,符合税法规定的大修理支出,通过“长期待摊费用”科目核算。

1. 日常修理支出

在固定资产使用过程中发生的日常修理费用,按照固定资产的受益对象,借记“制造费用”“管理费用”等账户,贷记“银行存款”等账户。

【例 6-16】20×2 年 9 月 25 日,甲小企业对现有的一台管理用设备进行日常修理,修理过程中发生的材料费为 2 000 元,应支付的维修人员工资为 200 元,甲小企业的会计处理如下:

借:管理费用　　2 200
　贷:原材料　　2 000
　　应付职工薪酬　　200

2. 大修理支出

在固定资产使用过程中发生的修理费,如果符合固定资产大修支出的条件,则计入资产成本(如长期待摊费用)。

固定资产的大修理支出,是指同时符合下列条件的支出:①修理支出达到取得固定资产时的计税基础 50% 以上;②修理后固定资产的使用寿命延长 2 年以上。

二、固定资产的改建支出

固定资产的改建支出,应当计入固定资产的成本,但已提足折旧的固定资产和经营租入的固定资产发生的改建支出应当计入“长期待摊费用”。

前款所称固定资产的改建支出,是指改变房屋或者建筑物结构、延长使用年限等发生的支出。固定资产发生改建支出时,小企业将该固定资产的原值、已计提的累计折旧转销,将固定资产的账面价值转入在建工程,并在此基础上重新确定固定资产价值。因已转入在建工程,因此停止计提折旧。在固定资产发生的后续支出完工并达到预定可使用状态时,再从在建工程转为固定资产,并按重新确定的固定资产原值、使用寿命、预计净残值和折旧方法计提折旧。

对固定资产进行改扩建时，按照该项固定资产账面价值，借记“在建工程”账户；按照其已计提的累计折旧，借记“累计折旧”账户；按照其原值，贷记“固定资产”账户。在改扩建过程中发生的相关支出，借记“在建工程”账户，贷记相关账户。改扩建完成办理竣工决算，借记“固定资产”账户，贷记“在建工程”账户。

固定资产改建扩建一般数额较大，受益期较长（超过一年），而且通常会延长固定资产的预计使用年限，或使产品的质量实质性提高，或使产品成本实质性降低。为此，固定资产的改良支出计入固定资产的账面价值，同时将被替换部分的账面价值扣除。

【例 6-17】甲小企业的一台设备，原值 400 000 元，已提折旧 50 000 元。20×2 年 1 月 1 日，对该设备的某一部件进行更换（账面价值为 120 000 元），经过 5 个月，20×2 年 6 月 1 日完成了该设备的改建工程，共发生支出 150 000 元。改建后的设备功能提高，生产能力大增，使用寿命延长了 5 年，假设改建过程中没有发生其他相关税费。

甲小企业的会计处理如下。

①20×2 年 1 月 1 日：

借：在建工程　　230 000
　　营业外支出　　120 000
　　累计折旧　　50 000
　　贷：固定资产　　400 000

②改建过程中发生的支出：

借：在建工程　　150 000
　　贷：银行存款　　150 000

③20×2 年 6 月 1 日，该设备达到预定使用状态：

设备改建后的原价＝23＋15＝38（万元）

借：固定资产　　380 000
　　贷：在建工程　　380 000

小企业对房屋、建筑物固定资产在未足额提取折旧前进行改扩建，如属于推倒重置的，那么该资产原值减除提取折旧后的净值，并入重置后的固定资产计税成本，并在该固定资产投入使用后的次月起，按照税法规定的折旧年限，一并计提折旧；如属于提升功能、增加面积的，那么该固定资产的改扩建支出，计入该固定资产计税基础，并从改扩建完工投入使用后的次月起，重新按税法规定的该固定资产折旧年限计提折旧，如该改扩建后的固定资产尚可使用的年限低于税法规定的最低年限，那么可以按尚可使用的年限计提折旧。

固定资产更新改造，一般分两种情况：改造自有未提足折旧的固定资产；改造经营租入固定资产和已提足折旧资产。前者的会计处理和固定资产改建扩建基本相同；后者发生的支出，计入长期待摊费用，合理进行摊销。

【例 6-18】20×2 年 4 月 1 日，小企业三通公司对其以经营租赁形式新租入的办公楼进行装修，发生以下有关支出：领用生产材料为 100 000 元，购进该批原材料时支付的增值税进项税额为13 000元;辅助生产车间为该装修工程提供的劳务支出为7 000元;有关人员工资等职工薪酬为120 000元。20×2年12月1日,该办公楼装修完工,达到预定可使用状态并交付使用,并按租赁期10年开始进行摊销,假定不考虑其他因素,三通公司的账务处理如下:

①装修领用原材料:

借:长期待摊费用　　113 000

　　贷:原材料　　100 000

　　　　应交税费——应交增值税(进项税额转出)　　13 000

②辅助生产车间为装修工程提供劳务时:

借:长期待摊费用　　7 000

　　贷:生产成本——辅助生产成本　　7 000

③确认工程人员职工薪酬时:

借:长期待摊费用　　120 000

　　贷:应付职工薪酬　　120 000

④20×2年摊销装修支出时:

借:管理费用　　2 000

　　贷:长期待摊费用　　2 000

第五节　固定资产的减少

固定资产减少是由于各种原因造成的,比如固定资产的处置、报废、盘亏、毁损等情况。

一、科目设置

"固定资产清理"科目核算小企业因出售、报废、毁损、对外投资等原因处置固定资产所转出的固定资产账面价值以及在清理过程中发生的费用等。应按照被清理的固定资产项目进行明细核算。

小企业因出售、报废、毁损、对外投资等原因处置固定资产,应当按照该项固定资产的账面价值,借记"固定资产清理"科目,按照其已计提的累计折旧,借记"累计折旧"科目,按照其原值,贷记"固定资产"科目。同时,按照税法规定不得从增值税销项税额中抵扣的进项税额,借记"固定资产清理"科目,贷记"应交税费——应交增值税(进项税额转出)"科目。

清理过程中应支付的相关税费及其他费用,借记"固定资产清理"科目,贷记"银行存款""应交税费"等科目。取得出售固定资产的价款、残料价值和变价收入等处置收入,借记"银行存款""原材料"等科目,贷记"固定资产清理"科目。应由保险公司或过失人赔偿的损失,借记"其他应收款"等科目,贷记"固定资产清理"科目。

固定资产清理完成后,如为借方余额,借记“营业外支出——非流动资产处置净损失”科目,贷记“固定资产清理”科目。如为贷方余额,借记“固定资产清理”科目,贷记“营业外收入——非流动资产处置净收益”科目。

“固定资产清理”科目期末借方余额,反映小企业尚未清理完毕的固定资产清理净损失;“固定资产清理”科目期末贷方余额,反映小企业尚未清理完毕的固定资产清理净收益。

小企业销售不动产,按销售额计算缴纳增值税。

固定资产清理的账务处理步骤如下:

①按清理固定资产的净值,借记“固定资产清理”账户;按已提的折旧,借记“累计折旧”账户;按固定资产原值,贷记“固定资产”账户。同时,按照税法规定不得从增值税销项税额中抵扣的进项税额,借记“固定资产清理”账户,贷记“应交税费——应交增值税(进项税额转出)”(或“应交税费——待抵扣进项税额”等)账户。

②实际发生的清理费用,借记“固定资产清理”账户,贷记“银行存款”等账户。

③按照计算的增值税销项税额,贷记“应交税费——应交增值税(销项税额)”(或“应交税费——待转销项税”“应交税费——简易计税”等)账户。

④出售收入和残料等按实际收到的出售价款及残料变价收入等,借记“银行存款”“原材料”等账户,贷记“固定资产清理”账户。计算或收到由保险公司或过失人赔偿的损失款,借记“银行存款”或“其他应收款”账户,贷记“固定资产清理”账户。

⑤固定资产清理后的净收益,借记“固定资产清理”账户,贷记“营业外收入”账户;发生的净损失,借记“营业外支出”账户,贷记“固定资产清理”账户。

二、固定资产减少的账务处理

(一)固定资产的出售

资产处置,是指小企业转移、变更和核销其占有、使用的资产部分或全部所有权、使用权,以及改变资产性质或用途的行为。小企业资产处置主要包括应收票据贴现、原材料投入生产、库存商品出售、包装物领用与出租、低值易耗品领用、无形资产出租,以及固定资产出售、报废和毁损等。固定资产处置是小企业资产处置的一个很重要的组成部分。处置固定资产应将处置收入扣除其账面价值、相关税费和清理费用后的净额,应当计入营业外收入或营业外支出。上述所提及的固定资产的账面价值,是指固定资产原值(成本)扣减累计折旧后的金额。

出售固定资产时,应注意以下几点:

①销售自己使用过的2009年1月1日以后购进或自制的固定资产,按照适用税率征收增值税。

②2008年12月31日前未纳入扩大增值税抵扣范围试点的纳税人,销售自己使用过的2008年12月31日以前购进或自制的固定资产,按照简易办法依照3%征收率减按2%征收增值税(从2014年7月1日开始执行)。

③2008年12月31日前已纳入扩大增值税抵扣范围试点的纳税人,销售自己使用过

的在本地区扩大增值税抵扣范围试点以前购进或自制的固定资产，按照简易办法依照3%征收率减按2%征收增值税（从2014年7月1日开始执行）；销售自己使用过的在本地区扩大增值税抵扣范围试点以后购进或自制的固定资产，按照适用税率征收增值税。

【例6-19】某小企业出售一座建筑物，原值200 000元，已使用6年，计提折100 000元，支付清理费用10 000元，出售价格为300 000元，适用的增值税税率为9%（不考虑城建税和教育费），会计处理如下：

①固定资产转入清理：

借：固定资产清理　　100 000
　　累计折旧　　100 000
　　贷：固定资产　　200 000

②支付清理费用：

借：固定资产清理　　10 000
　　贷：银行存款　　10 000

③收到价款时：

借：银行存款　　3 270 000
　　贷：固定资产清理　　3 000 000
　　　　应交税费——应交增值税（销项税额）　　270 000

④结转固定资产清理后的净损益：

借：固定资产清理　　2 890 000
　　贷：营业外收入　　2 890 000

【例6-20】某小企业出售一台使用过的设备，原价为20 000元（不含增值税），购入时间为20×1年2月，20×4年2月出售，售价为20 340元（含增值说）。假设该设备折旧年限为10年，采用直线法折旧，不考虑残值，适用的增值税税率为13%，某小企业的会计处理如下：

借：固定资产清理　　14 000
　　累计折旧　　6 000
　　贷：固定资产　　20 000

收到款项时：

借：银行存款　　20 340
　　贷：固定资产清理　　18 000
　　　　应交税费——应交增值税（销项税额）　　2 340

借：固定资产清理　　4 000
　　贷：营业外收入　　4 000

（二）固定资产的报废和毁损

在生产经营过程中，会出现固定资产报废和毁损等原因减少的固定资产。固定资产报废有两种情况：一种是使用期满报废；另一种是由于技术进步而发生的提前报废。在实际工作中，固定资产报废清理必须有严格的审批手续，由固定资产管理部门或使用部门按报废清理的对象填制清理凭证,说明固定资产的技术状况和清理原因,经审查鉴定并按批准程序批准后,组织清理工作。

小企业因报废和毁损等原因减少的固定资产,会计核算上一般分为以下几个步骤:

1. 固定资产转入清理

固定资产按其账面价值借记"固定资产清理""累计折旧"等科目。按固定资产账面原值贷记"固定资产"科目。

2. 发生的清理费用

固定资产在清理过程中发生的各项费用以及应交税费借记"固定资产清理"科目,贷记"银行存款""应交税费"等科目。

3. 出售收入、残料变价收入以及保险赔偿和过失赔偿等

应借记"银行存款""原材料"以及"其他应收款"等科目,贷记"固定资产清理"科目。

4. 清理净损益的处理

固定资产清理后的净损失,借记"营业外支出——非常损失"科目,贷记"固定资产清理"科目。

【例6-21】某小企业有一幢旧厂房,原值150 000元,已提折旧135 000元,因使用期满,经批准报废。在清理过程中,以银行存款支付清理费用12 700元,拆除的残料一部分作价15 000元,由仓库收作维修材料,另一部分变卖,取得收入6 800元存入银行,某小企业的会计处理如下:

①当固定资产转入清理时:

借:固定资产清理　　15 000
　　累计折旧　　135 000
　　贷:固定资产　　150 000

②支付清理费用时:

借:固定资产清理　　12 700
　　贷:银行存款　　12 700

③材料入库,并收到变价收入:

借:原材料　　15 000
　　银行存款　　6 800
　　贷:固定资产清理　　21 800

④结转固定资产清理后的净损益:

借:营业外支出——处理固定资产净损失　　5 900
　　贷:固定资产清理　　5 900

(三)固定资产的盘亏

小企业采用实地盘点的方法对固定资产进行清查,将固定资产明细账的记录情况和固定资产实物一一核对,包括明细账上所列固定资产的类别、名称、编号等,在清查中发现固定资产盘盈或毁损,要查明该项固定资产的原值、已提折旧额等;如发现固定资产盘盈,要对其估价,以确定盘盈固定资产的评估价值、估计折旧等,据以编制固定资产盘亏、

盘盈报告单。

盘亏固定资产发生的损失应当计入营业外支出。小企业固定资产盘亏的会计处理按以下两个步骤进行：

①发现盘亏时，按盘亏固定资产的净值，借记"待处理财产损溢待处理非流动资产损溢"账户；按已计提折旧额，借记"累计折旧"账户；按原值，贷记"固定资产"账户。

②按规定程序批准后，按盘亏固定资产的原值扣除累计折旧后的净值，借记"营业外支出"账户，如果收到过失人及保险公司赔偿款，则将净值扣除赔偿款后的差额借记"营业外支出"账户；按过失人及保险公司应赔偿款，借记"其他应收款"等账户；按盘亏固定资产的净值，贷记"待处理财产损溢——待处理非流动资 损溢"账户。

【例 6-22】某小企业在财产清查中盘亏设备一台，账面原值 10 000 元，已提折旧 8 000 元，经批准后转销。会计处理如下。

盘亏后，报上级批准处理：

借：待处理财产损溢——待处理非流动资产损溢　　2 000
　　累计折旧　　8 000
　　贷：固定资产　　10 000

批准转销：

借：营业外支出　　2 000
　　贷：待处理财产损溢——待处理非流动资产损溢　　2 000

第六节　生产性生物资产

生产性生物资产，是指小企业（农、林、牧、渔业）为生产农产品、提供劳务或出租等目的而持有的生物资产。其包括经济林、薪炭林、产畜和役畜等。

生产性生物资产分为成熟生产性生物资产与未成熟生产性生物资产。

成熟生产性生物资产是指那些进入正常生产期，可以多年连续收获产品或连续提供劳务（服务）的生产性生物资产。

对于正常生产期的确定，不同地区的农业企业，不同的生产性生物资产可能并不一致。农业企业可根据具体情况进行判断。例如海南橡胶园，同林段内，离地 100 厘米处，树围 50 厘米以上的芽接胶树，占林段总株数的 50% 以上时，该橡胶园就属于成熟生产性生物资产。

未成熟生产性生物资产是指那些已经明确将来要作为生产性生物资产使用，但是尚未进入正常生产期，还不能够多年连续生产产品或连续提供劳务（服务）的生产性生物资产。例如尚未开始挂果的果树、未开始产奶的奶牛等。

未成熟生产性生物资产将来的用途是已经确定的，这是将一项生物资产作为未成熟生产性生物资产进行管理的前提条件。如果一项生物资产的未来用途不确定，本办法规定企业只能将其作为消耗性生物资产进行管理和核算。

一、科目设置

为了核算小企业生产性生物资产的取得、后续计量、处置等业务，企业应当设置“生产性生物资产”“生产性生物资产累计折旧”等科目。

（一）“生产性生物资产”科目

“生产性生物资产”科目核算小企业（农、林、牧、渔业）持有的生产性生物资产的原价（成本）。应按照“未成熟生产性生物资产”和“成熟生产性生物资产”，分别生物资产的种类、群别等进行明细核算。

小企业外购的生产性生物资产，按照购买价款和相关税费，借记“生产性生物资产”科目，贷记“银行存款”等科目。涉及按照税法规定可抵扣的增值税进项税额的，还应当借记“应交税费——应交增值税（进项税额）”科目。

自行营造的林木类生产性生物资产，达到预定生产经营目的前发生的造林费、抚育费、营林设施费、良种试验费、调查设计费和应分摊的间接费用等必要支出，借记“生产性生物资产”科目（未成熟生产性生物资产），贷记“原材料”“银行存款”“应付利息”等科目。

自行繁殖的产畜和役畜，达到预定生产经营目的前发生的饲料费、人工费和应分摊的间接费用等必要支出，借记“生产性生物资产”科目（未成熟生产性生物资产），贷记“原材料”“银行存款”“应付利息”等科目。

未成熟生产性生物资产达到预定生产经营目的时，按照其账面余额，借记“生产性生物资产”科目（成熟生产性生物资产），贷记“生产性生物资产”科目（未成熟生产性生物资产）。

育肥畜转为产畜或役畜，应当按照其账面余额，借记“生产性生物资产”科目，贷记“消耗性生物资产”科目。

产畜或役畜淘汰转为育肥畜，应按照转群时其账面价值，借记“消耗性生物资产”科目，按照已计提的累计折旧，借记“生产性生物资产累计折旧”科目，按照其原价，贷记“生产性生物资产”科目。

择伐、间伐或抚育更新等生产性采伐而补植林木类生产性生物资产发生的后续支出，借记“生产性生物资产”科目（未成熟生产性生物资产），贷记“银行存款”等科目。

生产性生物资产发生的管护、饲养费用等后续支出，借记“管理费用”科目，贷记“银行存款”等科目。

因出售、报废、毁损、对外投资等原因处置生产性生物资产，应按照取得的出售生产性生物资产的价款、残料价值和变价收入等处置收入，借记“银行存款”等科目，按照已计提的累计折旧，借记“生产性生物资产累计折旧”科目，按照其原价，贷记“生产性生物资产”科目，按照其差额，借记“营业外支出——非流动资产处置净损失”科目或贷记“营业外收入——处置非流动资产处置净收益”科目。

“生产性生物资产”科目期末借方余额，反映小企业（农、林、牧、渔业）生产性生物资产的原价（成本）。

(二)“生产性生物资产累计折旧”科目

“生产性生物资产累计折旧”科目核算小企业(农、林、牧、渔业)成熟生产性生物资产的累计折旧。应按照生产性生物资产的种类、群别等进行明细核算。

小企业按月计提成熟生产性生物资产的折旧,借记“生产成本”“管理费用”等科目,贷记“生产性生物资产累计折旧”科目。

处置生产性生物资产还应同时结转生产性生物资产累计折旧。

“生产性生物资产累计折旧”科目期末贷方余额,反映小企业成熟生产性生物资产的累计折旧额。

二、生产性生物资产的账务处理

(一)生产性生物资产的初始计量

生产性生物资产应当按照成本进行计量。

1. 外购的生产性生物资产的成本,应当按照购买价款和相关税费确定

【例6-23】甲小企业是奶牛养殖企业20×1年3月购入10头成年奶牛,用银行存款支付买价、运杂费等共计100 000元。甲小企业应做如下会计分录:

借:生产性生物资产——奶牛　　100 000

　贷:银行存款　　100 000

2. 自行营造或繁殖的生产性生物资产的成本,应当按照下列规定确定

①自行营造的林木类生产性生物资产的成本包括:达到预定生产经营目的前发生的造林费、抚育费、营林设施费、良种试验费、调查设计费和应分摊的间接费用等必要支出。

【例6-24】甲小企业为苹果种植企业,20×2年3月开始种植5亩苹果树。种植过程发生种苗费4 000元,农药、化肥等费用4 200元,灌溉费用500元,人工费用8 000元,其他费用2 500元。甲小企业应做如下会计分录:

借:生产性生物资产——未成熟生产性生物资产(苹果园)　　19 200

　贷:原材料——苹果苗　　4 000

　　应付职工薪酬　　8 000

　　银行存款　　7 200

【例6-25】甲小企业为苹果种植企业,20×1年为未挂果的苹果园发生补植费500元,甲小企业应做如下会计分录:

借:生产性生物资产——未成熟生产性生物资产(苹果园)　　500

　贷:银行存款　　500

②自行繁殖的产畜和役畜的成本包括:达到预定生产经营目的前发生的饲料费、人工费和应分摊的间接费用等必要支出。达到预定生产经营目的,是指生产性生物资产进入正常生产期,可以多年连续稳定产出农产品、提供劳务或出租。

【例6-26】甲小企业是实行分群核算的养猪企业20×2年6月将10头4个月以上幼猪转为母猪。这些幼猪的账面余额为8 000元。甲小企业应做如下会计分录:

借:生产性生物资产——未成熟生产性生物资产(母猪)　　8 000
　贷:消耗性生物资产——4 个月以上幼猪　　8 000

(二)生产性生物资产的后续计量

1. 生产性生物资产应当按照年限平均法计提折旧

小企业(农、林、牧、渔业)应当根据生产性生物资产的性质和使用情况,并考虑税法的规定,合理确定生产性生物资产的使用寿命和预计净残值。生产性生物资产的折旧方法、使用寿命、预计净残值一经确定,不得随意变更。

小企业(农、林、牧、渔业)应当自生产性生物资产投入使用月份的下月起按月计提折旧;停止使用的生产性生物资产,应当自停止使用月份的下月起停止计提折旧。

【例 6-27】甲小企业为苹果种植企业,20×2 年 5 月,苹果树开始挂果。种植过程发生总成本 70 000 元。预计苹果园使用寿命为 30 年。甲小企业应做如下会计分录:

20×2 年 5 月

借:生产性生物资产——成熟生产性生物资产(苹果园)　　70 000
　贷:生产性生物资产——未成熟生产性生物资产(苹果园)　　70 000

20×2 年 6 月

每月折旧为 70 000÷30÷12≈194(元)

借:生产成本　　194
　贷:生产性生物资产累计折旧　　194

2. 生产性生物资产发生的管护、饲养费用等后续支出

【例 6-28】20×2 年 7 月,甲小企业为养殖 10 头未成熟母牛发生饲料费 1 200 元。

借:生产性生物资产——未成熟生产性生物资产(母牛)　　1 200
　贷:原材料　　1 200

【例 6-29】甲小企业为苹果种植企业,20×2 年 5 月,苹果树开始挂果。甲小企业次月发生果园管护费用 800 元,以银行存款支付。甲小企业应做如下会计分录:

借:管理费用　　800
　贷:银行存款　　800

(三)生产性生物资产处置

【例 6-30】甲小企业为苹果种植企业,20×2 年 10 月,已挂果苹果树由于意外灾害造成部分损失,账面原值 10 000 元,已提折旧 140 元。收到保险公司赔偿 8 000 元。甲小企业应作如下会计分录:

借:银行存款　　8 000
　营业外支出　　1 860
　生产性生物资产累计折旧　　140
　贷:生产性生物资产——成熟生产性生物资产(苹果园)　　10 000

思考题

1. 小企业外购固定资产的成本由哪些项目构成?
2. 小企业会计固定资产折旧应考虑哪些因素?
3. 生产性生物资产与消耗性生物资产有何不同,在资产负债表上如何列示?

练习题

一、单项选择题

1. 下列各项中应计提固定资产折旧的是(　　)。
   A. 当月增加的固定资产　　B. 已提足折旧继续使用的固定资产
   C. 以经营租赁方式租入的固定资产　　D. 以经营租赁方式租出的固定资产
2. 与年限平均法相比,采用年数总和法对固定资产计提折旧将使(　　)。
   A. 计提折旧的初期,企业利润减少,固定资产净值减少
   B. 计提折旧的初期,企业利润减少,固定资产原值减少
   C. 计提折旧的后期,企业利润减少,固定资产净值减少
   D. 计提折旧的后期,企业利润减少,固定资产原值减少
3. 小企业进行财产清查时盘亏设备一台,其账面原值 50 万元,已提取折旧 30 万元,则应记入“待处理财产损溢”科目的金额是(　　)万元。
   A. 20　　B. 50　　C. 30　　D. 0
4. 企业接受投资者投入的一项固定资产,应按(　　)作为入账价值。
   A. 公允价值　　B. 投资方的账面原值
   C. 按照评估价值和相关税费　　D. 投资方的账面净值

二、多项选择题

1. 计提固定资产折旧时,下列(　　)是加速折旧法。
   A. 年限平均法　　B. 工作量法　　C. 双倍余额递减法　　D. 年数总和法
2. 下列业务中通过“固定资产清理”科目核算的有(　　)。
   A. 出售固定资产　　B. 固定资产报废
   C. 固定资产毁损　　D. 固定资产对外投资
3. 盘盈的固定资产核算时会涉及的账户有(　　)。
   A. 固定资产　　B. 待处理财产损溢
   C. 营业外收入　　D. 以前年度损益调整

4. 第一年度提取折旧时，就需要考虑固定资产净残值的折旧方法有(　　)。

A. 年限平均法　　B. 工作量法　　C. 双倍余额递减法　D. 年数总和法

三、判断题

1. 以一笔款项购入多项没有单独标价的固定资产，应当按照各项固定资产或类似资产的市场价格或评估价值比例对总成本进行分配，分别确定各项固定资产的成本。(　　)

2. 工作量法计提折旧的特点是每期提取的折旧额相等。(　　)

3. 企业应当对所有固定资产计提折旧。(　　)

四、业务题

1. 甲小企业 20×1 年 6 月购入设备一台原价 50 万元，预计可 5 年，预计净残值 2 万元。

要求：采用双倍余额递减法计算各年的折旧额。

2. 甲小企业为增值税一般纳税人，假定存货和机器设备适用的增值税税率为 13%。甲小企业 20×1 年至 20×2 年与固定资产有关的业务资料如下：

(1)20×1 年 12 月 1 日，甲公司购入一条需要安装的生产线，取得的增值税专用发票上注明的生产线价款为 3 000 万元，增值税额为 390 万元；发生保险费和运输费 40 万元(不考虑运输费的增值税)，外聘专业人员服务费 30 万元，款项均以银行存款支付；没有发生其他相关税费。

(2)20×1 年 12 月 1 日，甲公司开始以自营方式安装该生产线。安装期间领用本企业生产的产品，该产品的成本为 200 万元；发生安装工人工资 6 万元，没有发生其他相关税费。

(3)20×1 年 12 月 31 日，该生产线达到预定可使用状态，当日投入使用。该生产线预计使用年限为 10 年，预计净残值为 36 万元，采用年限平均法计提折旧。

(4)20×2 年 12 月 31 日，甲小企业将该生产线出售给乙公司，售价为 3 000 万元(不考虑增值税)，在处置过程中，发生清理费用 6 万元。假定不考虑其他因素。

要求：

(1)计算固定资产的入账价值；

(2)根据以上经济业务，编制会计分录。

3. 某小企业一台设备，原值 6 万元，已提折旧 5.8 万元，由于使用期满，经批准报废，报废时残料计价 190 元，用银行存款支付清理费用 250 元。

要求：根据上述经济业务进行会计的账务处理。

第七章　无形资产与长期待摊费用

学习目标

通过本章学习，了解无形资产的特征和内容、长期待摊费用的内涵；理解无形资产取得的计量、无形资产的摊销期限；掌握无形资产取得的核算、无形资产摊销的范围及摊销方法、无形资产处置的核算、长期待摊费用的摊销方法及摊销期限、长期待摊费用的核算。

第一节　无形资产

一、无形资产的概念

无形资产有广义和狭义之分，在知识经济时代，广义的无形资产打破了传统的范畴，形式越来越趋于多样化，如绿色食品标志使用权、ISO9000 质量认证体系、环境管理体系认证、人力资源、注册的域名、企业形象、企业精神等，使无形资产的内容变得日益丰富，已成为企业生存发展的基石。狭义的无形资产，是指小企业为生产产品、提供劳务、出租或经营管理而持有的、没有实物形态的可辨认非货币性资产。

二、无形资产的特征

（一）由企业拥有或者控制，并能为其带来未来经济利益的资源

预计能为小企业带来未来经济利益是作为一项资产的本质特征，无形资产也不例外。通常情况下，小企业拥有或者控制的无形资产应当是拥有其所有权并且能够为企业带来未来经济利益的。但是，在某些情况下并不需要小企业拥有其所有权，如果小企业有权获得某项无形资产产生的经济利益，同时又能约束其他人获得这些经济利益，则说明小企业控制了该项无形资产，或者说控制了该项无形资产产生的经济利益，具体表现为小企业拥有该无形资产的法定所有权或者使用权，并受到法律的保护。比如，小企业与其他企业签订合约转让商标权，合约的签订，使商标使用权转让方的相关权利受到法律的保护。

（二）无形资产不具有实物形态

无形资产通常表现为某种权利、某项技术，或是某种获取超额利润的综合能力，它们不具有实物形态，比如土地使用权、非专利技术等。小企业的无形资产很大程度上是通过自身所具有的技术等优势为企业带来未来经济利益。

某些无形资产的存在有赖于实物载体。比如，计算机软件需要存储在磁盘中，但这并不改变无形资产本身不具有实物形态的特性。在确定一项包含无形和有形要素的资产是属于固定资产，还是属于无形资产时，需要通过判断来加以确定，通常以哪个要素更重要作为判断的依据。例如，计算机控制的机械工具没有特定计算机软件就不能运行时，说明该软件是构成相关硬件不可缺少的组成部分，该软件应作为固定资产处理；如果计算机软件不是相关硬件不可缺少的组成部分，则该软件应作为无形资产核算。无论是否存在实物载体，只要将一项资产归类为无形资产，则不具有实物形态仍然是无形资产的特征之一。

（三）无形资产具有可辨认性

符合以下条件之一的，则认为其具有可辨认性：

①能够从小企业中分离或者划分出来，并能单独用于出售或转让等，而不需要同时处置在同一获利活动中的其他资产，表明无形资产可以辨认。某些情况下无形资产可能需要与有关的合同一起用于出售转让等，这种情况下也视为可辨认无形资产。

②产生于合同性权利或其他法定权利，无论这些权利是否可以从小企业或其他权利和义务中转移或者分离。如一方通过与另一方签订特许权合同而获得的特许使用权通过法律程序申请获得的商标权、专利权等。

如果小企业有权获得一项无形资产产生的未来经济利益，并能约束其他方获取这些利益，则表明小企业控制了该项无形资产。例如，对于会产生经济利益的技术知识，若其受到版权、贸易协议约束（如果允许）等法定权利或雇员保密法定职责的保护，那么说明该小企业控制了相关利益。

客户关系、人力资源等，由于小企业无法控制其带来的未来经济利益，不符合无形资产的定义，不应将其确认为无形资产。

内部产生的品牌、报刊名、刊头、客户名单和实质上类似的项目支出，由于不能与整个业务开发成本区分开来。因此，这类项目不应确认为无形资产。

（四）无形资产属于非货币性资产

非货币性资产，是指小企业持有的货币资金和将以固定或可确定的金额收取的资产以外的其他资产。无形资产由于没有发达的交易市场，一般不容易转化成现金，在持有过程中为小企业带来未来经济利益的情况不确定，不属于以固定或可确定的金额收取的资产，属于非货币性资产。

三、无形资产的分类

(一)按经济内容分类

小企业的无形资产按其反映的经济内容,可以分为:土地使用权、专利权、商标权、著作权、非专利技术、特许权等。

自行开发建造厂房等建筑物,相关的土地使用权与建筑物应当分别进行处理。外购土地及建筑物支付的价款应当在建筑物与土地使用权之间按照合理的方法进行分配;难以合理分配的,应当全部作为固定资产。

1.土地使用权

土地使用权,是指国家准许某企业在一定期间内对国有土地享有开发、利用、经营的权利。根据我国《中华人民共和国土地管理法》的规定,我国土地实行公有制,任何单位和个人不得侵占、买卖或者以其他形式非法转让。国家和集体可以依照法定程序对土地使用权实行有偿出让,企业也可以依照法定程序取得土地使用权,或将已取得的土地使用权依法转让。企业取得土地使用权的方式大致有:行政划拨取得、外购取得及投资者投资取得。

2.专利权

专利权,是指国家专利主管机关依法授予发明创造专利申请人,对其发明创造在法定期限内所享有的专有权利,包括发明专利权、实用新型专利权和外观设计专利权。根据我国的专利法规定,专利权分为发明专利和实用新型及外观设计专利两种,自申请日起计算,发明专利权的期限为20年,实用新型及外观设计专利权的期限为10年。发明者在取得专利权后,在有效期内将享有专利的独占权。

3.商标权

商标权,是指专门在某类指定的商品或产品上使用特定的名称或图案的权利,依法注册登记后,取得的受法律保护的独家使用权利。商标是用来辨认特定的商品或劳务的标记,代表着企业的一种信誉,从而具有相应的经济价值。根据我国商标法的规定,注册商标的有效期限为10年,期满可依法延长。

4.著作权

著作权又称版权,是指作者对其创作的文学、科学和艺术作品依法享有的某些特殊权利。著作权包括作品署名权、发表权、修改权和保护作品完整权,还包括复制权、发行权、出租权、展览权、表演权、放映权、广播权、信息网络传播权、摄制权、改编权、翻译权、汇编权以及应当由著作权人享有的其他权利。

5.非专利技术

非专利技术也称专有技术,是指不为外界所知、在生产经营活动中已采用的、不享有法律保护的、可以带来经济效益的各种技术和诀窍。非专利技术一般包括工业专有技术、商业贸易专有技术、管理专有技术等。非专利技术因为未经法定机关按法律程序批准和认可,所以不受法律保护。非专利技术没有法律上的有效年限,只有经济上的有效年限。

6. 特许权

特许权又称特许经营权、专营权，是指企业在某一地区经营或销售某种特定商品的权利，或是一家企业接受另一家企业使用其商标、商号、秘密技术等权利。前者一般是由政府机构授权准许企业使用或在一定地区享有经营某种业务的特权，如烟草专卖权；后者是指企业间依照签订的合同，有期限或无期限使用另一家企业的某些权利，如连锁店分店使用总店的名称等。

(二)按来源途径分类

无形资产按其来源途径，可以分为外来无形资产和自创无形资产。

外来无形资产，是指企业通过从国内外科研单位及其他企业购进、接受投资的无形资产等方式从企业外部取得。

自创无形资产是指企业自行开发、研制的无形资产。

第二节　无形资产的取得

一、无形资产入账价值的核算

无形资产应当按照成本进行初始计量。小企业取得无形资产的主要方式有外购、投资者投入、自行开发等，其外购的无形资产成本，包括购买价款、相关税费以及相关的其他支出，无论何种方式取得的无形资产，都应当按照实际成本进行计量。具体规定如下：

①外购无形资产的成本包括：购买价款、相关税费和相关的其他支出(含相关的借款费用)。

②投资者投入的无形资产的成本，应当按照评估价值和相关税费确定。

③自行开发的无形资产的成本，由符合资本化条件后至达到预定用途前发生的支出(含相关的借款费用)构成。

二、无形资产取得的账务处理

1. 外购无形资产

外购无形资产的成本包括购买价款、相关税费以及直接归属于使该资产达到预定用途所发生的其他支出。其中，直接归属于使该资产达到预定用途所发生的其他支出，包括使无形资产达到预定用途所发生的专业服务费用和测试无形资产是否能够正常发挥作用的费用等，但不包括为引入新产品进行宣传发生的广告费、管理费用及其他间接费用，也不包括在无形资产已经达到预定用途以后发生的费用。

小企业取得的土地使用权，通常应当按照取得时所支付的价款及相关税费确认为无形资产。土地使用权用于自行开发建造厂房等地上建筑物时，单独作为无形资产核算，但房地产开发企业取得的土地使用权用于建造对外出售的房屋建筑物时，土地使用权的价值应计入房屋建筑物成本。

自行开发建造厂房等建筑物，相关的土地使用权与建筑物应当分别进行处理。外购土地及建筑物支付的价款应当在建筑物与土地使用权之间按照合理的方法进行分配，难以合理分配的，应当全部作为固定资产。

2. 投资者投入的无形资产

投资者投入的无形资产应当按照评估价值和相关税费，借记“无形资产”科目，贷记“实收资本”“资本公积”科目。

3. 自行开发的无形资产

小企业内部研究开发项目所发生的支出应区分研究阶段支出和开发阶段支出后分别进行处理。小企业应设置“研发支出”科目，该科目属于成本类科目，核算小企业进行研究与开发无形资产过程中发生的各项支出，并按照研究开发项目，分别设置“费用化支出”“资本化支出”进行明细核算。对于不满足资本化条件的研发支出应转入当期管理费用，符合资本化条件但尚未完成的开发费用记入“研发支出”科目，待开发项目完成达到预定用途形成无形资产时，再将其成本转入无形资产。无法区分研究阶段和开发阶段的支出的，应在发生时作为管理费用。“研发支出”科目的期末余额在借方，反映小企业正在进行的无形资产开发项目满足资本化条件的支出。

小企业自行开发无形资产发生的支出，只有同时满足下列条件，才能将其确认为无形资产：

①完成该无形资产以使其能够使用或出售在技术上具有可行性。

②具有完成该无形资产并使用或出售的意图。

③能够证明运用该无形资产生产的产品存在市场或无形资产自身存在市场，无形资产将在内部使用的，应当证明其有用性。

④有足够的技术、财务资源和其他资源支持以完成该无形资产的开发，并有能力使用或出售该无形资产。

⑤归属于该无形资产开发阶段的支出能够可靠地计量。

【例7-1】小企业自行研发一项技术，截至20×2年12月31日，发生研发支出合计2 000 000元，经测试，该项研发活动完成了研发阶段，从20×2年月1日起开始进入开发阶段，20×2年发生开发支出300 000元。20×2年6月，该项研发活动结束，最终研发出一项非专利技术，应进行账务处理如下：

①20×2年发生的研发支出。

借：研发支出——费用化支出　　2 000 000

　贷：银行存款等　　2 000 000

①20×2年12月31日，发生的研发支出全部属于研究阶段的支出。

借：管理费用　　2 000 000

　贷：研发支出——费用化支出　　2 000 000

③20×2年发生开发支出并满足资本化确认条件。

借：研发支出——资本化支出　　300 000

　贷：银行存款等　　300 000

④20×2 年 6 月 30 日，该技术研发完成并形成无形资产。

借：无形资产——非专利技术　　300 000

　　贷：研发支出——资本化支出　　300 000

第三节　无形资产摊销及处置

一、无形资产摊销的核算

（一）无形资产的摊销

无形资产应当在其使用寿命内采用平均年限法进行摊销，计入相关资产的成本或管理费用，并冲减无形资产。

摊销期自其可供使用时开始至停止使用或出售时止。有关法律规定或合同约定了使用年限的，可以按照规定或约定的使用年限分期摊销。企业不能可靠地估计无形资产使用寿命的，摊销期不短于 10 年。

小企业一般按月进行账务处理，因此，企业应当按月对无形资产进行摊销，自无形资产可供使用（即其达到预定用途）当月起开始摊销，处置当月不再摊销。

无形资产的摊销额一般应当计入当期损益，企业自用的无形资产，其摊销额计入管理费用；出租的无形资产，其摊销金额计入其他业务成本；某项无形资产包含的经济利益通过所生产的产品或其他资产实现的，其摊销金额应当计入相关资产成本。

（二）具体账务处理

1. 摊销期和摊销方法

无形资产的摊销期自其可供使用时（即其达到预定用途）开始至终止确认时止。在无形资产的使用寿命内系统地分摊其应摊销金额，应采用年限平均法。

【例 7-2】甲小企业购买了一项专利使用权，成本为 48 000 元，合同规定受益年限为 10 年，甲小企业每月应摊销 400 元，每月月末摊销时，甲小企业应作会计处理如下：

借：管理费用　　400

　　贷：累计摊销　　400

【例 7-3】20×2 年 7 月 1 日，甲小企业将其非专利技术出租给乙公司，该非专利技术成本为 360 000 元，双方约定的租赁期限为 5 年，甲小企业每月应摊销 6 000 元，(36 0000÷5÷12)。甲小企业 20×2 年计提的摊销额为 36 000 元(6 000×6)，当年应作会计处理如下：

借：其他业务支出　　36 000

　　贷：累计摊销　　36 000

无形资产的摊销一般应计入当期损益，但如果某项无形资产是专门用于生产某种产品的，无形资产的摊销一般应计入当期损益，但如果某项无形资产是专门用于生产某种产品的,其所包含的经济利益是通过转入所生产的产品中体现的,无形资产的摊销费用应构成产品成本的一部分。

【例 7-4】20×2 年 10 月 15 日,甲公司自其母公司处取得一项非专利技术,一次性支付款项 10 万元,该技术协议中未明确规定合同终止时间,同时,因为该技术生产的产品存在广阔、可预期的市场前景,甲公司无法可靠地估计该技术的使用寿命。甲公司管理层经研究决定对该无形资产按照 20 年的期限采用直线法进行摊销(保留整数)。

20×2 年,甲公司应作会计处理如下:

借:无形资产　　100 000

　　贷:银行存款　　100 000

借:生产成本　　1 250

　　贷:累计摊销　　1 250

2. 残值的确定

无形资产的残值一般为零,除非有第三方承诺在无形资产使用寿命结束时愿意以一定的价格购买该项无形资产,或者存在活跃的市场,通过市场可以得到无形资产使用寿命结束时的残值信息,并且从目前情况来看,在无形资产使用寿命结束时,该市场还可能存在的情况下,可以预计无形资产的残值。

【例 7-5】某小企业取得一项专利技术,法律保护期为 20 年,小企业预计运用该专利生产的产品在未来 15 年内会为企业带来经济利益。就该项专利技术,第三方向该小企业承诺在 5 年内以其取得之日公允价值的 60% 购买该项专利权,从企业管理层目前的持有计划来看,准备在 5 年内将其出售给第三方,该项专利技术应在企业持有期 5 年内摊销,残值为该专利在取得之日公允价值的 60%。

二、无形资产处置的核算

无形资产的处置,是指无形资产出售、对外出租、对外捐赠,或是无法为企业带来未来经济利益时,应予终止确认并转销。处置无形资产所得到的处置收入扣除其账面价值、相关税费等后的净额,应当计入营业外收入或营业外支出。其中,无形资产的账面价值,是指无形资产的成本扣减累计摊销后的金额。

小企业处置无形资产,应当将实际取得的价款与其账面余额之间的差额,计入营业外收入或营业外支出。处置无形资产实际收到的价款时,借记“银行存款”等科目;按照已计提的累计摊销,借记“累计摊销”科目;按照应支付的相关税费及其他费用,贷记“应交税费——应交增值税”“银行存款”等科目;按照其账面余额,贷记“无形资产”科目;按照其差额,贷记“营业外收入”科目或借记“营业外支出”科目。

(一)无形资产的报废

如果无形资产预期不能为小企业带来经济利益,那么小企业将转销该无形资产。小企业转销无形资产时,按无形资产的账面价值,借记“管理费用”账户按已摊销的无形资产账面价值,借记“累计摊销”账户;按无形资产的初始入账价值,贷记“无形资产”账户。

【例 7-6】公司拥有某项专利技术,根据市场调查,因其生产的产品已没有市场,决定予以转销。转销时,该项专利技术的账面余额为50万元,摊销期限为10年,采用直线法进行摊销,已摊销了5年。假定该项专利权的残值为零,不考虑其他相关因素,公司的会计处理如下:

借:累计摊销 250 000
　营业外支出 250 000
　贷:无形资产——专利权 500 000

(二)无形资产的出售

无形资产所有权的转让即为无形资产的出售,小企业按实际取得的转让收入,借记"银行存款"等账户;按已摊销的无形资产账面价值,借记"累计摊销"账户;按无形资产的初始入账价值,贷记"无形资产"账户;按支付的相关税费,贷记"银行存款""应交税费"等账户;按其差额,贷记"营业外收入"账户或借记"营业外支出"账户。

【例7-7】20×2年5月3日,甲公司将拥有的一项专利权出售,取得收入150 000元,适用的增值税税率为6%。该专利权的入账价值为128 000元,累计摊销4 000元。甲公司的会计处理如下:

借:银行存款 159 000
　累计摊销 4 000
　贷:无形资产——专利权 128 000
　　应交税费——应交增值税(销项税额) 9 000
　　营业外收入 26 000

(三)无形资产的出租

小企业出租无形资产所取得的租金收入,借记"银行存款"等账户,贷记"其他业务收入"等账户;摊销无形资产成本并发生和转让有关的各种费用支出借记"其他业务成本"账户,贷记"银行存款""累计摊销"等账户。

【例7-8】20×2年1月1日,甲公司将某专利权出租给乙股份有限公司,每年获取租金收入5 000元,适用的增值税税率为6%。该专利权的账面余额为12 000元,摊销年限为5年。甲公司的会计处理如下。

①收取租金:

借:银行存款 5 300
　贷:其他业务收入 5 000
　　应交税费——应交增值税(销项税额) 300

②摊销无形资产成本:

借:其他业务成本 2 400
　贷:累计摊销——专利权 2 400

第四节　长期待摊费用

一、长期待摊费用的概念

长期待摊费用是指企业已经发生但应由本期和以后各期分别负担的分摊期限在1年以上的各种费用,即长期待摊费用是不能全部计入当年损益的,应在以后年度内分期摊销的费用。

小企业的长期待摊费用包括:已提足折旧的固定资产的改建支出、经营租入固定资产的改建支出、符合税法规定的固定资产大修理支出和其他长期待摊费用等。

长期待摊费用应当在其摊销期限内采用年限平均法(即直线法)进行摊销,计入相关资产的成本或管理费用,并冲减长期待摊费用。

长期待摊费用应当按照实际发生额作为计税基础。在计算应纳税所得额时,企业发生的下列支出作为长期待摊费用,按照规定摊销的,准予扣除。

①已足额提取折旧的固定资产的改建支出,按照固定资产预计尚可使用年限分期摊销。

②租入固定资产的改建支出,按照合同约定的剩余租赁期限分期摊销。固定资产的改建支出是指改变房屋或者建筑物延长使用年限等发生的支出。

③固定资产的大修理支出,按照固定资产尚可使用年限分期摊销。固定资产的大修理支出是指同时符合下列条件的支出:修理支出达到取得固定资产时的计税基础50%以上;修理后固定资产的使用年限延长两年以上。

④其他长期待摊费用,自支出发生月份的次月起分期摊销,摊销年限不得超过3年。对不符合上述条件的后续支出须一次性计入当期损益。

二、长期待摊费用的核算

(一)科目设置

为了总括地反映企业长期待摊费用增减变动的经济业务,小企业应设置"长期待摊费用"科目。该科目属于资产类科目,用以核算小企业已经发生但应由本期和以后各期负担的分摊期限在一年以上的各项费用。"长期待摊费用"科目期末借方余额,反映小企业尚未摊销完毕的长期待摊费用。此科目可按费用项目进行明细核算。

(二)长期待摊费用的账务处理

小企业发生的长期待摊费用,借记"长期待摊费用"科目,贷记"银行存款""原材料"等科目。小企业按月摊销长期待摊费用,借记"制造费用""管理费用"等科目,贷记"长期待摊费用"科目。

【例7-9】20×2年7月3日,公司对经营租入的一台设备进行改造,发生的支出如下:

领用原材料 10 万元,购进该批原材料的增值税进项税额 1.3 万元,辅助生产为设备改良提供的劳务支出 0.5 万元,计提职工工资 2 万元,福利费 0.2 万元。20×2 年 12 月 31 日,工程完工,达到预定可使用状态,交付使用。假设该设备预计可使用年限为 10 年,剩余租赁期为 8 年,从 20×3 年开始采用直线折旧法,无残值,不考虑其他因素,公司的会计处理如下:

①领用原材料:

借:长期待摊费用　　113 000

　贷:原材料　　100 000

　　应交税费——应交增值税(进项税额转出)　　13 000

②辅助车间提供劳务:

借:长期待摊费用　　5 000

　贷:生产成本　　5 000

③计提工资和福利费:

借:长期待摊费用　　22 000

　贷:应付职工薪酬——工资　　20 000

　　　　——职工福利　　2 000

20×2 年 12 月 31 日:长期待摊费用=11.3+0.5+2.2=14(万元)

20×3 年 1 月,摊销长期待摊费用,月摊销额=140 000÷8÷12=1 458.33(元)

借:制造费用　　1 458.33

　贷:长期待摊费用　　1 458.33

思考题

1. 什么样的资产是无形资产？无形资产的特征有哪些？
2. 小企业取得无形资产的方式有哪些？成本如何确定？
3. 小企业的长期待摊费用有哪些？是如何进行核算的？

练习题

一、单项选择题

1. 不能为小企业带来经济利益的无形资产的摊余价值,应该全部转入当期的(　　)。

A. 制造费用　　B. 营业外支出　　C. 管理费用　　D. 其他业务成本

2. 无形资产在使用终结时(　　)。

A. 有残值　B. 无残值

C. 既有残值,又有清理费用　D. 有的有残值,有的无残值

3. 转让无形资产使用权所发生的支出,应计入(　　)。

A. 财务费用　B. 管理费用　C. 其他业务支出　D. 营业外收支

4. 无形资产摊销时,应将其摊销价值计入(　　)账户。

A. 无形资产摊销　B. 其他业务支出　C. 制造费用　D. 管理费用

5. 企业出售无形资产结转无形资产的成本是(　　)。

A. 无形资产摊余价值　B. 购买无形资产的成本

C. 履行合同所发生的费用　D. 合同规定的转让价格

6. 企业出售无形资产发生的净损失,应当计入(　　)科目。

A. 主营业务成本　B. 其他业务支出　C. 管理费用　D. 营业外支出

7. 企业出租无形资产取得的收入,应当计入(　　)科目。

A. 主营业务收入　B. 其他业务收入　C. 投资收益　D. 营业外收入

8. 下列不属于开办费核算的内容是(　　)。

A. 筹建期间发生的注册登记费

B. 筹建期间发生的差旅费支出

C. 筹建期间发生的办公费支出

D. 筹建期间发生的购建无形资产的支出

二、多项选择题

1. 下列各项中,属于无形资产的有(　　)。

A. 企业通过无偿划拨方式取得的土地使用权

B. 尚未注册的商标

C. 企业购入的土地使用权

D. 企业购入的商标

2. 下列无形资产可以单独取得和转让的有(　　)。

A. 专利权　B. 非专利技术　C. 商标权　D. 土地使用权

3. 下列属于有期限的无形资产的有(　　)。

A. 专利权　B. 商标权　C. 商誉　D. 非专利技术

4. 下列各项支出中,可以计入无形资产价值的有(　　)。

A. 外购专利权的买价　B. 外购专利权支付的手续费

C. 自创非专利技术的研究开发费用　D. 自创专利权的注册登记费

5. 企业接受的以应收债权换入的无形资产的入账价值,包括(　　)。

A. 应支付的相关税费　B. 应收债权的账面价值

C. 补价　D. 应确认的收益

6. 关于无形资产的摊销期限，下列说法正确的有(　　)。

A. 无形资产摊销期限一经确定，不得随意变更

B. 合同规定了受益年限，法律没有规定有效年限，摊销期限不应超过法律规定的有效年限

C. 合同规定了受益年限，法律也规定了有效年限，摊销期应以受益年限为准

D. 如果合同没有规定受益年限，法律也没规定有益年限，摊销期不应超过 10 年

7. 下列情况应贷记“无形资产”账户的有(　　)。

A. 出租无形资产　B. 报废无形资产　C. 出售无形资产　D. 无形资产摊销

8. 出售无形资产的转让成本包括(　　)。

A. 出售无形资产的洽谈费用和差旅费　B. 出售无形资产取得的收入

C. 无形资产的摊余价值　D. 出售无形资产时应交的税金

9. 小企业的长期待摊费用包括(　　)。

A. 已提足折旧的固定资产的改建支出　B. 经营租入固定资产的改建支出

C. 符合条件的固定资产大修理支出　D. 其他长期待摊费用

三、判断题

1. 外购的土地使用权通常应确认为无形资产。(　　)

2. 外购土地及建筑物支付的价款应当在建筑物与土地使用权之间按照合理的方法进行分配。难以合理分配的，应当全部作为无形资产。(　　)

3. 小企业按月摊销长期待摊费用，借记“制造费用”“管理费用”等科目，贷记“长期待摊费用”科目。(　　)

4. 只要修理支出达到取得固定资产时计税基础的 50% 以上就属于固定资产的大修理支出。(　　)

四、业务题

1. 20×2 年 1 月 1 日，公司购入一块土地的使用权，以银行存款支付 50 万元，并在该土地上自行建造厂房等工程，发生材料支出 30 万元，工资费用 20 万元，其他相关费用 10 万元。该工程已经完工并达到预定可使用状态。假设土地的使用年限为 40 年，该厂房的使用年限为 20 年，两者都没有净残值，采用直线法进行摊销和计提折旧。

要求：不考虑其他税费，根据华宇公司以上经济业务情况对其进行会计处理。

2. 公司拥有某项专利技术，根据市场调查，因其生产的产品已没有市场，决定予以转销。转销时，该项专利技术的账面余额为 50 万元，摊销期限为 10 年，采用直线法进行摊销，已摊销了 5 年。假定该项专利权的残值为零。

要求：不考虑其他税费，根据华宇公司以上经济业务情况对其进行会计处理。

3. 甲小企业将其购买的一项专利权转让给书越公司，该专利权的成本为 600 000 元，已摊销 220 000 元，增值税专用发票上注明的转让价格为 500 000 元，增值税额为 30 000 元，款项已收到存入银行。

要求:根据公司以上经济业务情况对其进行会计处理。

4. 甲小企业一车间发生经营租入的半自动化设备改建支出,金额为 240 000 元,以转账支票付讫。

要求:根据公司以上经济业务情况对其进行会计处理。

第八章　流动负债

学习目标

通过本章学习,了解短期借款的特点,应交税费的范围及核算;理解应付票据、应付账款、预收账款、其他应付款的核算;掌握短期借款的核算、应付职工薪酬的范围及账务处理、应交增值税、应交消费税、其他应交税费及所得税的范围及核算。

负债是指小企业过去的交易或者事项形成的,预期会导致经济利益流出企业的现时义务。作为小企业的负债,一般应同时具有以下几个基本特征:由过去的交易或事项形成;是企业的现时义务;预期会导致经济利益流出企业。

小企业的负债按照其偿还速度或偿还时间长短,可分为流动负债和非流动负债。小企业的流动负债,是指预计在1年或者超过1年的一个正常营业周期内清偿的债务,包括:短期借款、应付及预收款项、应付职工薪酬、应交税费、应付利息等。流动负债以外的负债应当归类为非流动负债(长期负债)。非流动负债是指偿还期在1年或者超过1年的1个营业周期以上的债务,包括长期借款、长期应付款等。

第一节　短期借款

一、短期借款的概念

短期借款是核算小企业向银行或其他金融机构等借入的期限在1年内的各种借款。

二、短期借款的核算

(一)科目设置

①小企业应设置“短期借款”科目核算。借入的各种短期借款,借记“银行存款”科目,贷记本科目;偿还借款,做相反的会计分录。按照借款种类、贷款人和币种进行明细核算。本科目期末贷方余额,反映小企业尚未偿还的短期借款本金。

②应付利息是指小企业按照合同约定应支付的利息,包括分期付息到期还本的长期借款和短期借款等应支付的利息。小企业按照合同约定应支付的利息,通过“应付利息”

科目进行会计处理,该科目期末贷方余额反映企业应付未付的利息。

(二)短期借款的账务处理

1. 向金融机构借入本金

小企业借入本金时,借记"银行存款"科目,贷记本科目。

2. 利息核算

实际支付的利息,按照合同利率计算出来的利息费用,借记"财务费用""在建工程"等科目,贷记"应付利息"科目。实际支付利息时,借记"应付利息",贷记"银行存款"等科目。

3. 到期还本

小企业短期借款到期偿还本金时,借记"短期借款"科目,贷记"银行存款"科目。

【例 8-1】20×1 年 1 月 1 日,小企业向银行借款 120 万元,借款期限为一年,借款利率为5%,借款合同规定按照季度支付利息,该笔借款用于企业的产品生产。假设不考虑20×1 年 12 月 31 日结账的会计处理,该企业的会计处理如下:

①20×1 年 1 月 1 日,取得借款时:

借:银行存款　　1 200 000

　贷:短期借款　　1 200 000

②月末计提利息:

借:财务费用　　5 000

　贷:应付利息　　5 000

③每季度末支付利息:

借:应付利息　　10 000

　财务费用　　5 000

　贷:银行存款　　15 000

④20×2 年 1 月 1 日,归还本金:

借:短期借款　　1 200 000

　贷:银行存款　　1 200 000

第二节　应付及预收款项

应付及预收款项是指小企业在日常生产经营活动中发生的各项债务,包括应付票据、应付账款、预收账款、应付利息、应付利润和其他应付款。小企业核算应付及预收款项,应当按照发生额入账。

一、应付票据的核算

(一)应付票据概念

应付票据是指由出票人出票,委托收款人在指定日期无条件支付确定付款的商品交易,或采用商业汇票结算方式而发生的,由签发人签发、承兑人承兑的票据。应付票据按票面是否注明利率,分为带息应付票据和不带息应付票据两种。

(二)科目设置

小企业购买原材料、商品和接受劳务供应等开出、承兑的商业汇票,包括银行承兑汇票和商业承兑汇票,小企业设置"应付票据"科目进行会计处理。"应付票据"科目期末贷方余额,反映小企业尚未到期的商业汇票的票面金额。

(三)应付票据的账务处理

小企业开出、承兑商业汇票或以承兑商业汇票抵付货款、应付账款等,借记"材料采购"或"在途物资""库存商品""原材料"等科目,贷记"应付票据"科目;涉及增值税进项税额的,则借记"应交税费——应交增值税(进项税额)"或"应交税费——待认证进项税额"等科目。

1. 不带息应付票据

不带息应付票据的面值就是票据的到期值。不带息应付票据有两种处理方法:一是直接按面值记账;二是按一定的利率计算票据面值中所含的利息,应付票据按扣除利息后的金额记账。由于我国应付票据期限较短,会计实务中一般采用第一种方法进行会计处理,按其票面价值列示在资产负债表上。

【例 8-2】小企业采用商业汇票方式,从红星公司购入一批原材料。根据有关发票账单,购入材料的实际价款为 150 000 元,增值税专用发票上注明的增值税额为 19 500 元。材料尚未运到,小企业开出并承兑一张面值 169 500 元,3 个月期的商业承凭汇票。该企业采用实际成本法,企业开出并承兑商业承兑汇票时做会计处理如下:

借:在途物资　　150 000
　　应交税费——应交增值税(进项税额)　　19 500
　　贷:应付票据　　169 500

上述开出并承兑的商业承凭汇票到期,企业支付货款时所做的会计处理如下:

借:应付票据　　169 500
　　贷:银行存款　　169 500

开出并承兑的商业承兑汇票到期,如果小企业无力支付票款,在票据到期且未签发新的票据时,则将"应付票据"的账面余额转入"应付账款"科目,待协商后再做会计处理。银行承兑汇票到期,如果小企业无力支付票款,那么承兑银行除凭票向持票人无条件付款外,对出票人尚未支付的汇票金额转作逾期贷款处理。小企业在接到银行转来的有关凭证时,借记"应付票据"科目,贷记"短期借款"科目。对计收的利息,按处理短期借款利息的方法处理。

【例 8-3】上题中,假定票据到期,小企业无力支付票款,则会计处理如下:

借:应付票据　　169 500

　　贷:应付账款——红星公司　　169 500

如果上例的票据为银行承兑汇票,小企业无力支付票款,则账务处理如下:

借:应付票据　　169 500

　　贷:短期借款　　169 500

2. 带息应付票据

应付票据如为带息票据,则票据的面值就是票据的现值。票据中的应付利息在会计处理上有两种方法:

①按期预提利息。采用这种方法时,小企业在期末按照票据的票面价值和票据上规定的利率计算应付的票据利息,记入“财务费用”和“应付票据”科目。票据到期支付本息时,再注销应付票据的账面余额。这种处理方法在资产负债表上,按票据面值和利息列入流动负债项目。

②一次性计算利息。采用这种方法时,应付票据不按期计提利息,而是在票据到期付款时,一次将全部应付利息记入支付当期的“财务费用”科目。

由于我国商业汇票期限较短,因此,通常在期末对尚未支付的应付票据计提利息,计入当期财务费用;票据到期支付票款时,尚未计提的利息部分,直接计入当期财务费用。

【例 8-4】20×1 年 12 月 1 日,企业签发一张三个月到期的商业承兑汇票,票据面值为 113 000 元,利率为 8%,抵付前欠某公司货款,企业的会计处理如下:

①签发商业承兑汇票:

借:应付账款——某公司　　113 000

　　贷:应付票据　　113 000

②年末计算并计提应付票据的利息:

提取的应付利息 = 113 000×8%×1÷12≈753.33(元)

借:财务费用　　753.33

　　贷:应付票据　　753.33

③票据到期,支付票款面值和利息:

实际支付的金额 = 113 000+113 000×8%×3÷12 = 115 260(元)

借:应付票据　　113 753.33

　　财务费用　　1 506.67

　　贷:银行存款　　115 260

带息商业承兑汇票到期,如果小企业无力支付票款,则将“应付票据”的账面余额转入“应付账款”科目进行会计处理后,期末时不再计提利息。

小企业设置“应付票据备查簿”,详细登记商业汇票的种类、号码和出票日期、到期日、票面金额、交易合同号和收款人姓名或单位名称以及付款日期和金额等资料,商业汇票到期结清票款后,在备查簿中应予注销。

二、应付账款的核算

(一)应付账款的概念

应付账款是指小企业在正常生产经营过程中,因购买原材料、商品或接受劳务供应等经营活动应支付的款项。这种负债主要是由买卖双方取得物资或服务与支付货款在时间上不一致造成的。

(二)应付账款的入账金额

应付账款入账时间的确定,一般应以与所购买物资所有权有关的风险和报酬已经转移或劳务已经接受为标志。但在实际工作中,一般区别下列情况处理:一是在物资和发票账单同时到达的情况下,应付账款一般待物资验收入库后,才按发票账单登记入账,这主要是为了确认所购入的物资是否在质量、数量和品种上与合同上订明的条件相符,以免因先入账而在验收入库时发现购入物资有错、漏、破损等问题再调账。在会计期末仍未完成验收的,则应先按合理的估计金额将物资和应付债务入账,事后发现问题再更正;二是在物资和发票账单未同时到达的情况下,由于应付账款需要根据发票账单登记入账,有时货物已到,发票账单要间隔较长时间才能到达,由于这笔负债已经成立,应作为一项负债反映。为了在资产负债表上客观表示小企业所拥有的资产和承担的债务,在实际工作中采用在月份终了将所购物资和应付债务估计入账,待下月初再用红字予以冲回的办法。

应付账款一般按应付金额入账,而不按到期应付金额的现值入账。应付账款的入账金额按发票价格确定,但是如果购货条件包括在规定的期限内付款可以享受一定的现金折扣,会计上入账金额的确定有两种方法,即总价法和净价法。我国采用总价法,总价法是按发票金额全部入账,实际付款时,如果享受现金折扣,少付的金额冲减财务费用;净价法是按发票价格扣除现金折扣后的净额入账,实际付款时,超过规定的享受现金折扣的付款期限而支付的超过账面价值的部分作为财务费用处理。

(三)科目设置

小企业因购买商品等而产生的应付账款,应设置"应付账款"科目进行核算。该科目贷方反映小企业因购买材料、商品和接受劳务供应等经营活动应支付的款项,借方反映小企业已经归还的应付账款,期末贷方余额反映小企业尚未支付的应付账款。本科目可按债权人进行明细核算。

(四)应付账款的账务处理

①小企业购入材料、商品等验收入库,但货款尚未支付。根据有关凭证(发票账单、随货同行发票上记载的实际价款或暂估价值),借记"材料采购""在途物资"等科目,按可抵扣的增值税额,借记"应交税费——应交增值税(进项税额)"等科目,按应付的价款,贷记本科目。

小企业接受供应单位提供劳务而发生的应付未付款项,根据供应单位的发票账单,借记"生产成本""管理费用"等科目,贷记本科目。支付时,借记本科目,贷记"银行存款”等科目。

②小企业偿付应付账款。借记“应付账款”科目,贷记“银行存款”等科目。有些应付账款由于债权单位撤销或者其他原因,小企业确实无法偿付该笔应付账款的,应按其账面余额计入营业外收入进行处理,借记“应付账款”科目,贷记“营业外收入”科目。

【例 8-5】某小企业为增值税一般纳税人,20×2 年 9 月 1 日,和某公司签订合同,购买 A 产品,商品已经送达小企业并验收入库,但发票还未送达。9 月 30 日,小企业仍未收到发票账单,将商品暂估为 100 000 元。10 月 8 日,小企业收到此公司开具的标明货物价款 120 000 元,增值税税率为 13%,增值税税额为 15 600 元的增值税专用发票。

小企业据此作会计处理如下:

①20×2 年 9 月 1 日,小企业收到商品时,暂不做会计处理:

②9 月 30 日,小企业按商品价值暂估入账:

借:库存商品	100 000	
贷:应付账款——某公司		100 000

③10 月 1 日,小企业用红字冲回:

借:库存商品	100 000(红字)	
贷:应付账款——某公司		100 000(红字)

④10 月 8 日,小企业收到发票:

借:库存商品	120 000	
应交税费——应交增值税(进项税额)	15 600	
贷:应付账款——某公司		135 600

【例 8-6】20×2 年 8 月 11 日,某小企业向 A 公司购进一批材料,价款为 10 000 元,增值税税额 1 300 元,材料已验收入库,款项尚未支付,付款要求:2/10,N/30,按总价法的账务处理如下:

①20×2 年 8 月 11 日,应付账款发生时:

借:原材料	10 000	
应交税费——应交增值税(进项税额)	1 300	
贷:应付账款——A 公司		11 300

②如果 8 月 20 日,以银行存款支付,则享受 2% 的折扣:

借:应付账款——A 公司	11 300	
贷:财务费用		200
银行存款		11 100

如果该小企业 8 月 25 日以银行存款支付,则不享受折扣。

三、预收账款的核算

(一)预收账款的概念

预收账款是指小企业按照合同规定向购货单位预收的款项,与应付账款不同,预收账款所形成的负债不是以货币偿付,而是以货物偿付。有些购销合同规定,销货企业可向购货企业预先收取一部分货款,待向对方发货后再收取其余货款。小企业在发货前收取的货款,表明了企业承担了会在未来导致经济利益流出企业的应履行的义务,就成为企业的一项负债。

(二)科目设置

小企业通过"应收账款"科目,核算小企业按照合同规定预收的款项,包括:预收的购货款、工程款等。该科目贷方登记发生的预收账款的金额和购货单位补付账款的金额,借方登记企业向购货方发货后冲销的预收账款金额和退回购货方多付账款的金额,余额一般在贷方,反映企业向购货单位预收款项但尚未向购货方发货的金额。如为借方余额,反映企业尚未转销的款项。企业应当按照购货单位设置明细科目进行明细核算。预收账款情况不多的,也可以不设置"预收账款"科目,将预收的款项直接记入"应收账款"科目贷方。

(三)预收账款的账务处理

小企业向购货单位预收款项时,借记"银行存款"科目,贷记"预收账款"科目;销售实现时,按实现的收入和应交的增值税销项税额,借记"预收账款"科目,按照实现的营业收入,贷记"主营业务收入"科目,按照增值税专用发票上注明的增值税额,贷记"应交税费——应交增值税(销项税额)"等科目;小企业收到购货单位补付的款项,借记"银行存款"科目,贷记"预收账款"科目;向购货单位退回其多付的款项时,借记"预收账款"科目,贷记"银行存款"科目。

【例 8-7】A 小企业为增值税一般纳税人,20×2 年 8 月 20 日,A 企业与 B 企业签订供货合同,向其出售一批设备,货款金额共计 80 000 元,应交纳增值税 10 400 元。根据购货合同规定,B 企业在购货合同签订一周内,应当向 A 企业预付货款 40 000 元,剩余货款在交货后付清。20×2 年 8 月 25 日,A 企业收到 B 企业交来的预付款 40 000 元,并存入银行,8 月 30 日 A 企业将货物发到 B 企业并开出增值税专用发票,B 企业验收合格后付清了剩余货款,A 企业的有关会计处理如下:

①8 月 20 日,A 企业收到 B 企业交来的 40 000 元预付款:

借:银行存款　　40 000

　贷:预收账款——B 企业　　40 000

②8 月 30 日,A 企业发货后收到 B 企业剩余货款:

借:预收账款——B 企业　　90 400

　贷:主营业务收入　　80 000

　　应交税费——应交增值税(销项税额)　　10 400

借:银行存款　　50 400

　贷:预收账款——B 企业　　50 400

四、其他应付款的核算

(一)其他应付款的概念

其他应付款,是指小企业除应付账款、预收账款、应付职工薪酬、应交税费、应付利息、应付利润等以外的其他各项应付、暂收的款项,如应付租入固定资产和包装物的租金、存入保证金等。

(二)科目设置

小企业设置“其他应付款”科目来进行其他应付款的会计处理。小企业发生的其他各种应付、暂收款项,借记“管理费用”等科目,贷记“其他应付款”科目。支付的其他各种应付、暂收款项,借记“其他应付款”科目,贷记“银行存款”等科目。小企业无法支付的其他应付款借记“其他应付款”科目,贷记“营业外收入”科目。

【例8-8】某企业在购买产品时,向销售单位租入一批包装物,租金8 000元。根据上述经济业务,该企业应做如下账务处理:

①租入包装物时:

借:管理费用　　8 000

　　贷:其他应付款　　8 000

②支付款项时:

借:其他应付款　　8 000

　　贷:银行存款　　8 000

第三节　应付职工薪酬

一、应付职工薪酬的概念

应付职工薪酬,是指小企业为获得职工提供的服务而应付给职工的各种形式的报酬以及其他相关支出。这里所称“职工”比较宽泛,主要包括三类人员:一是与小企业订立劳动合同的所有人员,含全职、兼职和临时职工;二是未与小企业订立劳动合同、但由小企业正式任命的企业治理层和管理层人员,如董事会成员、监事会成员等,尽管有些董事会、监事会成员不是本企业员工,未与小企业订立劳动合同,但对其发放的津贴、补贴等仍属于职工薪酬;三是在小企业的计划和控制下,虽未与企业订立劳动合同或未由其正式任命,但为其提供与职工类似服务的人员,如通过中介机构签订用工合同,为小企业提供与本企业职工类似服务的人员。

职工薪酬核算小企业因职工提供服务而支付或放弃的对价,小企业需要全面综合考虑职工薪酬的内容,以确保其准确性。职工薪酬分为货币性薪酬和非货币性薪酬,主要作用是维持劳动力生产和再生产,激励职工更好地工作以及优化劳动力资源的配置。

二、应付职工薪酬的内容

应付职工薪酬主要包括以下内容:职工工资、奖金、津贴和补贴;职工福利费;医疗保险费、养老保险费、失业保险费、工伤保险费和生育保险费等社会保险费。具体内容如下:

（一）职工工资、奖金、津贴和补贴

职工工资、奖金、津贴和补贴，是指构成工资总额的计时工资、计件工资、支付给职工的超额劳动报酬和增收节支的劳动报酬、为了补偿职工特殊或额外的劳动消耗和因其他特殊原因支付给职工的津贴，以及为了保证职工工资水平不受物价影响支付给职工的物价补贴等。职工工资是职工劳动收入的主体部分，具有相对固定性和综合性的特点。

（二）职工福利费

职工福利费，是指尚未实行医疗统筹企业职工的医疗费用、职工因公负伤赴外地就医路费、职工生活困难补助，以及按照国家规定开支的其他职工福利支出。

（三）社会保险费

医疗保险费、养老保险费、失业保险费、工伤保险费和生育保险费等社会保险费，是指小企业按照国务院、各地方政府规定的基准和比例计算，向社会保险经办机构缴纳的医疗保险费、养老保险费、失业保险费、工伤保险费和生育保险费。小企业按照年金计划规定的基准和比例计算，向企业年金管理人交纳的补充养老保险，以及企业以购买商业保险形式提供给职工的各种保险待遇属于企业提供的职工薪酬，应当按照职工薪酬的原则进行确认、计量和披露。

1. 养老保险

养老保险是国家和社会根据一定的法律和法规，为解决劳动者在达到国家规定的解除劳动义务的劳动年龄界限，或因年老丧失劳动能力退出劳动岗位后的基本生活而建立的一种社会保险制度。

我国规定，为了享受养老保险，需要累计交纳养老保险 15 年以上，并且达到法定退休年龄，具体如下：

一是按月领取按规定发放的基本养老金，直至死亡。

二是死亡待遇，包括丧葬费、一次性抚恤费，以及符合供养条件的直系亲属生活困难的补助，按月发放，直至供养直系亲属死亡。

根据我国具体国情，我国是一个发展中国家，经济还不发达，为了促使养老保险既能发挥保障生活和安定社会的作用，又能适应不同经济条件的需要，以利于劳动生产率的提高，我国的养老保险具体分为基本养老保险制度、补充养老保险制度、个人储蓄养老保险三部分。

①基本养老保险是按国家统一的法规政策强制建立和实施的社会保险制度。企业和职工依法交纳养老保险费，在职工达到国家规定的退休年龄或因其他原因而退出劳动岗位并办理退休手续后，社会保险经办机构向退休职工支付基本养老保险金。基本养老金由基础养老金和个人账户养老金组成。目前，按照国家对基本养老保险制度的总体思路，未来基本养老保险目标替代率确定为 58.5%。基本养老金主要目的在于保障广大退休人员的晚年基本生活。

根据我国养老保险制度相关文件的规定，职工养老保险待遇即受益水平与企业在职

工提供服务各期的缴费水平不直接挂钩，企业承担的义务仅限于按照标准提存的金额，属于国际财务报告准则中所称的设定提存计划。设定提存计划，是指企业向一个独立主体支付固定提存金，如果该基金不能拥有足够资产以支付与当前和以前期间职工服务相关的所有职工福利，企业不再负有进一步支付提存金的法定义务和推定义务。因此，在设定提存计划下，企业在每一期间的义务取决于企业在该期间提存的金额，由于提存额一般都在职工提供服务期末 12 个月以内到期支付，计量该类义务一般不需要折现。

②企业补充养老保险，是指由企业根据自身经济实力，在国家规定的实施政策和实施条件下为本企业职工所建立的一种辅助性的养老保险。它居于多层次的养老保险体系中的第二层次，由国家宏观指导、企业内部决策执行。

为了更好地保障企业职工退休后的生活，依法参加基本养老保险，履行缴费义务、具有相应的经济负担能力，并且已经建立集体协商机制的企业，经过有关部门批准，可以申请建立企业年金。企业年金是企业及其职工在依法参加基本养老保险的基础上，自愿建立的补充养老保险制度。我国以年金形式建立的补充养老保险制度属于企业“缴费确定型”计划，即以缴费的情况确定企业年金待遇的养老金模式，企业缴费亦是根据参加计划职工的工资、级别、工龄等因素，在计划中明确规定，以后期间不再调整。从企业承担义务的角度来看，我国企业的补充养老保险缴费也属于设定提存计划。

在我国，无论是基本养老保险还是补充养老保险制度，企业对职工的义务仅限于按照省、自治区、直辖市或地（市）政府或企业年金计划规定缴费的部分，没有进一步支付的义务，均应当按照与国际财务报告准则中设定提存计划相同的原则处理。因此，无论是支付的基本养老保险费，还是补充养老保险费，企业都应当在职工提供服务的会计期间根据规定标准计提，按照受益对象进行分配，计入相关资产成本或者当期损益。

基本养老保险与企业补充养老保险既有区别又有联系。其区别主要体现在两种养老保险的层次和功能上的不同，其联系主要体现在两种养老保险的政策和水平相互联系、密不可分。企业补充养老保险由劳动保障部门管理，单位实行补充养老保险，应选择经劳动保障行政部门认定的机构经办。企业补充养老保险的资金筹集方式有现收现付制、部分积累制和完全积累制三种。企业补充养老保险费可由企业完全承担，或由企业和员工双方共同承担，承担比例由劳资双方协议确定，企业内部一般都设有由劳资双方组成的董事会，负责企业补充养老保险事宜。

③职工个人储蓄性养老保险是我国多层次养老保险体系的一个组成部分，是由职工自愿参加、自愿选择经办机构的一种补充保险形式。由社会保险机构经办的职工个人储蓄性养老保险，由社会保险主管部门制定具体办法，职工个人根据自己的工资收入情况，按规定交纳个人储蓄性养老保险费，记入当地社会保险机构在有关银行开设的养老保险个人账户，并应按照不低于或高于同期城乡居民储蓄存款利率计息，以提倡和鼓励职工个人参加储蓄性养老保险，所得利息记入个人账户，本息一并归职工个人所有。职工达到法定退休年龄经批准退休后，凭个人账户将储蓄性养老保险金一次总付或分次支付给本人。职工跨地区流动，个人账户的储蓄性养老保险金应随之转移。职工未到退休年龄

而死亡，记入个人账户的储蓄性养老保险金应由其指定人或法定继承人继承。

2. 医疗保险

医疗保险是指劳动者因疾病、伤残或生育等原因需要治疗时，由国家和社会提供必要的医疗服务和物质帮助的一种社会保险制度。医疗保险的享受待遇按照各个地方的规定各不相同，基本内容包括急诊医疗费用和住院医疗等。

3. 工伤保险

工伤保险是指劳动者因为工作受伤致残，暂时或者永久丧失劳动能力时，由国家和社会给予一定的物质帮助的一种社会保险制度。在我国，工伤保险的待遇，包括参保单位的参保人员发生工伤事故，经过劳动保障行政部门认定工伤后，参保单位及时携带工伤认定的相关证明材料到所属区、县社保经办机构建立工伤职工支付信息数据库后，可享受医疗费用的报销待遇。

4. 生育保险

生育保险是指国家和社会对女职工由于妊娠、分娩而暂时丧失劳动能力时给予物质帮助的一种社会保险制度。在我国，生育保险的享受待遇也因各个地方而有所不同，一般包括生育津贴、生育医疗费用、计划生育手术医疗费用和其他费用等。

5. 失业保险

失业保险是指国家通过建立失业保险基金的办法，对由于某种情形失去工作而暂时中断生活来源的劳动者提供一定基本生活需要，并且帮助其重新就业的一种社会保险制度。

小企业应当按照《社会保险登记管理暂行办法》规定的相关期限及时到工商企业执照注册地所在的区县社会保险经办机构申请办理社会保险登记。小企业需要持有“企业法人营业执照”副本，填报“社会保险登记表”，申请办理社会保险登记，市或者区县社会保险经办机构对于小企业填报的“社会保险登记表”和其他相关的证件、材料应当及时受理，10 日内审核完毕，符合规定的，予以登记，并且发给“社会保险登记证”。

小企业的社会保险登记事项中的单位名称、住所地址、法定代表人、单位类型、主管部门和开户银行等发生变更时，应当依法向原社会保险登记机构申请办理变更登记。小企业应当自工商行政管理机关办理变更登记或者有关机关批准变更之日起 30 日内，持“变更社会保险登记申请书”“社会保险登记证”、工商变更登记表和工商执照到原社会保险登记机构办理变更手续。社会保险变更登记的内容涉及社会保险登记证件的内容需要更改的，社会保险经办机构将收回原社会保险登记证，并且按照更改后的内容，重新核发社会保险登记证。

小企业发生解散、破产、撤销、合并以及其他情形，依法终止社会保险缴费义务时，应当及时向原社会保险登记机构申请办理注销“社会保险登记证”。小企业应当自工商行政管理机关办理注销登记之日起 30 日内，向原社会保险登记机构申请办理注销社会保险登记，小企业被工商行政管理机关吊销营业执照的，应当自营业执照被吊销之日起 30 日内，向原社会保险登记机构申请办理注销登记。

（四）住房公积金

住房公积金是指单位及其在职职工缴存的长期住房储金，是住房分配货币化、社会化和法制化的主要形式，住房公积金应当按照国家规定的基准和比例计算，向住房公积金管理机构缴存。住房公积金制度是国家法律规定的重要的住房社会保障制度，具有强制性、互助性、保障性。单位和职工个人必须依法履行缴存住房公积金的义务。

小企业按照就近原则，应当到各地管理部门办理住房公积金的缴存登记手续，小企业应当提供的材料包括："企业法人营业执照"副本原件及复印件，法定代表人或负责人身份证原件及复印件，单位经办人的身份证原件及复印件，单位填制的管理中心统一印制的"单位登记表"一份，加盖单位公章。

小企业建立住房公积金时，应当填写一式两份的"住房公积金登记表"和"住房公积金汇缴清册"报归集部门，同时提供单位印鉴卡一式两张完成初始登记。"住房公积金汇缴清册"的实际张数要与"住房公积金登记表"上附汇缴清册的张数一致。住房公积金的月缴存额原则上每年核定一次，以后每年 5 月 1 日至 31 日，都要向归集部门编报本单位下年度的"住房公积金登记表"和"住房公积金汇缴清册"。缴存额核定后，在住房公积金缴存年度内可变更一次，企业应当重新填报"住房公积金登记表"和"住房公积金汇缴清册"，并且在"住房公积金登记表"空白处注明新汇缴起始汇缴月份。

（五）工会经费和职工教育经费

工会经费和职工教育经费，是指企业为了改善职工文化生活、为职工学习先进技术和提高文化水平和素质，用于开展工会活动和职工教育及职业技能培训等相关支出。工会经费是指工会依法取得并开展正常活动所需的费用。按《中华人民共和国工会法》，工会经费的主要来源是工会会员交纳的会费和按每月全部职工工资总额的 2% 向工会拨交的经费这两项，其中 2% 的工会经费是经费的最主要来源。职工教育经费是指企业按工资总额的一定比例提取用于职工教育事业的一项费用，是企业为职工学习先进技术和提高文化水平而支付的费用。

（六）非货币性福利

非货币性福利，包括企业以自产产品或外购商品发放给职工作为福利、将企业拥有的资产无偿提供给职工使用、为职工无偿提供医疗保健服务等。

（七）因解除与职工的劳动关系给予的补偿

因解除与职工的劳动关系给予的补偿，是指由于分离办社会职能、实施主辅分离辅业改制分流安置富余人员、实施重组、改组计划、职工不能胜任等原因，企业在职工劳动合同尚未到期之前解除与职工的劳动关系，或者为了鼓励职工自愿接受裁减而提出补偿建议的计划中给予职工的经济补偿，即国际财务报告准则中所指的辞退福利。

（八）其他与获得职工提供的服务相关的支出

其他与获得职工提供的服务相关的支出，是指除了上述七种薪酬之外的其他为了获得职工提供服务而给予的报酬，比如，企业提供给职工以权益形式结算的认股权、以现金形式结算但以权益工具公允价值为基础确定的现金股票增值权等。

三、科目设置

小企业应当设置“应付职工薪酬”科目,从而核算小企业根据有关规定应付给职工的各种薪酬。“应付职工薪酬”科目应按照“职工工资”“奖金、津贴和补贴”职工福利费”“社会保险费”“住房公积金”“工会经费”“职工教育经费”“非货币性福利”“辞退福利”等科目进行明细核算。“应付职工薪酬”科目贷方表示企业实际应付的职工薪酬,借方表示企业实际支付的职工薪酬。“应付职工薪酬”科目期末贷方余额,反映小企业应付未付的职工薪酬。

小企业(外商投资)按照规定从净利润中提取的职工奖励及福利基金,也通过“应付职工薪酬”科目核算。

四、应付职工薪酬的账务处理

小企业应当在职工为其提供服务的会计期间,将应付的职工薪酬确认为负债,并根据职工提供服务的受益对象,分别按照下列情况进行会计处理:

(一)应由生产产品、提供劳务负担的职工薪酬,计入产品成本或劳务成本

生产产品、提供劳务中的直接生产人员和直接提供劳务人员发生的职工薪酬,计入存货成本,但非正常消耗的直接生产人员和直接提供劳务人员的职工薪酬,应当计入当期损益。

(二)应由在建工程、无形资产开发项目负担的职工薪酬,计入固定资产成本或无形资产成本

自行建造固定资产和自行研究开发无形资产过程中发生的职工薪酬,能否计入固定资产或无形资产成本,取决于相关资产的成本确定原则。比如,企业在研究阶段发生的职工薪酬不能计入自行开发无形资产的成本,在开发阶段发生的职工薪酬,符合无形资产资本化条件的,应当计入自行开发无形资产的成本。

(三)其他职工薪酬(含因解除与职工的劳动关系给予的补偿),计入当期损益

除了直接生产人员、直接提供劳务人员、符合准则规定条件的建造固定资产人员、开发无形资产人员以外的职工,包括企业总部管理人员、董事会成员、监事会成员等人员相关的职工薪酬,因难以确定直接对应的受益对象,均应当在发生时计入当期损益。

(四)月末,小企业应当将本月发生的职工薪酬区分以下情况进行分配

①生产部门(提供劳务)人员的职工薪酬,借记“生产成本”“制造费用”等科目,贷记“应付职工薪酬”科目。

②应由在建工程、无形资产开发项目负担的职工薪酬,借记“在建工程”“研发支出”等科目,贷记“应付职工薪酬”科目。

③管理部门人员的职工薪酬和因解除与职工的劳动关系给予的补偿,借记“管理费用”科目,贷记“应付职工薪酬”科目。

④销售人员的职工薪酬，借记“销售费用”科目，贷记“应付职工薪酬”科目。

【例 8-9】20×2 年 9 月，某小企业统计本月应当发放的工资总额具体包括如下项目：企业生产部门(提供劳务)人员工资 800 000 元，生产部门管理人员工资 400 000 元，企业管理部门人员工资 200 000 元，企业销售部门人员工资 300 000 元。根据本市政府规定，企业应当按照职工工资总额的 9%、10%、3% 和 8% 计提医疗保险费、养老保险费、失业保险费和住房公积金，交纳给本市社会保险经办机构和住房公积金管理机构。企业应该承担的职工福利费义务金额为职工工资总额的 4%，职工福利受益对象为上述所有人员。此外，企业分别按照职工工资总额的 2% 和 1.5% 计提工会经费和职工教育经费，企业做出如下账务处理：

20×2 年 10 月，公司统计本月应发工资：

应当计入生产成本的职工薪酬 = 800 000+800 000×(9%+10%+3%+4%+2%+1.5%+8%) = 1 100 000(元)

应当计入制造费用的职工薪酬 = 400 000+400 000×(9%+10%+3%+4%+2%+1.5%+8%) = 550 000(元)

应当计入管理费用的职工薪酬 = 200 000+200 000×(9%+10%+3%+4%+2%+1.5%+8%) = 275 000(元)

应当计入销售费用的职工薪酬 = 300 000+300 000×(9%+10%+3%+4%+2%+1.5%+8%) = 412 500(元)

借：生产成本　　1 100 000
　　制造费用　　550 000
　　管理费用　　275 000
　　销售费用　　412 500
　　贷：应付职工薪酬——工资　　700 000
　　　　　　　　　　——职工福利　　68 000
　　　　　　　　　　——社会保险费　　374 000
　　　　　　　　　　——住房公积金　　136 000
　　　　　　　　　　——工会经费　　34 000
　　　　　　　　　　——职工教育经费　　25 500

(五)小企业发放职工薪酬应当区分以下情况进行处理

①向职工支付工资、奖金、津贴、福利费等，从应付职工薪酬中扣还的各种款项(代垫的家属药费、个人所得税等)，借记“应付职工薪酬”科目，贷记“库存现金”“银行存款”“其他应收款”“应交税费——应交个人所得税”等科目。

②支付工会经费和职工教育经费用于工会活动和职工培训，借记“应付职工薪酬”科目，贷记“银行存款”等科目。

③按照国家有关规定交纳的社会保险费和住房公积金，借记“应付职工薪酬”科目，贷记“银行存款”科目。

④以其自产产品发放给职工的，按照其销售价格，借记“应付职工薪酬”科目，贷记

“主营业务收入”科目;同时,还应结转产成品的成本。涉及增值税销项税额的,还应进行相应的账务处理。

【例 8-10】20×2 年 12 月 1 日,B 企业作为增值税一般纳税人,为了年终奖励企业员工,决定将自己生产的一批空调和外购的一批洗衣机作为福利发放给企业职工,自己生产的空调每台成本为 1 000 元,售价为 4 000 元,外购的洗衣机不含税价格每台为 2 000 元,增值税税率为 13%,20×2 年 12 月 20 日,空调已发放给员工,洗衣机也已经购买回来发放给员工。此外,B 企业有 200 名员工,其中,生产部门的直接生产人员有 160 名,管理部门的管理人员有 40 名。根据上述经济业务,B 企业做出账务处理如下:

①20×2 年 12 月 1 日,公司决定发放福利(空调)时:

空调的售价总额 = 4 000×200 = 800 000(元)

空调的增值税销项税额 = 800 000×13% = 104 000(元)

	借方	贷方
借:生产成本	723 200	
管理费用	180 800	
贷:应付职工薪酬——非货币性福利		904 000

②20×2 年 12 月 20 日,B 企业实际发放福利(空调)时:

	借方	贷方
借:应付职工薪酬——非货币性福利	904 000	
贷:主营业务收入		800 000
应交税费——应交增值税(销项税额)		104 000
借:主营业务成本	200 000	
贷:库存商品		200 000

③20×2 年 12 月 1 日,B 企业决定发放福利(洗衣机)时:

洗衣机的进价总额 = 2 000×200 = 400 000(元)

洗衣机的进项税额 = 400 000×13% = 52 000(元)

	借方	贷方
借:生产成本	361 600	
管理费用	90 400	
贷:应付职工薪酬——非货币性福利		452 000

④20×2 年 12 月 20 日,B 企业购买并发放福利(洗衣机)时:

	借方	贷方
借:应付职工薪酬——非货币性福利	452 000	
贷:银行存款		452 000

⑤支付的因解除与职工的劳动关系给予职工的补偿,借记“应付职工薪酬”科目,贷记“库存现金”“银行存款”等科目。

(六)小企业在确定应付职工薪酬和应计入成本费用的职工薪酬时,还有两种特殊情况

①对于国务院有关部门、省、自治区、直辖市人民政府或经批准的企业年金计划规定了计提基础和计提比例的职工薪酬项目,企业应当按照规定的计提标准,计量企业承担的职工薪酬义务和计入成本费用的职工薪酬。其中,对于“五险一金”,即医疗保险费、养

老保险费、失业保险费、工伤保险费、生育保险费和住房公积金,企业应当按照国务院、所在地政府或企业年金计划规定的标准计量应付职工薪酬义务和应当计入成本费用的薪酬金额。对于工会经费和职工教育经费,企业应当按照国家相关规定,分别按照职工工资总额的2%和1.5%计量应付职工薪酬(工会经费、职工教育经费)义务金额和应相应计入成本费用的薪酬金额。从业人员技术要求高、培训任务重、经济效益好的企业,可以根据国家有关规定,按照职工工资总额的2.5%计量计入成本费用的职工教育经费。按照明确标准计算确定应承担的职工薪酬义务后,再根据受益对象计入相关资产的成本或者当期费用。

②对于国家相关法律、法规没有明确规定计提基础和计提比例的职工福利费,企业应当根据历史经验数据和自身实际情况,预计应付职工薪酬金额和应计入成本费用的薪酬金额,每个资产负债表日,企业应当对实际发生的福利费金额和预计金额进行调整。

第四节　应交税费

税收是国家组织财政收入的主要形式和工具,是国家调节经济的重要杠杆之一,也是对经济活动进行监督管理的重要手段。国家凭借政治权力,制定法律,公布征税标准,并用行政手段和司法手段来保证税收任务的完成。因此,税收具有强制性、无偿性、固定性的特征。每一个依法直接负有纳税义务的单位和个人(即纳税主体)都应自觉向各级税务机关(即征税主体)交纳税金。

为了全面反映小企业各项税费的增减变动情况,应当设置"应交税费"科目,核算按照现行税法和权责发生制要求计算应交纳的各种税费,包括增值税、消费税、所得税、资源税、土地增值税、城市维护建设税、教育费附加、房产税、城镇土地使用税、车船税、代缴的个人所得税、印花税等。上述的各项税费中,印花税在纳税义务产生的同时直接缴纳,不包括在应交税费内。印花税是对经济活动和经济交往中书立、领受的凭证征收的一种税。

在实际缴纳时,借记"税金及附加"科目,贷记"银行存款"科目。除此之外,上述其他税费均通过"应交税费"科目进行会计处理。"应交税费"科目实质上是全面反映小企业与税务机关或财政部门之间发生的税务关系。

小企业按规定计算应缴的消费税、资源税、土地增值税、城市维护建设税、教育费附加、房产税、城镇土地使用税、车船税等,借记"税金及附加"科目,贷记"应交税费"科目。实际缴纳时,借记"应交税费"科目,贷记"银行存款"等科目。

"应交税费"属于负债类科目,贷方反映应交的各种税金数额;借方反映实际交纳的各种税金数额;期末贷方余额,反映小企业尚未交纳的税费;期末如为借方余额,反映小企业多交或尚未抵扣的税费。

一、应交增值税的核算

增值税是对销售货物、销售劳务、销售服务、销售无形资产、销售不动产或进口货物的增值部分征收的一种税。纳税人分为一般纳税人和小规模纳税人。小规模纳税人是指年应税销售额小于规定额度,且会计处理不健全的纳税人;年应税销售额超过规定额度的个人、非企业性单位、不经常发生应税行为的企业,视同小规模纳税人。除此之外,为一般纳税人。

年销售额低于500万元的企业,归为小规模纳税人;年销售额超过500万元的企业,为一般纳税人。年销售额500万元是以企业连续经营12个月(4个季度)的累计应税销售额来判定的:在连续12个月(按月申报)或4个季度(按季申报)里的累计应税销售额低于500万元,以小规模纳税人的身份经营;如果在连续12个月(按月申报)或4个季度(按季申报)里的累计应税销售额超过500万元,就需要转登记为一般纳税人。

按照规定,一般纳税人购入货物或接受应税劳务支付的增值税(进项税额),可以从销售货物或提供劳务按规定收取的增值税(销项税额)中抵扣。一般纳税人当期应缴纳的增值税可按下列公式计算:

应交增值税=当期销项税额-当期进项税额-留抵税额

当期销项税额=当期销售应税商品或劳务的收入×适应税率

(一)一般纳税人的小企业应交增值税的核算

1.科目设置

小企业(一般纳税人)增值税会计账户和专栏的设置小企业在"应交税费"科目下设置"应交增值税""未交增值税""预交增值税""待抵扣进项税额""待认证进项税额""待转销项税额""增值税留抵税额""简易计税""转让金融商品应交增值税""代扣代缴增值税"等明细科目。

①小企业在"应交增值税"明细账内设置"进项税额""销项税额抵减""已交税金""转出未交增值税""减免税款""出口抵减内销产品应纳税额""销项税额""出口退税""进项税额转出""转出多交增值税"等专栏。其中:a."进项税额"专栏,记录小企业购进货物、加工修理修配劳务、服务、无形资产或不动产而支付或负担的、准予从当期销项税额中抵扣的增值税额;b."销项税额抵减"专栏,记录小企业按照现行增值税制度规定因扣减销售额而减少的销项税额;c."已交税金"专栏,记录小企业当月已缴纳的应缴增值税额;d."转出未交增值税"和"转出多交增值税"专栏,分别记录小企业月度终了转出当月应交未交或多交的增值税额;e."减免税款"专栏,记录小企业按现行增值税制度规定准予减免的增值税额;f."出口抵减内销产品应纳税额"专栏,记录实行"免、抵、退"办法的小企业按规定计算的出口货物的进项税抵减内销产品的应纳税额;g."销项税额"专栏,记录小企业销售货物、加工修理修配劳务、服务、无形资产或不动产应收取的增值税额;h."出口退税"专栏,记录小企业出口货物、加工修理修配劳务、服务、无形资产按规定退回的增值税额;i."进项税额转出"专栏,记录小企业购进货物、加工修理修配劳务、服务、无形资产或不动产等发生非正常损失以及其他原因而不应从销项税额中抵扣、按规定转出的进项税额。

②"未交增值税"明细科目,核算小企业月度终了从"应交增值税"或"预交增值税"明细科目转入当月应交未交、多交或预缴的增值税额,以及当月缴纳以前期间未交的增

值税额。

③“预交增值税”明细科目，核算小企业转让不动产、提供不动产经营租赁服务、提供建筑服务、采用预收款方式销售自行开发的房地产项目等，以及其他按现行增值税制度规定应预缴的增值税额。

④“待抵扣进项税额”明细科目，核算小企业已取得增值税扣税凭证并经税务机关认证，按照现行增值税制度规定准予以后期间从销项税额中抵扣的进项税额。包括：实行纳税辅导期管理的小企业取得的尚未交叉稽核比对的增值税扣税凭证上注明或计算的进项税额。

⑤“待认证进项税额”明细科目，核算小企业由于未经税务机关认证而不得从当期销项税额中抵扣的进项税额。包括：小企业已取得增值税扣税凭证、按照现行增值税制度规定准予从销项税额中抵扣，但尚未经税务机关认证的进项税额；小企业已申请稽核但尚未取得稽核相符结果的海关缴款书进项税额。

⑥“待转销项税额”明细科目，核算小企业销售货物、加工修理修配劳务、服务、无形资产或不动产，已确认相关收入（或利得）但尚未发生增值税纳税义务而需于以后期间确认为销项税额的增值税额。

⑦“增值税留抵税额”明细科目，核算兼有销售服务、无形资产或者不动产的小企业，截止到纳入营改增试点之日前的增值税期末留抵税额按照现行增值税制度规定不得从销售服务、无形资产或不动产的销项税额中抵扣的增值税留抵税额。

⑧“简易计税”明细科目，核算小企业采用简易计税方法发生的增值税计提、扣减、预缴、缴纳等业务。

⑨“转让金融商品应交增值税”明细科目，核算小企业转让金融商品发生的增值税额。

⑩“代扣代缴增值税”明细科目，核算小企业购进在境内未设经营机构的境外单位或个人在境内的应税行为代扣代缴的增值税。

2. 一般购销业务的账务处理

在购进阶段，会计处理实行价税分离，其依据为增值税专用发票上注明的增值税和价款，属于价款部分，计入所购货物或劳务的成本，属于增值税额部分，作为进项税额。在销售阶段，税和价款也是分离的，如果定价时是价税合一的，那么将含税销售额按公式“不含税销售额=含税销售收入÷(1+税率)”还原为不含税销售额，并以此作为销售收入，而向购买方收取的增值税作为销项税额。

一般纳税人购进货物、加工修理修配劳务、服务、无形资产或不动产，按应计入相关成本费用或资产的金额，借记“在途物资”或“原材料”“库存商品”“生产成本”“无形资产”“固定资产”“管理费用”等科目，按当月已认证的可抵扣增值税额，借记“应交税费——应交增值税（进项税额）”科目，按当月未认证的可抵扣增值税额，借记“应交税费——待认证进项税额”科目，按应付或实际支付的金额，贷记“应付账款”“应付票据”“银行存款”等科目。发生退货的，如果原增值税专用发票已做认证，那么根据税务机关开具的红字增值税专用发票做相反的会计处理；如果原增值税专用发票未做认证，那么将发票退回并做相反的会计处理。

一般纳税人购进货物、加工修理修配劳务、服务、无形资产或不动产，用于简易计税方法计税项目、免征增值税项目、集体福利或个人消费等，其进项税额按照现行增值税制度规定不得从销项税额中抵扣的，取得增值税专用发票时，借记相关成本费用或资产账户，借记“应交税费——待认证进项税额”科目，贷记“银行存款”“应付账款”等科目，经税务机关认证后，借记相关成本费用或资产账户，贷记“应交税费——应交增值税（进项税额转出）”账户。

一般纳税人购进的货物等已到达并验收入库，但尚未收到增值税扣税凭证并未付款的，在月末按货物清单或相关合同协议上的价格暂估入账，不需要将增值税的进项税额暂估入账。下月初，用红字冲销原暂估入账金额，待取得相关增值税扣税凭证并经认证后，按应计入相关成本费用或资产的金额，借记“原材料”“库存商品”“固定资产”“无形资产”等账户，按可抵扣的增值税额，借记“应交税费——应交增值税（进项税额）”账户，按应付金额，贷记“应付账款”等账户。

按照现行增值税制度规定，境外单位或个人在境内发生应税行为，在境内未设有经营机构的，以购买方为增值税扣缴义务人。境内一般纳税人购进服务、无形资产或不动产，按应计入相关成本费用或资产的金额，借记“生产成本”“无形资产”“固定资产”“管理费用”等账户，按可抵扣的增值税额，借记“应交税费——应交增值税（进项税额）”账户，按应付或实际支付的金额，贷记“应付账款”等账户，按应代扣代缴的增值税额，贷记“应交税费——代扣代交增值税”账户。实际缴纳代扣代缴增值税时，按代扣代缴的增值税额，借记“应交税费——代扣代交增值税”账户，贷记“银行存款”账户。

小企业销售货物、加工修理修配劳务、服务、无形资产或不动产，按应收或已收的金额，借记“应收账款”“应收票据”“银行存款”等账户，按取得的收入金额，贷记“主营业务收入”“其他业务收入”“固定资产清理”“工程结算”等账户，按现行增值税制度规定计算的销项税额（或采用简易计税方法计算的应纳增值税额），贷记“应交税费——应交增值税（销项税额）”或“应交税费——简易计税”账户。发生销售退回的，根据按规定开具的红字增值税专用发票做相反的会计处理。

按照国家统一的会计制度确认收入或利得的时点早于按照增值税制度确认增值税纳税义务发生时点的，将相关销项税额计入“应交税费——待转销项税额”账户，待实际发生纳税义务时再转入“应交税费——应交增值税（销项税额）”或“应交税费——简易计税”账户。

按照增值税制度确认增值税纳税义务发生时点早于按照国家统一的会计准则确认收入或利得的时点的，将应纳增值税额，借记“应收账款”账户，贷记“应交税费——应交增值税（销项税额）”或“应交税费——简易计税”账户，按照国家统一的会计准则确认收入或利得时，按扣除增值税销项税额后的金额确认收入。

【例 8-11】20×1 年 12 月 1 日，公司购入一批原材料，增值税专用发票上注明的原材料价款为 60 000 元，增值税额为 7 800 元，货款已经支付。12 月 10 日，材料到达并验收入库。12 月 5 日，该公司销售产品收入 120 000 元（不含税），货款尚未收到。假设该产

品的增值税税率为13%,无须缴纳消费税。假设不结转产品成本。公司的会计处理如下:

①支付货款时:

借:在途物资　　60 000

　应交税费——应交增值税(进项税额)　　7 800

　　贷:银行存款　　67 800

②货物验收入库时:

借:原材料　　60 000

　　贷:在途物资　　60 000

③销售产品时:

借:应收账款　　135 600

　　贷:主营业务收入　　120 000

　　　应交税费——应交增值税(销项税额)　　15 600

3. 购入免税产品的账务处理

依据规定,对农业生产者销售的自产农业产品、古旧图书等部分项目免征增值税。小企业销售免征增值税项目的货物,不能开具增值税专用发票,只能开具普通发票。小企业购进免税产品,一般情况下不能抵扣。

对于购入的免税农业产品等可以按买价或收购金额的一定比例计算进项税额,并准予从销项税额中抵扣。这里购入免税农业产品的买价是指小企业购进免税农业产品支付给农业生产者的价款,收购免税农产品的按收购凭证的9%、10%扣税。

在账务处理时,一方面要按购进免税农业产品有关凭证上确定的金额或收购金额,扣除一定比例的进项税额,作为购进农业产品的成本;另一方面要将扣除的部分作为进项税额,待以后用销项税额抵扣。按照购入农业产品的买价和税法规定的税率计算的增值税进项税额,借记"应交税费——应交增值税(进项税额)"或("应交税费——待认证进项税额"等)科目;按照买价减去按照税法规定计算的增值税进项税额后的金额,借记"材料采购"或"在途物资"等科目;按照应付或实际支付的价款,贷记"应付账款""库存现金""银行存款"等科目。

【例8-12】公司收购入价款为30 000元的大豆,并已验收入库,会计处理如下:

进项税额=30 000×10%=3 000(元)

借:在途物资　　27 000

　应交税费——应交增值税(进项税额)　　3 000

　　贷:银行存款　　30 000

借:库存商品　　27 000

　　贷:在途物资　　27 000

4. 视同销售的账务处理

对于视同销售货物的行为,一般纳税人需要计算销项税额,小规模纳税人需要计算应纳税额。一般纳税人按规定计算缴纳增值税,计入"应交税费——应交增值税"账户中的"销项税额"专栏或"应交税费——简易计税"科目。

小企业销售物资或提供应税劳务，按营业收入和应收取的增值税额，借记“应收账款”“应收票据”“银行存款”等科目；按专用发票上注明的增值税额，贷记“应交税费——应交增值税（销项税额）”或“应交税费——简易计税”；按确认的营业收入，贷记“主营业务收入”“其他业务收入”等科目。发生销售退回时，做相反的账务处理。

在增值税的几种视同销售行为中，将货物交付他人代销、销售代销货物、非同一县（市）将货物移送其他机构用于销售、将自产或委托加工的货物用于个人消费（会计上的支付非货币性职工薪酬）、将自产或委托加工或购买的货物作为投资并提供给其他单位或个人、将自产或委托加工或购买的货物分配给股东或投资者，都按市场价格或评估价值确认收入，同时计算销项税额。其他视同销售行为不确认收入，货物按成本结转，同时按市场价格计算销项税额。

①将货物交付他人代销。这种视同销售行为，货物的所有权并未转移，经济利益也未流入小企业，小企业不能确认为收入。在收到代销清单时，小企业按协议价确认为收入。

借：应收账款

　　贷：主营业务收入

　　　　应交税费——应交增值税（销项税额）

②销售代销货物。销售代销货物视同买断方式和收取手续费方式会计处理不同。视同买断方式下，和委托方约定的协议价是小企业取得此收入的成本，小企业在销售完成后按实际销售价格确认收入。

借：银行存款（或应收账款）

　　贷：主营业务收入

　　　　应交税费——应交增值税（销项税额）

收取手续费方式下，小企业不确认收入，在计算手续费时确认劳务收入。

售出受托代销商品时：

借：银行存款

　　贷：受托代销商品

　　　　应交税费——应交增值税（销项税额）

计算代销手续费时：

借：受托代销商品款

　　贷：其他业务收入

③非同一县（市）将货物移送其他机构用于销售。设有两个以上机构并实行统一会计处理的纳税人，将货物从一个机构移送至不在同一县（市）的其他机构销售，会计上属小企业内部货物转移，不确认收入。由于两个机构分别向其机构所在地主管税务机关申报纳税，属两个纳税主体，因此货物调出方确认收入并计算销项税额。

借：应收账款

　　贷：主营业务收入

　　　　应交税费——应交增值税（销项税额）

④将自产或委托加工的货物用于非应税项目。这种行为货物在小企业内部转移使用,小企业不能确认收入,而是按成本结转。

借:在建工程(其他业务成本)

贷:库存商品

应交税费——应交增值税(销项税额)

⑤将自产或委托加工的货物用于集体福利或个人消费。将自产或委托加工的货物用于集体福利同用于非应税项目一样,小企业不能确认收入,而是按成本结转。

借:应付职工薪酬

贷:库存商品

应交税费——应交增值税(销项税额)

⑥将自产或委托加工的货物用于个人消费,就是会计上的用于支付非货币性职工薪酬,这种行为符合收入的定义和销售商品收入确认条件。

借:应付职工薪酬

贷:主营业务收入

应交税费——应交增值税(销项税额)

⑦将自产或委托加工或购买的货物作为投资并提供给其他单位或个人,会计处理如下:

借:长期股权投资

贷:主营业务收入

应交税费——应交增值税(销项税额)

⑧将自产或委托加工或购买的货物分配给股东或投资者。小企业将货物分配给股东或投资者,按其市场价格或评估价值确认收入。

借:应付利润

贷:主营业务收入

应交税费——应交增值税(销项税额)

⑨将自产或委托加工或购买的货物无偿赠送他人。将货物无偿赠送他人不是小企业的日常活动,不能确认收入,而是按成本结转。

借:营业外支出

贷:库存商品

应交税费——应交增值税(销项税额)

【例8-13】公司用原材料投资A公司,协议按市场价值作价。该批原材料的实际成本为10 000元,计税价为11 000元。假如该原材料的增值税税率为13%。根据上述经济业务,公司的会计处理如下:

投资转出原材料的销项税额=11 000×13%=1 430(元)

借:长期股权投资　　12 430

贷:主营业务收入　　11 000

应交税费——应交增值税(销项税额)　　1 430

【例 8-14】公司将生产的产品用于在建工程，该产品成本为 25 000 元，计税价格为 30 000 元，适用的增值税税率为 13%，公司的会计处理如下：

借：在建工程　28 900

　贷：库存商品　25 000

　　应交税费——应交增值税（销项税额）　3 900

5. 不予抵扣项目的账务处理

按照规定，下列项目的进项税额不得从销项税额中抵扣：

①用于非增值税应税项目、免征增值税项目、集体福利或者个人消费的购进货物或者应税劳务；

②非正常损失的购进货物及相关的应税劳务；

③非正常损失的在产品、产成品所耗用的购进货物或者应税劳务；

④国务院财政、税务主管部门规定的纳税人自用消费品；

⑤本条第①项至第④项规定的货物的运输费用和销售免税货物的运输费用。

对于上述按规定不予抵扣的进项税额，采用不同的会计处理方法。

对于购入货物时能直接认定其进项税额不能抵扣的，如购入的货物直接用于免税项目，或者直接用于非应税项目，或者直接用于集体福利和个人消费的，那么增值税专用发票上注明的增值税额，直接计入购入货物及接受劳务的成本。

因发生非正常损失或改变用途等，原已计入进项税额、待抵扣进项税额或待认证进项税额，但按现行增值税制度规定不得从销项税额中抵扣的，借记“待处理财产损溢”“应付职工薪酬”“固定资产”“无形资产”等科目，贷记“应交税费——应交增值税（进项税额转出）”“应交税费——待抵扣进项税额”或“应交税费——待认证进项税额”科目；原不得抵扣且未抵扣进项税额的固定资产、无形资产等，因改变用途等用于允许抵扣进项税额的应税项目的，按允许抵扣的进项税额，借记“应交税费——应交增值税（进项税额）”科目，贷记“固定资产”“无形资产”等科目。固定资产、无形资产等经上述调整后，按调整后的账面价值在剩余尚可使用寿命内计提折旧或摊销。

【例 8-15】公司购入一批价款为 24 000 元的原料，增值税专用发票上注明的增值税额为 3 120 元。材料已验收入库，货款尚未支付。

①材料验收入库：

借：原材料　24 000

　应交税费——应交增值税（进项税额）　3 120

　贷：应付账款　27 120

②假设材料入库后，公司又将该批材料全部用于工程项目：

借：在建工程　27 120

　贷：原材料　24 000

　　应交税费——应交增值税（进项税额转出）　3 120

购进的物资、在产品及产成品因盘亏、毁损、报废、被盗，以及购进物资改变用途等原因按照税法规定不得从增值税销项税额中抵扣的进项税额，其进项税额转入有关科目，借记“待处理财产损溢”等科目，贷记“应交税费——应交增值税(进项税额转出)”(或“应交税费——待认证进项税额”等)科目。

【例8-16】20×1年12月31日，公司盘点库存商品，盘亏甲商品10件，其进价总计为2 000元，该项商品增值税税率为13%，盘亏原因待查。

借：待处理财产损溢——待处理流动资产损溢　　2 260

　贷：库存商品　　2 000

　　应交税费——应交增值税(进项税额转出)　　260

可见，上述进项税额转出，是指小企业购进的货物、加工的在产品和产成品等发生非正常损失以及货物改变用途等原因而不应从销项税额中抵扣的进项税额。上述情况下，货物的进项税额在发生时已记入“应交税费——应交增值税(进项税额)”(或“应交税费——待认证进项税额”等)科目的借方，既然这些货物没有销项税额，其进项税额按规定又不能用其他货物的销项税额抵扣，这时将原入账的进项税额从“应交增值税”科目中转出。但这种情况不能用红字冲减借方的“进项税额”，因而在贷方设“进项税额转出”专栏反映或贷记“应交税费——待认证进项税额”科目。

6. 出口退税的账务处理

出口退税是指已报关离境的产品，由税务机关将其出口前在生产和流通环节中已征收的中间税款返还给出口企业从而使出口商品以不含税价格进入国际市场参与国际竞争的一种政策制度。作为一般纳税人的小企业，出口退税情况主要有两种：一种是生产型工业企业；另一种是外贸型商业企业。我国《出口货物退(免)税管理办法》分别针对生产型企业和外贸型企业采取两种退税计算办法：一种是自营和委托出口自产货物的生产企业采取“免、抵、退”办法；另一种是外(工)贸企业采取“免、退”管理办法。此外还有免征消费税的出口货物退税的会计处理，下一节介绍消费税退税的会计处理。

(1)生产型工业小企业出口退税的会计处理。按照《财政部国家税务总局关于出口货物劳务增值税和消费税政策的通知》(财税〔2012〕39号)规定，自2002年1月1日起，生产企业自营或委托外贸企业代理出口自产货物，除另有规定外，增值税一律实行免抵退税管理办法。上述自营或委托外贸企业系作为一般纳税人的小企业，其所谓“实行免抵退管理办法”中的“免”，是指小企业出口货物时免征本企业的生产销售环节增值税；“抵”，是指小企业自产货物耗用的原材料、燃料、动力等所含应予退还的进项税额，抵顶内销货物的应纳税额部分；“退”，是指应抵顶的进项税额大于应纳税额时对未抵顶完的部分予以退还的税额。小企业在期末，将出口货物不得免征和抵扣的税额，计入主营业务成本退还部分，通过“应交税费——应交增值税(出口退税)”科目和“应交税费——应交增值税(出口抵减内销产品应纳税额)”科目进行账务处理。“应交税费——应交增值税(出口退税)”和“应交税费——应交增值税(出口抵减内销产品应纳税额)”。

【例8-17】进出口公司为小企业，20×1年8月10日购入服装2 000件，单价1000元，增值税专用发票上注明金额为200 000元，增值税26 000元，验收入库。根据合同规定，该公司将服装出口至英国，离岸价为30 000美元(汇率为1美元=6.25元人民币)，服装退税率为11%，进出口公司当月出口退税的账务处理如下：

应退增值税额 = 200 000×11% = 22 000(元)

转出增值税额 = 26 000−22 000 = 4 000(元)

①购进货物时:

借:库存商品　　200 000

　　应交税费——应交增值税(进项税额)　　26 000

　　贷:银行存款　　226 000

②出口报关销售时:

借:应收账款　　250 000

　　贷:主营业务收入　　250 000

③结转商品销售成本:

借:主营业务成本　　200 000

　　贷:库存商品　　200 000

④进项税额转出:

借:主营业务成本　　4 000

　　贷:应交税费——应交增值税(进项税额转出)　　4 000

⑤计算出应收增值税退税款:

借:其他应收款——出口退税款　　22 000

　　贷:应交税费——应交增值税(出口退税)　　22 000

⑥收到增值税退税款时:

借:银行存款　　22 000

　　贷:其他应收款——出口退税款　　22 000

(2)外贸型商业企业出口退税的会计处理。外贸小企业以及部分工贸企业收购货物出口,免征其出口环节的增值税;进货成本支出部分,既包括货物成本支出,也包括支付的增值税。而这部分增值税按照退税率计算并退还给小企业。因而,外贸型小企业有"免、退"增值税业务活动,其"免、退"增值税的会计处理如下:出口产品实现销售收入时,按照应收的金额,借记"应收账款"等账户;按照税法规定应收的出口退税,借记"其他应收款"账户;按照税法规定不予退回的增值税额,借记"主营业务成本"账户;按照确认的销售商品收入,贷记"主营业务收入"账户;按照税法规定应缴纳的增值税额,贷记"应交税费——应交增值税(销项税额)"账户。

(二)小规模纳税人的小企业应交增值税的核算

小规模纳税人具有如下特点:

①小规模纳税人销售货物或提供应税劳务,一般只能开具普通发票,不能开具增值税专用发票。

②小规模纳税人销售货物或提供应税劳务,实行简易办法计算应纳税额,按照销售额的一定比例计算缴纳增值税。

③小规模纳税人的销售额不包括其应纳税额。采用销售额和应纳税额合并定价方法的,将含税销售额还原为不含税销售额后,再计算应纳税额,小规模纳税人的征收率一

般为3%。

不含税销售额=含税销售额÷(1+征收率)

应交增值税=不含税销售额×征收率

小企业(小规模纳税人)以及购入材料不能抵扣增值税的,发生的增值税计入材料成本,借记“原材料”“在途物资”等科目,贷记““应付账款”“银行存款”科目。

【例8-18】公司被核定为增值税小规模纳税人,本期购入原材料,增值税专用发票上记载的原材料价款为10 000元,支付的增值税额为300元,货款未付,材料尚未到达。该公司本期销售产品,含税价为9 000元,货款尚未收到,公司的会计处理如下:

①购进货物时:

借:在途物资	10 300	
贷:应付账款		10 300

②销售货物时:

不含税价指=9 000÷(1+3%)≈8 737.86(元)

应交增值税=8 737.86×3%≈262.14(元)

借:应收账款	9 000	
贷:主营业务收入		8 737.86
应交税费——应交增值税		262.14

③按规定上缴增值税时:

借:应交税费——应交增值税	262.14	
贷:银行存款		262.14

(三)缴纳增值税的账务处理

月度终了,小企业将当月应交未交或多交的增值税自“应交增值税”明细科目转入“未交增值税”明细科目。对于当月应交未交的增值税,借记“应交税费——应交增值税(转出未交增值税)”科目,贷记“应交税费——未交增值税”科目;对于当月多交的增值税,借记“应交税费——未交增值税”科目,贷记“应交税费——应交增值税(转出多交增值税)”科目。

1.缴纳当月应交增值税

小企业缴纳当月应交的增值税,借记“应交税费——应交增值税(已交税金)”科目(小规模纳税人应借记“应交税费——应交增值税”科目),贷记“银行存款”科目。

2.缴纳以前期间未交增值税

小企业缴纳以前期间未交的增值税,借记“应交税费——未交增值税”科目,贷记“银行存款”科目。

3.预缴增值税

小企业预缴增值税时,借记“应交税费——预交增值税”科目,贷记“银行存款”科目。月末,小企业将“预交增值税”明细科目余额转入“未交增值税”明细科目,借记“应交税费——未交增值税”科目,贷记“应交税费——预交增值税”科目。房地产开发小企业等在预缴增值税后,直至纳税义务发生时方可从“应交税费——预交增值税”科目结转至“应交税费——未交增值税”科目。

4. 减免增值税

对于当期直接减免的增值税，借记“应交税费——应交增值税（减免税款）”科目，贷记损益类相关科目。

二、应交消费税的核算

消费税是对生产、委托加工及进口应税消费品（主要指烟、酒、高档次及高能耗的消费品）征收的一种税。消费税有从价定率和从量定额两种征收方法。采取从价定率方法征收的消费税，以不含增值税的销售额为税基，按照税法规定的税率计算。小企业的销售收入包含增值税的，将其换算为不含增值税的销售额。采取从量定额计征的消费税，根据按税法确定的小企业应税消费品的销售数量和单位税额来计算确定。

（一）科目设置

消费税实行价内征收，小企业缴纳的消费税计入销售税金抵减产品销售收入。小企业按规定应缴纳的消费税，在“应交税费”总账下设置“应交消费税”明细科目进行账务处理。借方反映小企业实际缴纳的消费税和待扣的消费税；贷方反映按规定应缴纳的消费税；期末贷方余额，反映尚未缴纳的消费税；期末借方余额，反映多缴或待扣的消费税。

（二）应交消费税的账务处理

1. 产品销售应缴纳消费税的账务处理

生产应税消费品的小企业，销售产品时按规定计算应缴纳的消费税，分别按以下情况进行处理。

①小企业将生产的产品直接对外销售，其应缴纳的消费税，通过“税金及附加”科目进行账务处理。小企业按规定计算出应缴纳的消费税，借记“税金及附加”科目，贷记“应交税费——应交消费税”科目。

【例 8-19】20×1 年 9 月，小企业（一般纳税人）销售 10 台销售价格为 15 000 台/元的空调（不含应向购买者收取的增值税额），货款尚未收到，空调成本为 8 000 台/元。空调的增值税税率为 13%，消费税税率为 10%，公司的会计处理如下：

应向购买者收取的增值税额 = 15 000×10×13% = 19 500（元）

应交消费税 = 15 000×10×10% = 15 000（元）

科目	借方	贷方
借：应收账款	184 500	
贷：主营业务收入		150 000
应交税费——应交增值税（销项税额）		19 500
——应交消费税		15 000
借：主营业务成本	80 000	
贷：库存商品		80 000

②小企业用应税消费品对外投资，或者用于在建工程、非生产机构等其他方面，按规定应缴纳的消费税计入有关的成本。此业务的实质是增值税部分所介绍的视同销售行

为。销售额应按照同类消费品的销售价格计算;没有同类消费品销售价格的,按照组成计税价格计算,其公式为:

$$组成计税价格=\frac{成本+利润}{1-消费税税率}$$

应税消费品用于对外投资和其他非生产机构方面:

借:长期股权投资

　　贷:主营业务收入(或其他业务收入)

　　　　应交税费——应交增值税(销项税额)

同时结转成本:

借:主营业务成本(或其他业务成本)

　　贷:库存商品(或原材料)

计算应交消费税:

借:税金及附加

　　贷:应交税费——应交消费税

应税消费品用于在建工程时:

借:在建工程

　　贷:库存商品

　　　　应交税费——应交增值税(销项税额)

　　　　　　　　——应交消费税

【例8-20】20×2年12月1日,小企业(一般纳税人)将应税消费品用于对外投资,产品成本为75 000元,计税价为80 000元,该产品适用的增值税税率为13%,消费税税率为10%。

增值税额=80 000×13%=10 400(元)

应交消费税=80 000×10%=8 000(元)

借:长期股权投资	98 400	
贷:主营业务收入		80 000
应交税费——应交增值税(销项税额)		10 400
——应交消费税		8 000
借:主营业务成本	75 000	
贷:库存商品		75 000

【例8-21】小企业(一般纳税人)将自产的一批应税消费品向投资者分配利润,该消费品的实际成本为5万元,没有同类产品的销售价值,正常的成本利润率为40%,增值税税率为13%,消费税税率为30%。

组成计税价格=(5+5×40%)÷(1−30%)=10(万元)

应交消费税=10×30%=3(万元)

增值税销项税额=10×13%=1.3(万元)

借:应付利润	93 000	

贷:库存商品　　50 000

应交税费——应交增值税(销项税额)　　13 000

——应交消费税　　30 000

2. 委托加工缴纳消费税的账务处理

小企业委托加工的应税消费品,分别按以下情况处理。

①委托加工的应税消费品收回后直接出售的,不再征收消费税。也就是说,小企业将收回的应税消费品,以不高于受托方的计税价格出售的,为直接出售,不再缴纳消费税;小企业以高于受托方的计税价格出售的,不属于直接出售,需按照规定申报缴纳消费税,在计税时准予扣除受托方已代收代缴的消费税。小企业将代收代缴的消费税计入委托加工的应税消费品成本,借记"委托加工物资"等科目,贷记"应付账款""银行存款"等科目。此时的消费税已包含在应税消费品的成本中。

②委托加工的应税消费品收回后,小企业用于连续生产应税消费品的,所纳税款准予按规定抵扣。小企业按代收代缴的消费税款,借记"应交税费——应交消费税"科目,贷记"应付账款"或"银行存款"等科目,待用委托加工的应税消费品生产出应纳消费税的产品销售时,再缴纳消费税。

【例 8-22】公司委托外单位 B 加工材料,原材料价款为 20 000 元,加工费用为 5 000 元,由受托者 B 代收代缴的消费税为 500 元,材料已经加工完成并验收入库,加工费用尚未支付。

①假设公司收回加工后的材料用于继续生产,发出委托加工材料时:

借:委托加工物资　　20 000

贷:原材料　　20 000

与受托者办理结算:

借:委托加工物资　　5 000

应交税费——应交消费税　　500

贷:应付账款　　5 500

收回加工完毕的材料:

借:原材料　　25 000

贷:委托加工物资　　25 000

②假设公司收回加工后的材料直接用于销售:

借:委托加工物资　　20 000

贷:原材料　　20 000

借:委托加工物资　　5 500

贷:应付账款　　5 500

借:原材料　　25 500

贷:委托加工物资　　25 500

3. 进口应税消费品的账务处理

对于需要缴纳消费税的进口物资,小企业缴纳的消费税计入该项物资的成本,借记

“材料采购”或“在途物资”“库存商品”“固定资产”等科目,贷记“银行存款”等科目。

【例 8-23】某小企业从国外进口一批需要缴纳消费税的商品,商品价值为 20 000 元,进口环节需要缴纳的消费税为 4 000 元(不考虑增值税),采购的商品已经验收入库,货款尚未支付,税款已经用银行存款支付。

借:库存商品　　24 000

　贷:应付账款　　20 000

　　银行存款　　4 000

该小企业进口应税物资在进口环节应缴纳的消费税为 4 000 元,计入该项物资的成本。

4. 其他消费税的账务处理

(1)销售金银首饰消费税的账务处理

金银首饰在零售环节消费税实从价定率办法计算应纳税额。

应纳税额计算公式:应纳税额=销售额×比例税率(5%)。

销售额为纳税人销售应税消费品向购买方收取的全部价款和价外费用,但不包括应向购货方收取的增值税税款。

有金银首饰零售业务的以及采用以旧换新方式销售金银首饰的小企业,在营业收入实现时,按照应缴纳的消费税,借记“税金及附加”科目,贷记“应交税费——应交消费税”科目。有金银首饰零售业务的小企业因受托代销金银首饰按照税法规定应缴纳的消费税,借记“税金及附加”科目,贷记“应交税费——应交消费税”科目;以其他方式代销金银首饰的,其缴纳的消费税,借记“税金及附加”科目,贷记“应交税费——应交消费税”科目。

有金银首饰零售业务的小企业将金银首饰用于馈赠、赞助、广告、职工福利、奖励等方面的,在物资移送时,按照应缴纳的消费税,借记“营业外支出”“销售费用”“应付职工薪酬”等科目,贷记“应交税费——应交消费税”科目。

随同金银首饰出售但单独计价的包装物,按照税法规定应缴纳的消费税,借记“税金及附加”科目,贷记“应交税费——应交消费税”科目。

【例 8-24】某金银首饰零售小企业,当月直接销售金银首饰取得收入 10 000 元(不含增值税),以旧换新取得收入 1 000 元,对某企业赞助金银首饰 500 元,过节发给职工金银首饰做福利 1 000 元,广告支出用金银首饰 2 000 元,随同金银首饰销售但单独计价的包装物取得收入 1 000 元,消费税税率为 5%。

该小企业直接销售金银首饰计提消费税 500 元(10 000×5%):

借:税金及附加　　500

　贷:应交税费——应交消费税　　500

以旧换新计提消费税 50 元(1 000×5%):

借:税金及附加　　50

　贷:应交税费——应交消费税　　50

对某企业赞助计提消费税 25 元(500×5%):

借:营业外支出　　25

　　贷:应交税费——应交消费税　　25

发给职工做福利计提消费税 50 元(1 000×5%):

借:应付职工薪酬　　50

　　贷:应交税费——应交消费税　　50

用于广告支出计提消费税 100 元(2 000×5%):

借:销售费用　　100

　　贷:应交税费——应交消费税　　100

随同金银首饰销售但单独计价的包装物应计提消费税 50 元(1 000×5%):

借:其他业务成本　　50

　　贷:应交税费——应交消费税　　50

小企业因受托加工或翻新改制金银首饰按照税法规定应缴纳的消费税,在向委托方交货时,借记"税金及附加"科目,贷记"应交税费——应交消费税"科目。

(2)免征消费税的账务处理

免征消费税的出口物资分别以下情况进行处理:

小企业(生产性)直接出口或通过外贸企业出口的物资,按照税法规定直接予以免征消费税的,可不计算应交消费税。

通过外贸企业出口物资时,如果是按规定实行先征后退办法的分为从价计税办法退税、从量计税办法退税、复合计税办法退税三种情况,按下列方法进行账务处理:

委托外贸企业代理出口物资的小企业,在计算消费税时,按应交消费税,借记"其他应收款"科目,贷记"应交税费——应交消费税"科目。收到退回的税金,借记"银行存款"科目,贷记"其他应收款"科目。发生退关、退货而补交已退的消费税,做相反的账务处理。

自营出口物资的小企业,在物资报关出口后申请出口退税时,借记"其他应收款"科目,贷记"主营业务成本"科目。实际收到退回的税金,借记"银行存款"科目,贷记"其他应收款"科目。发生退关或退货而补交已退的消费税,做相反的账务处理。

【例 8-25】A 进出口公司 20×1 年 9 月出口啤酒 500 吨,啤酒的消费税额为每吨 220 元,出口白酒 20 吨,每吨进价 15 000 元,消费税税率 20%,计算本月应退消费税。

本月出口啤酒应退消费税 = 500×220 = 110 000(元)

本月出口白酒应退消费税 = 20×15 000×20% + 20×2 000×0.5 = 80 000(元)

A 进出口公司的会计处理如下:

借:其他应收款　　190 000

　　贷:主营业务成本　　190 000

收到退税款时:

借:银行存款　　190 000

　　贷:其他应收款　　190 000

小企业销售商品应缴纳的资源税,借记"税金及附加"科目,贷记"应交税费——应交资源税”科目。

自产自用的物资应缴纳的资源税,借记“生产成本”科目,贷记“应交税费——应交资源税”科目。

收购未税矿产品,按照实际支付的价款,借记“在途物资”等科目,贷记“银行存款”等科目;按照代扣代缴的资源税,借记“在途物资”等科目,贷记“应交税费——应交资源税”科目。

外购液体盐加工固体盐:在购入液体盐时,按照所允许抵扣的资源税,借记“应交税费——应交资源税”科目;按照外购价款减去允许抵扣资源税后的金额,借记“在途物资”或“原材料”等科目;按照应支付的全部价款,贷记“银行存款”“应付账款”等科目。加工成固体盐后,在销售时,按照计算出的销售固体盐应缴纳的资源税,借记“税金及附加”科目,贷记“应交税费——应交资源税”科目。将销售固体盐应交资源税扣抵液体盐已交资源税后的差额上缴时,借记“应交税费——应交资源税”科目,贷记“银行存款”科目。

小企业缴纳的资源税,借记“应交税费——应交资源税”科目,贷记“银行存款”科目。

【例 8-26】某小企业将自产的煤炭 3 000 吨用于产品生产,资源税每吨 5 元。该小企业的会计处理如下:

自产自用煤炭应交的资源税=3 000×5=15 000(元)

借:生产成本——基本生产成本　　15 000

　　贷:应交税费——应交资源税　　15 000

小企业收购未税矿产品实际支付的收购款以及代扣代缴的资源税,作为收购矿产品的成本,将代扣代缴的资源税,记入“应交税费——应交资源税”科目。

【例 8-27】某小企业收购未税矿产品,实际支付的收购款为 300 000 元,代扣代缴的资源税为 5 000 元,假设不考虑增值税因素,该小企业的会计处理如下:

借:原材料　　305 000

　　贷:银行存款　　300 000

　　　　应交税费——应交资源税　　5 000

小企业按照规定实行所得税、增值税、消费税等先征后返的,在实际收到返还的所得税、增值税、消费税等时,借记“银行存款”科目,贷记“营业外收入”科目。

三、其他应交税费的核算

(一)土地增值税的核算

小企业转让土地使用权、地上建筑物及其附着物并取得收入的单位和个人,均应缴纳土地增值税。土地增值税按照转让房地产所取得的增值额和规定的税率计算征收。土地增值额的计算公式为:

土地增值额=出售房地产的总收入-扣除项目金额

①小企业转让土地使用权连同地上建筑物及其附着物一并在“固定资产”或“在建工程”等科目进行会计处理的,转让时应缴纳的土地增值税,借记“固定资产清理”科目,贷记“应交税费——应交土地增值税”科目,缴纳的土地增值税,借记“应交税费——应交土

地增值税”科目,贷记“银行存款”等科目。

土地使用权在“无形资产”科目进行会计处理的,按照实际收到的金额,借记“银行存款”科目;按照应缴纳的土地增值税,贷记“应交税费——应交土地增值税”科目,同时冲销土地使用权的净值,贷记“无形资产”科目;按照其差额,借记“营业外支出——非流动资产处置净损失”科目或贷记“营业外收入——非流动资产处置净收益”科目。

②小企业(房地产开发经营)销售房地产应缴纳的土地增值税,借记“税金及附加”科目,贷记“应交税费——应交土地增值税”科目。

③缴纳的土地增值税,借记“应交税费——应交土地增值税”科目,贷记“银行存款”科目。

【例 8-28】20×1 年 8 月,某房产公司有偿转让一栋公寓,共计价款 67 万元,其扣除项目金额为 32 万元,计算应纳税额。

土地增值额=67-32=35(万元)

土地增值额与扣除项目金额之比=(35÷32)×100% ≈109.38%

应纳税额=35×50%-32×15%=12.7(万元)

根据上述计算结果,会计处理如下:

借:税金及附加　　127 000

　贷:应交税费——应交土地增值税　　127 000

缴纳税金时:

借:应交税费——应交土地增值税　　127 000

　贷:银行存款　　127 000

(二)房产税、城镇土地使用税、车船税和环保税的核算

小企业按规定缴纳房产税、城镇土地使用税、车船税、环保税时,借记“税金及附加”科目,贷记“应交税费——应交房产税、应交城镇土地使用税、应交车船税、应交环保税”科目;小企业缴纳房产税、城地使用税、车船税费和环保税时,借记“应交税费——应交房产税、应交城镇土地使用税、应交车船税、应交环保税”科目,贷记“银行存款”等科目。

【例 8-29】某小企业当月应缴纳的房产税、城镇土地使用税、车船税分别为 5 500 元、2 200 元、450 元。

借:税金及附加　　8 150

　贷:应交税费——应交房产税　　5 500

　　　　　——应交城镇土地使用税　　2 200

　　　　　——应交车船税　　450

(三)个人所得税的核算

个人所得税是以个人(自然人)取得的各项应税所得为征税对象所征收的一种税。

小企业按规定计算的应代扣代缴的职工个人所得税,借记“应付职工薪酬”科目,贷记“应交税费——应交个人所得税”科目;缴纳个人所得税时,借记“应交税费——应交个人所得税”科目,贷记“银行存款”等科目。

【例 8-30】某小企业王经理于 2021 年 3 月取得工资收入，应缴纳的个人所得税为 860 元。

借：应付职工薪酬　　860

　　贷：应交税费——应交个人所得税　　860

企业缴纳个人所得税时：

借：应交税费——应交个人所得税　　860

　　贷：银行存款　　860

（四）城市维护建设税和教育费附加的核算

小企业按规定计算应缴的教育费附加和城市维护建设税时，借记“税金及附加”“管理费用”等科目，贷记“应交税费——应交教育费附加、城建税”等科目；缴纳的教育费附加、城市维护建设税，借记“应交税费——应交教育费附加、城建税”科目，贷记“银行存款”等科目。

【例 8-31】某小企业当月缴纳的增值税为 5 000 元，消费税为 1 000 元，教育费附加的征收率为 3%，城市维护建设税的征收率为 7%。

应交教育费附加 = (5 000+1 000)×3% = 180(元)

应交城市维护建设税 = (5 000+1 000)×7% = 420(元)

该企业的会计处理如下。

①计提时：

借：税金及附加　　600

　　贷：应交税费——应交教育费附加　　180

　　　　　　　　——应交城市维护建设税　　420

②缴纳时：

借：应交税费——应交教育费附加　　180

　　　　　　——应交城市维护建设税　　420

　　贷：银行存款　　600

（五）企业所得税的核算

所得税是根据小企业应纳税所得额的定比例上缴的一种税金。

应纳税所得额是在小企业税前会计利润（利润总额）的基础上调整确定的，其计算公式：

应纳税所得额 = 税前会计利润+纳税调整增加额-纳税调整减少额

纳税调整增加额主要包括税法规定允许扣除项目中，小企业已计入当期费用但超过税法规定扣除标准的金额（如超过税法规定标准的业务招待费支出），以及小企业已计入当期损失但税法规定不允许扣除项目的金额（如税收滞纳金罚款、罚金）。

纳税调整减少额主要包括按税法规定允许弥补的亏损和准予免税的项目，如国债利息收入等。

对于执行《小企业会计准则》的小企业来说，上述纳税调整主要源于永久性差异。永久性差异是由于《小企业会计准则》和《中华人民共和国企业所得税法》（以下简称《企业所得税法》）在确认收入、费用或损失时的口径不一致，而产生的会计利润和应纳税所得额之间的差异。

永久性差异不予税前扣除，在企业所得税汇算清缴时要做相应的纳税调整，具体包括：小企业发生的不合理的工资薪金支出；超过当年工资、薪金总额14%的职工福利费、2%的工会经费、8%的职工教育经费；小企业发生的和生产经营活动有关的业务招待费支出按照发生额的60%扣除，但最高不得超过当年销售（营业）收入的5‰；税收滞纳金、罚金、罚款和被没收财物的损失、赞助支出、与经营活动无关的固定资产折旧、无形资产摊销、房屋、建筑物以外未投入使用的固定资产计提的折旧费用等。

小企业当期应交所得税＝应纳税所得额×所得税税率

【例8-32】公司20×1年度按《小企业会计准则》计算的税前会计利润为197 000元，所得税税率为20%。当年按税法核定的全年计税工资为20 000元，公司全年实发工资为22 000元；公司当年营业外支出中有1 000元为税款滞纳罚金。假定公司全年无其他纳税调整因素。

甲公司有两项纳税调整因素：一是已计入当期费用但超过税法规定标准的工资支出；二是已计入当期营业外支出但按税法规定不允许扣除的税款滞纳金。这两个因素均应调整增加当期应纳税所得额。

甲公司20×1年所得税的计算如下：

纳税调整数＝22 000－20 000+1 000＝3 000（元）

应纳税所得额＝197 000+3 000＝200 000（元）

当期应交所得税额＝200 000×20%×25%＝10 000（元）

【例8-33】公司20×1年度按《小企业会计准则》计算的税前会计利润为100 000元，所得税税率为20%。当年按税法核定的全年计税工资为200 000元，公司全年计税工资为180 000元。假定公司全年无其他纳税调整因素。

甲公司实际支付的工资总额低于计税工资，不属于纳税调整因素，甲公司又无其他纳税调整因素，因此甲公司20×1年度计算的税前会计利润即为应纳税所得额。

甲公司20×1年应交所得税额＝100 000×20%×25%＝5 000（元）

（六）先征后返的企业所得税、增值税、消费税的核算

小企业按照规定实行企业所得税、增值税、消费税等先征后返的，应当在实际收到返还的企业所得税、增值税（不含出口退税）、消费税等时，借记“银行存款”科目，贷记“营业外收入”科目。

思考题

1. 负债有何特征？如何分类？
2. 流动负债包括哪些内容？具体有哪些项目？
3. 短期借款如何进行会计核算？
4. 应付职工薪酬核算的内容，包括哪些确认原则是什么？
5. 应交增值税如何进行会计核算？
6. 应交消费税如何进行会计核算？
7. 其他应交税费包括哪些内容，如何进行会计核算？

练习题

一、单项选择题

1. 小企业“短期借款”科目的贷方登记(　　)。

A. 借入的本金　　B. 预提的借款利息

C. 偿还的本金　　D. 偿还的借款本金和利息

2. 下列有关小企业长期借款利息的表述中，不正确的是(　　)。

A. 属于筹建期间的，记入营业外支出

B. 属于生产经营期间的，记入财务费用

C. 用于构建固定资产的，在固定资产尚未达到预定可使用状态前，按规定应予资本化的利息支出，计入在建工程成本

D. 用于构建固定资产的，在固定资产达到预定可使用状态后，按规定不予资本化的利息支出，记入财务费用

E. 负值形成企业的一项现时义务

3. 小企业在应付职工薪酬中代扣代缴的个人所得税，应当贷记的会计科目是(　　)。

A. “其他应收款”　　B. “应交税费”

C. “应付职工薪酬”　　D. “其他应付款”

4. 下列各项中，属于职工福利费用的是(　　)。

A. 医疗保险费　　B. 职工培训费

C. 职工生活困难补助　　D. 工会活动经费

5. 小企业为财务部门职工支付的社会保险费，应当计入(　　)。

A. 财务费用　　B. 管理费用　　C. 其他业务成本　　D. 营业外支出

6. 小企业的应付账款确实无法支付，经确认后转作(　　)。

A. 营业外收入　　B. 投资收益　　C. 其他业务收入　　D. 资本公积

7. 短期借款核算时不会涉及的科目是(　　)。

A. “短期借款”　　B. “应付利息”　　C. “财务费用”　　D. “在建工程”

8. 甲公司20×1年6月以一批自产的空调发放给职工作为非货币性福利。该批产品的成本为20 000元，计税价格为26 000元，增值税税额为3 380元，消费税税额为1 300元，则甲公司应当确认的应付职工薪酬金额为(　　)元。

A. 20 000　　B. 25 460　　C. 26 000　　D. 30 680

二、多项选择题

1. 下列各项中，属于负债特征的有(　　)。

A. 负债由过去的交易或事项形成　　B. 负债形成企业的一项现时义务
C. 负债形成企业的一项潜在义务　　D. 负债未来会导致经济利益流出企业

2. 下列各项开支中，属于小企业应付职工薪酬的有（　　）。
A. 工会经费　　B. 企业医务人员的工资
C. 住房公积金　　D. 辞退福利

3. 下列各项开支中，不通过“应付职工薪酬”科目反映的有（　　）。
A. 诉讼费　　B. 职工生活困难补助
C. 职工食堂补助费用　　D. 业务招待费

4. 下列各项职工薪酬中，不能直接在“管理费用”科目中列支的有（　　）。
A. 生产人员的薪酬　　B. 行政人员的薪酬
C. 车间管理人员的薪酬　　D. 研发人员的薪酬

5. 下列不属于工资总额的项目是（　　）。
A. 支付给运动员的奖金
B. 离退休人员待遇的各种支出
C. 调动工作的差旅费
D. 劳动合同制职工解除劳动合同时由企业支付的医疗补助费

6. 下列各项支出中，属于小企业应付职工薪酬的有（　　）。
A. 工会经费　　B. 企业医务人员的工资
C. 住房公积金　　D. 辞退福利

7. 下列各项开支中，不通过“应付职工薪酬”科目反映的有（　　）。
A. 诉讼费　　B. 职工生活困难补助
C. 职工食堂补助费用　　D. 业务招待费

8. 下列各项职工薪酬中，不能直接在“管理费用”科目中列支的有（　　）。
A. 生产人员的薪酬　　B. 行政人员的薪酬
C. 车间管理人员的薪酬　　D. 研发人员的薪酬

三、判断题

1. 流动负债中的预收账款和短期借款不需要支付利息。（　　）

2. 应付福利费、应交税费、预收账款及将于一年内到期的长期借款都属于流动负债。（　　）

3. 外币应收款项产生的汇兑差额属于借款费用。（　　）

4. 应付福利费可以用于支付职工的医药费，建造职工集体福利设施。（　　）

5. 应付分期付息债券利息需通过“其他应付款”核算的业务。（　　）

6. 小企业应缴的土地使用税，借记“税金及附加”科目，贷记“应交税费——应交城镇土地使用税”。（　　）

7. 小企业转让土地使用权、地上建筑物及其附着物一并在“固定资产”科目核算，借记“固定资产清理”科目，贷记“应交税费——应交土地增值税”科目。（　　）

四、业务题

1. 公司20×1年5月发生下列经济业务：

（1）收到国家投入资本860 000元，存入银行；

（2）收到乙企业投入固定资产一批，原始价值500 000元，经评估确认价值350 000元；

（3）向银行借入短期借款60 000元、长期借款300 000元，存入银行。

要求：根据上述经济业务编制会计分录。

2. 20×1年3月28日某小企业购入一台生产用机器设备（不需要安装），收到的增值税专用发票上注明的货款为100 000元，增值税税额为13 000元，款项尚未支付。5月2日该小企业的一辆轿车进行维修，收到的增值税专用发票上注明的修理费用为4 000元，增值税额为520元，该小企业已支票支付了该笔款项。

要求：根据上述经济业务编制会计分录。

3. 某小企业为增值税一般纳税人，20×1年4月，企业销售一批产品，不含税售价为300 000元，增值税税额为39 000元，该批产品为应税消费品，其消费税额为30 000元，该批产品的生产成本为200 000元，产品已经发出，款项尚未收到。

要求：根据上述经济业务编制会计分录。

第九章 非流动负债

学习目标

通过本章学习，了解长期借款的特征；掌握取得长期借款，应付利息日借款费用的处理，偿还长期借款本金的会计处理；长期应付款的核算内容，并理解长期应付款、递延收益的会计核算处理。

小企业为了满足生产经营的需要，特别是为了拓展经营规模，建厂房购设备都需要长期占用大量的资金，为此小企业需要筹集长期资金。小企业的非流动负债，是指流动负债以外的负债，非流动负债按筹措方式主要包括：长期借款、长期应付款等，如果存在政府补贴，还会涉及递延收益。非流动负债的优点：一是可以保持企业原有的股权结构不变和股票价格稳定；二是不影响原有股东对企业的控制权；三是举债可以增加股东的收益；四是非流动负债支付的利息具有抵税功能。非流动负债的不利影响：一是举借非流动负债可能带来股东收益的减少；二是举借非流动负债必须按规定到期偿还；三是举借非流动负债可能会给企业带来较大的财务风险。

小企业各项非流动负债应当按照其实际发生额入账，即小企业所发生的非流动负债不需要考虑时间价值因素和市价因素。

第一节 长期借款

一、长期借款的概述

长期借款是指小企业向银行或其他金融机构借入的期限在 1 年以上（不含 1 年）的各种借款，一般用于固定资产的购建、无形资产的研发以及为了保持小企业长期经营能力等方面。由于长期借款的使用关系到小企业的生产经营规模和效益，小企业除了要遵守有关的借款规定并有不同形式的担保外，还应按期支付长期借款的利息以及按规定的期限归还借款本金等。因此，要加强对长期借款的借入、借款利息的结算和借款本息的归还情况的管理，促使小企业遵守信贷纪律，提高信用等级，并确保长期借款发挥效益。

从长期借款的定义中可以看出小企业的长期借款有以下几个特征：

①长期借款的债权人既包括银行,也包括其他金融机构,如小额贷款公司等。如果小企业向第三方(如个人)借入期限在1年以上并且负担利息费用也作为长期借款核算。

②借款期限较长,借入期限在1年以上,不仅要偿还本金,还应支付相应的利息费用。

③长期借款不仅包括人民币借款,还包括外币借款。

二、长期借款的核算

(一)科目设置

小企业应设置"长期借款"科目核算,借入长期借款,借记"银行存款"科目,贷记"长期借款"科目。偿还长期借款本金,借记"长期借款"科目,贷记"银行存款"科目。本科目期末贷方余额,反映小企业尚未偿还的长期借款本金。本科目应按照借款种类、贷款人和币种进行明细核算。

在应付利息日,应当按照借款本金和借款合同利率计提利息费用,借记"财务费用""在建工程"等科目,贷记"应付利息"科目。

(二)取得长期借款的账务处理

小企业借入长期借款,应按实际收到的金额,借记"银行存款"科目,贷记"长期借款"科目。

【例9-1】小企业于20×1年1月1日从银行借入资金400 000元存入银行,借款期限为3年,年利率为7%,每年年末付息一次,到期一次还本,小企业所借入款项已存入银行,甲企业取得借款时会计处理:

借:银行存款　　400 000

　　贷:长期借款　　400 000

(三)长期借款利息费用的账务处理

借款费用,是指企业因借款而发生的利息、折价或者溢价的摊销和辅助费用,以及因外币借款而发生的汇兑差额。它反映的是企业借入资金所付出的代价。借款利息,包括企业向银行或者其他金融机构等借入资金发生的利息、发行公司债券发生的利息,以及为购建或者生产符合资本化条件的资产而发生的带息债务所承担的利息等。

折价或者溢价的摊销,主要是指发行债券等所发生的折价或者溢价,发行债券中折价或溢价,其实质是对债券票面利息的调整,属于借款费用的范畴。包括发行公司债券等所发生的折价或者溢价在每期的摊销金额。

辅助费用,包括企业在借款过程中发生的诸如手续费、佣金、印刷费等交易费用。这些相关费用是因为长期借款而发生的,也属于借入资金所付出的代价,所以也是借款费用的构成部分。

因外币借款而发生的汇兑差额,是指由于汇率变动导致市场汇率与账面汇率出现差异,从而对外币借款本金及其利息的记账本位币金额所产生的影响金额。因为汇率的变化,一般会和利率的变化相互联动,属于企业外币借款所需承担的风险,所以,由于外币借款相关汇率变化所导致的汇兑差额属于借款费用的构成部分。

借款费用应予资本化的借款范围既包括专门借款，也包括一般借款。专门借款，是指为购建或者生产符合资本化条件的资产而专门借入的款项。

专门借款应当有明确的专门用途，即为购建或者生产某项符合资本化条件的资产而专门借入的款项，通常应当有标明专门用途的借款合同。

一般借款，是指除专门借款之外的借款，一般借款在借入时，通常没有特指必须用于符合资本化条件的资产的购建或者生产。

其中，符合资本化条件的资产，是指需要经过相当长时间的购建或者生产活动才能达到预定可使用或者可销售状态的固定资产、投资性房地产和存货等资产。建造合同成本、确认为无形资产的开发支出等在符合条件的情况下，也可以认定为符合资本化条件的资产。

符合资本化条件的存货，主要包括房地产开发企业开发的用于对外出售的房地产开发产品、企业制造的用于对外出售的大型机械设备等，这类存货通常需要经过相当长时间的建造或者生产过程，才能达到预定可销售状态。其中"相当长时间"应当是指为资产的购建或者生产经过了 1 年的时间。

（四）偿还长期借款的账务处理

小企业到期偿还长期借款时，应当按照偿还的长期借款本金金额，借记"长期借款"科目，贷记"银行存款"科目。

【例 9-2】20×1 年 1 月 1 日，企业向建设银行借入一项长期借款 200 000 元，借款期限为 2 年，年利率为 6%。这笔借款计划用于建设新的厂房，所借资金已经到位，存入银行。20×1 年 3 月 1 日，这项建设工程开始施工，到 20×2 年 6 月 3 日建设完毕。20×3 年 1 月 1 日，企业按照协议偿还了这项长期借款。根据上述经济业务，企业做账务处理如下：

20×1 年 1 月 1 日，企业借入长期借款时：

借：银行存款	200 000	
贷：长期借款		200 000

20×1 年 12 月 31 日，企业计提长期借款利息：

应计利息 = 2 000 000×6% = 120 000（元）

借款费用资本化期间为 10 个月：

借款费用资本化金额 = 120 000÷12×10 = 100 000（元）

借：在建工程	100 000	
财务费用	20 000	
贷：应付利息		120 000

20×2 年 6 月 3 日，企业计提长期借款利息：

应计利息 = 2 000 000×6% ÷12×5 = 50 000（元）

借：在建工程	50 000	
贷：应付利息		50 000

20×2 年 12 月 31 日，企业计提长期借款利息：

应计利息 = 2 000 000×6% ÷12×7 = 70 000(元)

借:财务费用 70 000

贷:应付利息 70 000

20×3 年 1 月 1 日,企业偿还长期借款:

借:长期借款 2 000 000

应付利息 240 000

贷:银行存款 2 240 000

第二节 长期应付款

一、长期应付款的概念

长期应付款是指小企业发生的除长期借款以外的付款期限在 1 年以上的各种长期应付款项,如应付融资租入固定资产的租赁费、采用分期付款方式购入固定资产和无形资产发生的应付账款等。“长期应付款”科目贷方表示企业发生的长期应付款,借方表示企业归还的长期应付款,本科目期末贷方余额,反映小企业应付未付的长期应付款项。本科目应按照长期应付款的种类和债权人进行明细核算。

二、长期应付款的核算

(一)科目设置

小企业应设置“长期应付款”科目核算小企业除长期借款以外的其他各种长期应付款项。小企业融资租入固定资产,在租赁期开始日,按照租赁合同约定的付款总额和在签订租赁合同过程中发生的相关税费等,借记“固定资产”或“在建工程”科目,贷记“长期应付款”等科目。以分期付款方式购入固定资产,应当按照实际支付的购买价款和相关税费(不包括按照税法规定可抵扣的增值税进项税额),借记“固定资产”或“在建工程”科目,按照税法规定可抵扣的增值税进项税额,借记“应交税费——应交增值税(进项税额)”科目,贷记“长期应付款”科目。

(二)应付融资租赁款的账务处理

小企业融资租入固定资产,同时发生的应付融资租赁款,是企业的一项长期负债。在租赁期开始日,按照租赁合同约定的付款总额和在签订租赁合同过程中发生的相关税费等,借记“固定资产”或“在建工程”科目,贷记“长期应付款”科目等。

1. 租赁开始日

借:固定资产——融资租入固定资产(按租赁合同约定的付款总额和在签订租赁合同过程中发生的相关税费等)

贷:长期应付款——应付融资租赁款(按租赁协议或合同确定的设备价款)
银行存款等(按支付的其他费用)

2. 按期支付融资租赁款

借:长期应付款——应付融资租赁款
贷:银行存款

3. 租赁期满

租赁期满,如果合同规定将固定资产所有权转归承租企业,应进行转账,将固定资产从“融资租入固定资产”明细科目转入有关明细科目:

借:固定资产——有关明细科目
贷:固定资产——融资租入固定资产

【例9-3】某企业采用融资租赁方式租入一条生产线,租赁协议确定租赁价款为500 000 元(包括租赁结束购买该生产线应付的价款);以银行存款支付运输费、途中保险费、安装调试费等共100 000 元。按租赁协议规定,租赁价款分5 年于每年年初支付;该生产线的折旧年限为5 年,按年限平均法计提折旧(假定不考虑净残值),租赁期满,该生产线转归企业拥有。其账务处理如下:

①租入生产线,支付运输费等:

借:在建工程——生产线	500 000	
贷:长期应付款——应付融资租赁款		500 000
借:在建工程——生产线	100 000	
贷:银行存款		100 000

②生产线安装完毕交付使用:

借:固定资产——融资租入固定资产	600 000	
贷:在建工程		600 000

③每期支付融资租赁费:

借:长期应付款——应付融资租赁款	100 000	
贷:银行存款		100 000

④每年计提折旧:

借:制造费用	120 000	
贷:累计折旧		120 000

⑤租赁期满,资产产权转入企业:

借:固定资产——生产经营用固定资产	600 000	
贷:固定资产——融资租入固定资产		600 000

(三)分期付款购入固定资产的账务处理

出于抢占市场、加快技术更新及加大资金回笼的考虑,越来越多的销售方对大件的产品会采取分期付款的销售回款方式来促销,例如电脑等电子设备的分期付款。

根据《小企业会计准则》的规定,以分期付款方式购入固定资产发生的应付款项通过“长期应付款”科目核算。

1. 以分期付款方式购入固定资产

借:固定资产(按照实际支付的购买价款和相关税费,不包括按照税法规定可抵扣的增值税进项税额)

应交税费——应交增值税(进项税额)(按照税法规定可抵扣的增值税进项税额)

贷:长期应付款(按应支付的购买价款和相关税费)

2. 企业按期支付款项

借:长期应付款

贷:银行存款

【例9-4】某企业以分期付款的方式购入一批电脑产品,合同约定的购入价格为2 000 000元,应支付的增值税进项税额为260 000元,款项分五年于每年12月31日等额支付。根据上述经济业务,该企业应做如下账务处理。

①购入电脑时:

	借方	贷方
借:固定资产	2 000 000	
应交税费——应交增值税(进项税额)	260 000	
贷:长期应付款		2 260 000

②按期支付款项时:

	借方	贷方
借:长期应付款	452 000	
贷:银行存款		452 000

以分期付款方式购入固定资产,应当按照实际支付的购买价款和相关税费(不包括按照税法规定可抵扣的增值税进项税额),借记"固定资产"或"在建工程"科目,按照税法规定可抵扣的增值税进项税额,借记"应交税费——应交增值税(进项税额)"科目,贷记"长期应付款"科目。

【例9-5】某小企业以分期付款方式购入一项机器设备,购买价款为150 000元,约定3年期等额付款,每年年末支付。增值税专用发票上注明的增值税税额为19 500元,已支付。另外用银行存款支付了运输费、途中保险费、调试费等共计3 000元。该小企业的会计处理如下:

①购入机器设备时:

	借方	贷方
借:固定资产	153 000	
应交税费——应交增值税(进项税额)	19 500	
贷:长期应付款		150 000
银行存款		22 500

②每年末偿还该长期应付款项时:

	借方	贷方
借:长期应付款	50 000	
贷:银行存款		50 000

三、递延收益的核算

递延收益是指尚待确认的收入或收益也可以说是暂时未确认的收益,它是权责发生制在收益确认上的运用。小企业应设置“递延收益”科目核算小企业已经收到、应在以后期间计入损益的政府补助。本科目应按照相关项目进行明细核算，贷方登记小企业已经收到的、尚待以后期间确认的政府补助，借方登记小企业在以后期间已确认的政府补助。期末贷方余额，反映小企业已经收到但应在以后期间计入损益的政府补助。

《小企业会计准则》中的政府补助，是指小企业从政府无偿取得货币性资产或非货币性资产，但不含政府作为小企业所有者投入的资本。政府补助的主要形式有财政拨款、财政贴息、税收返还、无偿划拨非货币性资产。

“递延收益”的主要账务处理如下：

①小企业收到与资产相关的政府补助。借记“银行存款”等科目，贷记“递延收益”科目。在相关资产的使用寿命内平均分配递延收益，借记“递延收益”科目，贷记“营业外收入”科目。

②小企业收到的其他政府补助，用于补偿本企业以后期间的相关费用或亏损的，应当按照收到的金额，借记“银行存款”等科目，贷记“递延收益”科目。在发生相关费用或亏损的未来期间，应当按照应补偿的金额，借记“递延收益，”科目，贷记“营业外收入”科目。用于补偿本企业已发生的相关费用或亏损的，应当按照收到的金额，借记“银行存款”等科目，贷记“营业外收入”科目。

③小企业收到的政府补助为货币性资产的，应当按照收到的金额计量。政府补助为非货币性资产的，政府提供了有关凭据的，应当按照凭据上标明的金额计量；政府没有提供有关凭据的，应当按照同类或类似资产的市场价格或评估价值计量。

④小企业按照规定实行企业所得税、增值税、消费税等先征后返的应当在实际收到返还的企业所得税、增值税（不含出口退税）、消费税时，借记“银行存款”等科目，贷记“营业外收入”科目。

【例 9-6】某小企业 20×1 年 7 月 8 日建造一批惠民工程，向银行贷款 2 000 000 元，期限 3 年，年利率 8%。当地政府按照贷款额 2 000 000 元向该小企业提供年利率 5% 的财政贴息，共计 300 000 元。20×1 年 7 月 15 日，收到财政贴息资金，20×2 年 4 月 1 日工程完工，预计使用年限 10 年，该小企业的会计处理如下：

①20×1 年 7 月 15 日收到财政贴息：

借：银行存款　　300 000

　　贷：递延收益　　300 000

②20×2 年 4 月 1 日该节能工程完工开始分配递延收益。从 20×2 年 4 月 1 日起，在该节能项目工程的 10 年寿命期内，每月确定的政府补助为：

月政府补助 = 300 000÷(10×12) = 2 500（元）

每月的账务处理如下：

借：递延收益　　2 500

　　贷：营业外收入　　2 500

【例 9-7】20×2 年 1 月 1 日某小企业收到政府 450 万元财政拨款用于购买科研设备 1 台。该小企业于 1 月 29 日购入无须安装的科研设备并交付使用，实际成本 480 万元，其中用自有资金30万元支付。该设备使用寿命10年,直线法计提折旧,无残值。8年后的2月1日出售该设备,收到价款120万元。

①20×2年1月收到财政拨款:

借:银行存款　　4 500 000

　贷:递延收益　　4 500 000

②20×2年1月29日购入该设备:

借:固定资产　　4 800 000

　贷:银行存款　　4 800 000

③自20×2年2月每个资产负债表日计提折旧,分摊递延收益:

每月计提折旧=480÷10÷12=4(万元)

借:研发支出　　40 000

　贷:累计折旧　　40 000

每月应摊销的递延收益=450÷10÷12=3.75(万元)

借:递延收益　　37 500

　贷:营业外收入——政府补助利得　　37 500

④8年后的2月1日出售该设备,同时转销该递延收益余额:

应转入的固定资产清理=固定资产原值累计折旧=480-4×12×8=96(万元)

思考题

1. 非流动负债主要包括的内容有哪些?
2. 长期借款有哪些特征?
3. 对小企业取得及归还长期借款进行会计核算。
4. 长期应付款是什么?与长期借款的区别?
5. 长期应付款如何进行会计核算?
6. 递延收益的内容及会计核算。

练习题

一、单项选择题

1. 小企业的非流动负债不包括(　　)。

　A. 长期借款　　B. 长期应付款　　C. 递延收益　　D. 预收账款

2. 长期应付款核算中不可能涉及的账户是(　　)。

　A. 固定资产　　B. 在建工程　　C. 应交税费　　D. 存货

3. 下列各项中,关于长期借款利息的表述不正确的是(　　)。
   A. 属于筹建期间的,计入营业外支出
   B. 属于生产经营期间的,计入财务费用
   C. 用于构建固定资产的,在固定资产尚未达到预定可使用状态前,按规定应予资本化的利息支出,计入在建工程成本
   D. 用于构建固定资产的,在固定资产达到预定可使用状态后,按规定不予资本化的利息支出,计入财务费用
4. 企业非流动负债应按其(　　)入账。
   A. 实际发生额　　　　B. 按实际利率折现的现值
   C. 按合同利率折现的现值　　　　D. 可变现净值
5. 按小企业会计准则规定,关于小企业的长期借款的下列说法正确的是(　　)。
   A. 按期计提的分期付息长期借款利息计入“长期借款”科目的贷方
   B. 长期借款的利息应当全部资本化
   C. “长期借款”科目的余额在贷方,表示企业尚未偿还的长期借款本金
   D. 长期借款是指企业向银行或其他金融机构借入的期限在一年以上(含一年)的各项借款

二、多项选择题

1. 借款费用是指企业承担的与借入资金相关的利息和其他费用,包括(　　)。
   A. 长短期借款的利息　　　　B. 与借款相关的折价或溢价的摊销
   C. 安排借款时发生的辅助费用的摊销　　　　D. 融资租赁所形成的融资租赁费
   E. 作为利息费用调整额的外币借款产生的汇兑差额
2. 下列应在“长期应付款”科目核算的有(　　)。
   A. 购入固定资产、无形资产的应付款项
   B. 向非银行金融机构借入的期限在一年以上的借款
   C. 采用补偿贸易方式从国外引进设备的应付款项
   D. 融资租入固定资产的应付租赁费
   E. 经营租入固定资产应付的租金
3. 在我国会计实务中,不能资本化的借款费用有(　　)。
   A. 筹建期间发生的非购建固定资产的费用
   B. 为投资而发生的费用
   C. 固定资产达到预定可使用状态前发生的费用
   D. 固定资产达到预定可使用状态后发生的费用
   E. 清算期间发生的费用
4. 下列项目中,属于小企业非流动负债的有(　　)。
   A. 长期应付款　　B. 应付票据　　C. 应付债券　　D. 长期借款
5. 小企业资产负债表中的“其他流动负债”项目应当根据下列(　　)科目贷方余额

分析填列。

A. 长期借款　　B. 长期应付款　　C. 应付账款　　D. 预收账款

三、判断题

1. 长期借款利息费用不符合资本化条件的,应计入财务费用。　　(　　)

2. 融资租入固定资产,在租赁期开始日,按照租赁合同约定的付款总额和在签定租赁合同过程中发生的相关费用,借记"固定资产或在建工程",贷记"长期应付款"。　　(　　)

3. 长期借款利息费用的计提时点:借款合同所约定的应付利息日,既不是实际支付利息日,也不是资产负债表日(如月末、季末、年末),即不需要预提利息费用。　　(　　)

4. 长期借款应当按照借款本金和借款合同利率在应付利息日计提利息费用,计入相关资产成本。　　(　　)

5. 非流动负债应当按照其实际发生额入账。　　(　　)

6. 收到与资产相关的政府补助,借记"银行存款等"账户,贷记"递延收益"等账户。　　(　　)

7. 对于政府补助,不论是与资产相关的,还是与其他相关的,均应在取得政府补助的当期计入营业外收入。　　(　　)

四、业务题

某小企业于20×2年1月1日从银行借入资金400 000元用于补充流动资金不足,借款期限为3年,年利率为8.4%,每年年末付息,到期一次还本,所借款项已存入银行。

要求:根据以上经济业务编写其账务处理。

第十章　所有者权益

学习目标

通过本章学习，了解小企业实收资本的相关规定；理解实收资本的计量、资本公积的来源及用途、本年利润的结转；掌握实收资本增减变动的核算、资本公积的核算、盈余公积的来源与用途及核算、分配利润（股利）或亏损弥补的核算。

所有者权益，是指小企业资产扣除负债后由所有者享有的剩余权益，在金额上即等于资产减去负债后的净额。小企业的所有者权益包括：实收资本（或股本）、资本公积、盈余公积和未分配利润。

所有者权益是指投资者对企业净资产的所有权，它表明了企业的产权关系，即企业是谁投资的，就归谁所有。在金额上，它等于企业全部资产减去全部负债后的余额。投资者应按照各自出资的比例或者按照合同、章程的规定比例分享企业利润，分担企业的风险。在独资企业里，所有者权益表现为投资者权益。投资者对企业的重大经营决策及人事变动、盈利分配等具有决定权，同时，对企业的债务负全部责任。在企业清算时，当企业的财产不足以清偿其债务时，投资者必须将个人的财产用来清偿企业的债务，即应付无限责任。在合伙企业里，所有者权益表现为合伙人权益。合伙人对企业的经营决策权以及盈利分配等，按投资金额或契约规定的比例分配，当企业的财产不足以清偿对外负债时，任何一个合伙人都负有清偿其他合伙人无力清偿的那一部分债务的责任，即应付无限连带责任。在股份制企业里，所有者权益表现为股东权益。股东具有对企业的重大经营决策及人事变动决策的参与权，有参与企业盈利的分配权，以及在企业清算时，有对企业剩余资产的要求权。股东以其认缴的出资额对公司承担有限责任。

相对于负债而言，所有者权益具有以下特征：

①所有者权益通常不像负债那样需要偿还。除非小企业发生减值、清算，否则小企业不需要将所有者权益返还给投资者。

②小企业清算时，将优先偿还负债，而所有者权益只有在负债得到偿还后，才能得到返还。

③所有者能够分享利润，而债权人通常不能参与利润的分配。因此，所有者权益是所有者对小企业剩余资产的索取权，既可反映所有者投入资本的保值增值情况，又体现了保护债权人权益的理念。

所有者权益是体现在净资产中的权益,是所有者对净资产的要求权。它不仅可以反映小企业的资本来源,揭示小企业的法定资本,还有助于向投资者、债权人等提供有关资本来源、净资产的增减变动、分配能力等信息。因此,小企业的所有者权益要素的核算有着十分重要的意义。

第一节　实收资本与资本公积

一、实收资本

(一)实收资本的构成

实收资本,是指投资者按照合同协议约定或相关规定投入到小企业、构成小企业注册资本的部分。根据我国有关法律规定,投资者设立企业首先必须投入资本。实收资本是投资者投入资本形成法定资本的价值,所有者向企业投入的资本,在一般情况下无须偿还,可以长期周转使用。实收资本的构成比例是小企业据以向投资者进行利润或股利分配的主要依据。

投资者的出资构成小企业实收资本的部分,有两个充分必要条件:一是必须符合投资者之间合同或协议约定或相关法律法规的规定;二是必须是小企业在公司登记机关依法登记的注册资本的构成部分。

注册资本是企业在工商登记机关登记的投资者认缴的出资额,也称认缴资本。企业可以自主约定注册资本总额、自主约定出资方式和货币出资比例、自主约定公司股东(发起人)缴足出资的出资期限。实收资本是指投资者按照企业章程或合同、协议的约定,实际投入企业的资本额,即实缴资本。注册资本与实收资本不是同一概念。注册资本是认缴数,只是反映在营业执照中的一个登记数额,并非实收资本。实收资本是投资者的实际交纳数,在会计核算时,应设置"实收资本"(股份公司为"股本")科目,用以核算实收资本的增减变动情况,反映在公司的凭证、账簿与报表之中。

(二)实收资本的计量

实收资本的计量,取决于投资者的出资方式,股东可以用货币资金出资,也可以用实物、知识产权、土地使用权等非货币财产出资,应区分以下两种情况。

1. 投资者以现金方式出资

应当按照其在小企业注册资本或股本中所占的份额确认实收资本,实际收到或存入小企业开户银行的金额超过小企业实收资本的部分,确认为资本公积。如果小企业接受外币现金出资,应当按照收到外币出资额当日的即期汇率(中间价)折算为人民币,不产生外币折算差额。

2. 投资者以非货币性资产方式出资

实收资本的金额按照投资合同协议或者公司章程的约定在小企业注册资本或股本

中所占的份额确认,超过小企业实收资本的部分,确认为资本公积,非货币性资产的金额应当按照评估价值确定。

(三)实收资本的核算

非股份制的小企业可以设置“实收资本”科目对投资者投入的资本金进行核算。“实收资本”科目属于所有者权益类科目,核算小企业接受投资者投入的资本的增减变动情况。该科目的贷方登记实收资本的增加数,借方登记实收资本的减少数,期末余额反映小企业期末实收资本实有数额。“实收资本”科目可按投资者的不同进行明细核算。小企业(股份有限公司)的投资者投入的资本,应当将“实收资本”科目的名称改为“股本”科目。为保障投资人的权益,贯彻资本保全原则,实收资本除投资人依法转让外,一般不得减少。

1. 实收资本增加的核算

小企业增加资本的途径主要有以下三种:

①小企业接受投资者投入的资本,借记“银行存款”“固定资产”“无形资产”等科目,贷记“实收资本”科目。需要注意的是,如为有限责任公司新增加的投资者,如投入的资金大于按约定的投资比例计算的资金数额的差额,不应记入“实收资本”科目,而应记入“资本公积”科目。

②根据相关规定,经投资者决议,用资本公积转增资本,借记“资本公积”科目,贷记“实收资本”科目。

③将盈余公积转为实收资本。在会计上应借记“盈余公积”科目,贷记“实收资本”科目。

注意:资本公积和盈余公积均属于所有者权益,转为实收资本时,如为独立小企业,直接结转即可;如为有限责任公司,应按股东原持股份额同比例增加各股东的股权,股东之间另有约定的除外。法定公积金(资本公积和盈余公积)转为资本时,所留存的此项公积金不得少于公司转增前注册资本的25%。

【例10-1】某小企业注册资本为5 000 000元,其中A公司投入3 000 000元,B公司投入2 000 000元。所有投资均已到位并存入银行科目。根据上述经济业务,该小企业应作如下会计处理:

借:银行存款　　5 000 000

　贷:实收资本——A公司　　3 000 000

　　　　　　——B公司　　2 000 000

【例10-2】A公司以一台不需要安装的全新机器设备换取某小企业100 000元的股份。该设备的评估价值为125 000元。根据上述经济业务,该小企业应作如下会计处理:

借:固定资产　　125 000

　贷:实收资本——A公司　　100 000

　　资本公积——资本溢价　　25 000

【例 10-3】某小企业有甲、乙、丙三个股东，其持股比例分别为 20%、30%、50%。20×1 年 1 月 1 日，该小企业将资本公积 1 000 000 元转增资本。根据上述经济业务，该小企业应作如下会计处理：

借：资本公积　　1 000 000

　　贷：实收资本——甲股东　　200 000

　　　　　　　　——乙股东　　300 000

　　　　　　　　——丙股东　　500 000

2. 实收资本减少的核算

一般情况下小企业的实收资本不能随意减少，尤其是法律禁止投资者在企业成立后，从企业抽逃出资。但是个别情况下可以依法减资。小企业实收资本减少的原因主要有两种：第一种，资本过剩；第二种，小企业发生重大亏损，短期内无力弥补而需要减少实收资本。

资本减少应符合相关条件：减资应事先通知所有债权人，债权人无异议方可允许减资；经股东会议同意，并经有关部门批准；公司减资后的注册资本不得低于法定注册资本的最低限额。

其账务处理为：借记"实收资本""资本公积"科目，贷记"库存现金""银行存款"等科目。

中外合作经营的小企业根据合同规定，在合作期间归还投资者的投资，实质上也是一种减资行为，应当减少实收资本，但又不同时减少注册资本。《小企业会计准则》规定中外合作经营小企业根据合同规定在合作期间归还投资者的投资，应在"实收资本"科目下设置"已归还投资"明细科目进行核算。中外合作经营小企业根据合同规定在合作期间归还投资者的投资，应当按照实际归还投资的金额，借记"实收资本"科目（已归还投资），贷记"银行存款"等科目；同时，借记"利润分配——利润归还投资"科目，贷记"盈余公积——利润归还投资"科目。

【例 10-4】某小企业因生产经营规模缩小，经批准减少注册资本 50 000 元，已办妥相关手续，以银行存款返还所有者投资款 50 000 元。应做如下会计分录：

借：实收资本　　50 000

　　贷：银行存款　　50 000

二、资本公积

（一）资本公积的来源与用途

资本公积是投资者投入企业、所有权归属于投资者，并且金额上超过注册资本（股本）部分的投资额。资本公积从形成来源上看，它不是由企业实现的利润转化而来的，从本质上讲应属于投入资本范畴，因而与留存收益有根本区别，留存收益是由企业实现的利润转化而来的。所以，小企业的资本公积不得用于弥补亏损。

【提示】小企业会计准则下，资本公积仅包括资本公积——资本溢价（或股本溢价），不包括其他资本公积，也不包括各种准备。

(二)资本公积的核算

1. 科目设置

"资本公积"科目属于所有者权益类科目,用于核算小企业收到投资者出资额超出其在注册资本中所占份额的部分。该科目贷方登记资本公积的增加额,借方登记资本公积的减少额,期末贷方余额反映小企业资本公积的结余数额。

2. 资本公积的账务处理

①小企业收到投资者的出资额超过其在注册资本中所占份额的部分,应记入"资本公积"科目。

②根据相关规定,经投资者决议,用资本公积转增资本,借记"资本公积"科目,贷记"实收资本"科目。

③"资本公积"科目不得出现借方余额的情况,即资本公积结转至零为止。

【例 10-5】某小企业有 A、B、C 三个股东,其持股比例分别为 10%、40%、50%。20×1 年 1 月 4 日,该小企业将资本公积 1 000 000 元转增资本。根据上述经济业务,应作如下会计处理:

借:资本公积	1 000 000	
贷:实收资本——A 股东		100 000
——B 股东		400 000
——C 股东		500 000

【例 10-6】某小企业最初由甲乙两个投资者组成,每个投资者出资额均为 3 000 000 元,实收资本共计为 3 000 000 元。经营一年后,丙投资者加入,投入货币资金 3 000 000 元加入该企业,并享有公司 25% 的股份,公司变更后的实收资本为 8 000 000 元。根据上述经济业务,该小企业应作如下会计处理:

借:银行存款	3 000 000	
贷:实收资本——丙		2 000 000
资本公积——资本溢价		1 000 000

第二节　留存收益

留存收益,是指公司在经营过程中所创造的,但由于公司经营发展的需要或由于法定的原因等,没有分配给所有者留存在公司的盈利。留存收益是指企业从历年实现的利润中提取或留存于企业的内部积累。包括:盈余公积和未分配利润两部分。

一、盈余公积

盈余公积是小企业按规定从净利润中提取的企业积累资金。公司制企业的盈余公积包括法定盈余公积和任意盈余公积。

(一)盈余公积的来源

1. 法定盈余公积

法定盈余公积,是指公司制小企业按照规定的比例从净利润中提取的盈余公积。按照《中华人民共和国公司法》规定,公司制小企业应按照净利润的10%提取法定盈余公积,计提的法定盈余公积累计达到注册资本的50%时,可以不再提取。

2. 任意盈余公积

公司制小企业按照税后利润提取法定公积金后,经股东会或者股东大会决议,还可以从税后利润中提取任意公积金。提取的具体比例由小企业自行确定。

(二)盈余公积的用途

1. 用于弥补亏损

《企业所得税法》规定,小企业发生亏损时,准予向以后年度结转,用以后年度的所得税弥补,但结转年限最长不超过 5 年。经过 5 年期间未能足额弥补的,可以用小企业税后利润弥补。公司制小企业经股东会或者股东大会批准,也可以用盈余公积金弥补公司的亏损。

2. 转增资本

小企业经股东会或者股东大会批准,可以按照股东原有持股比例用盈余公积金转增资本。但要注意,法定盈余公积金转为资本时,所留存的该项公积金不得少于转增前公司注册资本的25%。

3. 扩大企业生产经营

盈余公积是小企业所有者权益的重要组成部分,也是小企业生产经营的重要资金来源。小企业用盈余公积来扩大企业生产经营,不需要进行专门的账务处理。

对于外商投资企业,由于适用法律的特别规定,其盈余公积包括的内容有所不同:其一,储备基金,是指按照法律、法规规定从净利润中提取的、经批准用于弥补亏损和转增资本的储备基金。其二,企业发展基金,是指按照法律、行政法规规定从净利润中提取的、用于企业生产发展和经批准用于增加资本的企业发展基金。

【提示】盈余公积不允许用来发放股利。

(三)盈余公积的核算

1. 科目设置

"盈余公积"科目属于所有者权益类科目,核算小企业(公司制)按照法律规定从净利润中提取的盈余公积。该账户贷方登记提取的盈余公积,即盈余公积的增加额,借方登记实际使用的盈余公积,即盈余公积的减少额。"盈余公积"科目期末贷方余额,反映小企业结余的盈余公积。"盈余公积"科目应当分别"法定盈余公积""任意盈余公积"进行明细核算。

小企业(外商投资)还应分别"储备基金""企业发展基金"进行明细核算,小企业(中外合作经营)在合作期间归还投资者的投资,应在本科目设置"利润归还投资"明细科目进行核算。

2. 盈余公积的账务处理

①小企业(公司制)按照法律规定提取盈余公积,借记“利润分配——提取法定盈余公积、提取任意盈余公积”科目,贷记“盈余公积”(法定盈余公积、任意盈余公积)科目。

②小企业(外商投资)按照规定提取的储备基金、企业发展基金、职工奖励及福利基金,借记“利润分配——提取储备基金、提取企业发展基金、提取职工奖励及福利基金”科目,贷记“盈余公积”(储备基金、企业发展基金)“应付职工薪酬”科目。

③经股东大会或类似机构决议,用盈余公积弥补亏损或转增资本时,借记“盈余公积”科目,贷记“利润分配——盈余公积补亏”“实收资本”或“股本”科目。

④小企业(中外合作经营)根据合同规定在合作期间归还投资者的投资,应按实际归还投资的金额,借记“实收资本——已归还投资”科目,贷记“银行存款”等科目;同时,借记“利润分配——利润归还投资”科目,贷记“盈余公积”科目。

【例 10-7】某公司制小企业 20×1 年实现净利润 2 000 000 元。公司董事会于 20×2 年 3 月 31 日提出公司当年利润分配方案:按照净利润的 10% 提取法定盈余公积金,按照净利润的 5% 提取任意盈余公积金,应作如下会计处理:

借:利润分配——提取法定盈余公积	200 000	
——提取任意盈余公积	100 000	
贷:盈余公积——法定盈余公积		200 000
——任意盈余公积		100 000

【例 10-8】某公司制小企业用盈余公积 100 000 元,弥补上年亏损额,应作如下会计处理:

借:盈余公积	100 000	
贷:利润分配——盈余公积补亏		100 000

【例 10-9】经股东会同意,某公司制小企业将盈余公积转增资本 50 万元,应作如下会计处理:

借:盈余公积——法定盈余公积	500 000	
贷:实收资本		500 000

【例 10-10】甲公司属于中外合资小企业,按合作协议从税后利润中拿出 500 000 元返还外商合作者乙公司。应作如下会计处理:

借:实收资本——已归还投资	500 000	
贷:银行存款		500 000

同时:

借:利润分配——利润归还投资	500 000	
贷:盈余公积——利润归还投资		500 000

【例 10-11】乙公司为外商投资小企业,20×2 年税后利润为 100 000 元,根据公司章程规定,分别按照税后利润的 5%、10%、5% 提取储备基金、企业发展基金、职工奖励及福利基金。应作如下会计处理:

借:利润分配——提取储备基金　　5 000
　　——提取企业发展基金　　10 000
　　——职工奖励及福利基金　　5 000
　贷:盈余公积——储备基金　　5 000
　　——企业发展基金　　10 000
　　应付职工薪酬　　5 000

二、未分配利润

(一)未分配利润的来源及用途

未分配利润,是指小企业实现的净利润经过弥补亏损、提取盈余公积和向投资者分配利润后留存在企业的、历年结存的利润。未分配利润属于企业所有者权益的组成内容之一,小企业出于各种考虑或者由于生产经营活动的客观需要,其年度利润可以不全部分配。另外,为了平衡各会计年度的投资报酬水平,谋求长远发展、以丰补歉,保证企业发展后劲,逐步提高职工福利水平,企业可以留出部分利润不作分配,或者将上年年末的未分配利润并入本年利润进行分配,而后再留余额转入下年等。小企业在使用未分配利润上有较大的自主权,受国家法律规定的限制比较少。

(二)未分配利润的核算

在会计核算上,未分配利润是通过"利润分配"科目进行核算的,具体来说是通过"利润分配"科目下设置"未分配利润"明细科目进行核算的。小企业在生产经营过程中取得的收入和发生的成本费用,最终通过"本年利润"科目进行归集,计算出当年盈利,然后转入"利润分配——未分配利润"科目进行分配,其结存于"利润分配——未分配利润"科目的贷方余额,则为未分配利润;如为借方余额,则为未弥补亏损。

年度终了,再将"利润分配"科目下的其他明细科目(盈余公积补亏、提取法定盈余公积、提取任意盈余公积、应付利润)的余额,转入"未分配利润"明细科目。结转后,"利润分配"科目所属的除了"未分配利润"明细账外的其他明细科目应无余额。"未分配利润"明细科目的贷方余额,就是未分配利润的数额;如出现借方余额,则表示未弥补亏损的数额。

【例 10-12】某公司制小企业 20×2 年度净利润为 800 000 元,"利润分配"科目的各个明细科目的年终余额如下:"提取盈余公积"200 000 元,"应付利润"500 000 元。

①在年终结转全年实现净利润时,应进行账务处理如下:

借:本年利润　　800 000
　贷:利润分配——未分配利润　　800 000

②在年终结转利润分配各明细科目余额时,应进行账务处理如下:

借:利润分配——未分配利润　　700 000
　贷:利润分配——提取盈余公积　　200 000
　　——应付利润　　500 000

年度终了，在各科目结转以后，“利润分配——未分配利润”科目贷方为800 000元，借方为700 000元，借贷方相抵以后，贷方余额为100 000元，该余额即为当年的“未分配利润”。此余额可结转至下年，与下年度实现的利润一并进行分配。如出现借方余额则为未弥补的亏损。

【例10-13】某小企业20×2年发生亏损100 000元。在年度终了时，小企业应当结转本年发生的亏损，编制如下会计分录：

借：利润分配——未分配利润　　100 000

　贷：本年利润　　100 000

思考题

1. 小企业所有者权益有哪些特点？
2. 小企业实收资本和资本公积有何区别？
3. 小企业留存收益的构成内容有哪些？
4. 小企业资本公积、盈余公积和未分配利润的用途有何异同？

练习题

一、单项选择题

1. 小企业的法定盈余公积已达注册资本的(　　)时可不再提取。

A. 30%　　B. 20%　　C. 10%　　D. 50%

2. 小企业(中外合作经营)根据合同规定在合作期间归还投资者的投资，应当按照实际归还投资的金额，借记“实收资本——已归还投资”科目，贷记“银行存款”等科目；同时，借记“利润分配——利润归还投资”科目，贷记(　　)科目。

A. 资本公积　　B. 盈余公积——利润归还投资

C. 实收资本　　D. 未分配利润

3. 企业用盈余公积补亏，应按补亏数，借记“盈余公积”科目，贷记(　　)。

A. 利润分配　　B. 股本　　C. 资本公积　　D. 盈余公积

4. 某小企业的年初未分配利润为80万元，本年净利润为1000万元，分别按净利润的10%计提法定盈余公积和任意盈余公积，宣告发放现金股利100万元，该企业期末未分配利润为(　　)万元。

A. 700　　B. 780　　C. 800　　D. 850

5. 下列各项中，不属于所有者权益的是(　　)。

A. 资本溢价　　B. 计提的盈余公积

C. 投资者投入的资本　　D. 应付高管人员的基本薪酬

6. 小企业收到投资者出资超过其在注册资本中所占份额的部分,应通过(　　)科目核算。

A. 资本公积　　B. 盈余公积　　C. 实收资本　　D. 未分配利润

7. 某小企业的年初所有者权益总额为 160 万元,当年以资本公积转增资本 50 万元。当年实现净利润 300 万元,提取盈余公积 30 万元,向投资者分配利润 20 万元。该小企业年末所有者权益总额为(　　)万元。

A. 360　　B. 410　　C. 440　　D. 460

8. 20×2 年 1 月 1 日,某小企业所有者权益情况如下:实收资本 200 万元,资本公积 17 万元,盈余公积 38 万元,未分配利润 32 万元。则该小企业 20×2 年 1 月 1 日的留存收益为(　　)万元。

A. 32　　B. 38　　C. 70　　D. 87

9. 下列各项中,能够导致小企业留存收益减少的是(　　)。

A. 分配股利　　B. 以资本公积转增资本

C. 提取法定盈余公积　　D. 以盈余公积弥补亏损

10. 小企业将“本年利润”科目和“利润分配”科目下的其他有关明细科目的余额转入“未分配利润”明细科目后,“未分配利润”明细科目的贷方余额,就是(　　)。

A. 当年实现的净利润　　B. 累计留存收益

C. 累计实现的净利润　　D. 累计未分配的利润数额

二、多项选择题

1. 小企业留存收益包括(　　)。

A. 盈余公积　　B. 资本公积　　C. 未分配利润　　D. 实收资本

2. 下列项目中,能引起盈余公积发生增减变动的有(　　)。

A. 提取盈余公积　　B. 以盈余公积转增资本

C. 用盈余公积弥补亏损　　D. 用盈余公积扩大生产经营

3. 小企业净利润分配的去向有(　　)。

A. 提取法定盈余公积　　B. 提取任意盈余公积

C. 向投资者分配股利或利润　　D. 提取资本公积

4. 下列事项中,可引起“实收资本”科目发生增减变动的有(　　)。

A. 接受投资者投入固定资产　　B. 接受外币资本投资

C. 经批准将盈余公积转增资本　　D. 经批准将资本公积转增资本

5. 小企业盈余公积的主要用途有(　　)。

A. 弥补亏损　　B. 转增资本　　C. 扩大生产经营　　D. 缴纳税费

6. 下列关于小企业未分配利润的说法中,正确的有(　　)。

A. 小企业未分配利润是当年实现的净利润

B. 小企业未分配利润是留存在本企业的、历年结存的利润

C. 小企业未分配利润是留待以后年度使用的利润

D. 小企业未分配利润是未限定特定用途的利润

7. 下列关于盈余公积的会计处理,正确的有(　　)。

A. 小企业用盈余公积弥补亏损时,会计处理如下:

借:盈余公积

　　贷:利润分配——盈余公积补亏

B. 小企业用盈余公积转增资本时,会计处理如下:

借:盈余公积

　　贷:实收资本

C. 小企业(外商投资)按照规定提取职工奖励及福利基金:

借:利润分配——提取职工奖励及福利基金

　　贷:盈余公积——职工奖励及福利基金

D. 小企业(外商投资)按照规定提取储备基金:

借:利润分配——提取储备基金

　　贷:盈余公积——储备基金

8. 所有者权益的来源包括(　　)。

A. 投资者投入企业的资本

B. 投资者投入企业的资本超过注册资本中所占份额的部分

C. 小企业按照法律规定在税后利润中提取的法定盈余公积和任意盈余公积

D. 未分配利润

9. 关于资本公积,下列说法中正确的是(　　)。

A. 资本公积是指小企业收到投资者出资超出其在注册资本中所占份额的部分

B. 资本公积由全体股东享有,其形成主要来源于企业的净利润

C. 小企业的资本公积不得用于弥补亏损

D. 小企业根据有关规定用资本公积转增资本,借记“资本公积”科目,贷记“实收资本”科目

10. 下列会计事项中,不会引起小企业所有者权益变动的是(　　)。

A. 提取盈余公积　　B. 用盈余公积弥补亏损

C. 用盈余公积转增资本　　D. 股份公司宣告现金股利

三、判断题

1. 小企业收到投资者以现金或非货币性资产投入的资本,应当按照其在本企业注册资本中所占的份额计入实收资本,超出的部分应当计入资本公积。(　　)

2. 小企业发生重大亏损,短期内无力弥补而需要减少实收资本时,可以依法减资。(　　)

3. 小企业的资本公积可以用于弥补亏损。(　　)

4. 小企业任意盈余公积的提取最低限额为公司注册资本的25%。(　　)

5. 小企业的留存收益是实现的利润在企业内部的积累，为企业的生存和发展壮大提供资金和其他资源支持。（　　）

6. 小企业用盈余公积转增资本或弥补亏损，均不影响所有者权益总额的变化。（　　）

四、业务题

某小企业本年发生如下经济业务：

1. 收到国家投入资本 100 万元，存入银行。
2. 向本单位职工集资 200 万元，收到后存入银行。
3. 接受外单位投入的一台固定资产，投出单位的账面原价为 20 万元，已计提折旧 8 万元，双方确定的协议价值为 12 万元，固定资产已投入使用。
4. 接受某单位用专利进行的投资，双方商定的专利价为 50 万元。
5. 收到新加入的投资者实际缴纳的投资款 100 万元，其按投资比例计算的在注册资本中所占的份额为 80 万元。
6. 公司决定用资本公积 15 万元转增资本。
7. 公司因扩大经营规模，经股东大会批准，将盈余公积 4 万元转增资本。

要求：根据上述经济业务编制相应的会计分录。

第十一章　收入与费用

学习目标

通过本章学习，了解小企业收入与费用的特点、劳务的范围及内涵、费用的范围及内涵；理解费用的确认和计量及核算、销售商品收入的计量及账务处理；掌握销售商品收入的确认条件、不同销售方式下销售商品收入的确认时点、一般销售业务和特殊销售业务的核算、劳务收入的确认和计量及账务处理。

第一节　收入与费用概述

一、收入概述

(一)收入的概念

收入，是指小企业在日常活动中形成的、会导致所有者权益增加的，与所有者投入资本无关的经济利益的总流入，通常包括主营业务收入和其他业务收入。

(二)收入的特点

根据收入的定义，收入具有以下三个方面的特点。

1. 收入是小企业的日常活动中产生的经济利益流入

销售商品、提供劳务形成小企业的收入。而有些偶发的交易或事项也能为小企业带来经济利益，但不属于企业的日常活动，如出售固定资产，因固定资产是为使用而不是为出售而购入的，将固定资产出售并不是企业的经营目标，也不属于企业日常活动，出售固定资产取得的收益不作为收入核算。

2. 收入表现为资产的增加或负债的减少

收入可能表现为企业资产的增加，如增加银行存款、应收账款等；也可能表现为企业负债的减少，如以商品或劳务抵偿债务；或两者兼而有之，如在商品销售的货款中一部分抵偿债务，一部分收取现金。由于收入能增加资产或减少负债或两者兼而有之，因此根据“资产=负债+所有者权益”的公式，企业取得收入一定能增加所有者权益。但收入扣除相关成本费用后的净额，则可能增加所有者权益，也可能减少所有者权益。这里仅指收入本身导致的所有者权益的增加,而不是指收入扣除相关成本费用后的毛利对所有者权益的影响。

3. 收入只包括本企业经济利益的流入

小企业为第三方或客户代收的款项,如增值税、代收利息等,一方面能增加企业的资产;另一方面会增加企业的负债。因此代收的款项不增加企业的所有者权益,也不属于小企业的经济利益,不能作为小企业的收入。收入表明产品价值的实现,表明企业在供应、生产和销售过程中所耗费资金的收回和补偿。企业在再生产过程中能否顺利进行生产以及再生产规模能否扩大,取决于收入能否实现和实现净收入数额的大小。在市场经济条件下,每一个企业都应遵循市场经济的规律和价值规律的作用,按照产品(商品)的价格和提供劳务的收费标准实现销售,取得收入。

(三)收入的分类

1. 按小企业从事日常活动的性质分类

按小企业从事日常活动性质的不同,小企业的收入可以分为销售商品的收入和提供劳务的收入。销售商品收入是指小企业通过销售商品实现的收入,这里的商品包括企业为销售而生产的产品和为转售而购进的商品;提供劳务的收入是指小企业通过提供劳务实现的收入,主要包括小企业提供旅游、运输、饮食、广告、咨询、代理、培训、产品安装等劳务所获取的收入。

2. 按小企业经营业务的主次分类

按小企业经营业务的主次不同,收入可以分为主营业务收入(基本业务收入)和其他业务收入(非主营业务收入)。主营业务是小企业从事的日常活动中的主要业务,也是小企业收入的主要来源,应重点加以核算。小企业可以根据营业执照上规定的主要业务范围确定,如制造业销售商品、半成品以及提供加工、修理修配等工业性劳务,属于主营业务;商品流通企业销售商品,属于主营业务。附营业务,是指主营业务以外的其他日常业务活动,如工业企业销售材料、提供非工业性劳务等,附营业务属于小企业日常活动中次要的交易和事项。主营业务收入是指企业销售商品、提供劳务等取得的收入,其他业务收入是指销售材料、出租资产等取得的收入。

二、费用概述

(一)费用的概念

费用,是指小企业在日常生产经营活动中发生的、会导致所有者权益减少、与向所有者分配利润无关的经济利益的总流出。

(二)费用的特点

1. 费用是小企业在日常活动中发生的经济利益的总流出

日常活动,是指小企业为完成其经营目标所从事的经常性活动以及与之相关的其他活动。如工业小企业制造并销售产品、流通小企业购买并销售商品、咨询小企业提供咨询服务、软件开发小企业为客户开发软件、安装小企业提供安装服务、租赁小企业出租资产等活动中发生的经济利益的总流出构成费用。工业小企业对外出售不需要的原材料结转的材料成本等,也构成费用。费用形成于小企业的日常活动,这一特征使其与产生于非日常活动的损失相区分。小企业从事或发生的某些活动或事项也能导致经济利益流出企业,但不属于小企业的日常活动。例如,企业处置固定资产或无形资产、因违约支付罚款、对外捐赠、因自然灾害等非常原因造成财产毁损等,这些活动或事项形成的经济利益的流出属于小企业的损失而不是费用。

2. 费用会导致小企业所有者权益的减少

费用既可能表现为资产的减少,如减少银行存款、库存商品等;也可能表现为负债的增加,如增加应付职工薪酬、应交税费(应交营业税、消费税等)等。根据"资产-负债=所有者权益"的会计等式,费用一定会导致企业所有者权益的减少。实际工作中的某些支出并不减少小企业的所有者权益,如小企业以银行存款偿还一项负债,只是资产和负债的等额减少,对所有者权益没有影响,不构成小企业的费用。

3. 费用与向所有者分配利润无关

向所有者分配利润或股利属于小企业利润分配的内容,不构成小企业的费用。

(三)费用的分类

小企业的费用可按不同标准进行分类,在会计上,有两种分类:一是按照费用用途进行分类,分为从事生产经营业务发生的成本和期间费用。期间费用是企业本期发生的、不能直接或间接归入某种产品成本的、直接计入损益的各项费用,包括管理费用、销售费用和财务费用。这种分类有助于小企业财务报表的使用者了解费用发生的活动领域,更能揭示小企业经营业绩的主要来源和构成。二是按照费用性质进行分类,分为耗用材料费、职工薪酬费用、折旧费、摊销费等,这种分类有助于小企业财务报表的使用者预测小企业未来现金流量。

小企业的日常活动通常可以划分为生产、销售、管理、融资等活动,每种活动所发生的费用发挥的功能并不相同。因此,本章主要按照费用功能对小企业的费用进行了分类,具体分为:营业成本、税金及附加、销售费用、管理费用、财务费用等。通俗来讲营业成本主要发生在生产和销售活动中,税金及附加主要发生在生产、销售和管理活动中,销售费用主要发生在销售活动中,是企业在销售产品、提供劳务等日常经营过程中发生的各项费用以及专设销售机构的各项经费。管理费用主要发生在管理活动中,是企业行政管理部门为组织和管理生产经营活动而发生的各种费用。财务费用主要发生在融资活动中,是企业筹集生产经营所需资金而发生的费用。

按照"费用功能"分类,主要考虑了四个方面:第一,满足小企业对外编制利润表的需要;第二,满足企业所得税汇算清缴的需要,《企业所得税法》实际上也是按照费用功能分别规定成本、费用和税金扣除标准,以费用功能的利润表为基础计算企业应纳税所得额;第三,满足银行发放贷款的需要,银行以费用功能利润表评判小企业的偿债能力;第四,简化核算,减轻小企业纳税调整的负担,《小企业会计准则》规定的费用、范围和内涵与企业所得税所规定的成本、费用和税金基本一致。

第二节 销售商品收入

销售商品收入,是指小企业销售商品取得的收入。这里的“商品”是一个宽泛的概念,既包括流通企业销售的商品,也包括工业企业生产和销售的产成品、代制品、代修品以及小企业销售的其他构成存货的资产,如原材料、周转材料(包装物、低值易耗品)、消耗性生物资产。

一、销售商品收入的确认条件

《小企业会计准则》规定,通常情况下,小企业应当在发出商品且收到货款或取得收款权利时,确认销售商品收入。这一确认条件,表明小企业销售商品收入的确认应同时符合两个条件,发出商品(物权转移)和收到货款或取得收款权利(财权转移)。发出商品通常指小企业将所售商品交付给购买方,但所售商品是否离开企业并不是发出商品的必要条件,如果小企业已经完成销售手续,发票已经开出,货款已经收到,提货单已经交给购买方,不管商品是否被购买方提取,都应作为发出商品处理。

二、不同销售方式下销售商品收入的确认时点

销售商品收入均按照交易活动发生地确认。这里所谓的交易活动发生地,主要指销售货物行为发生的场所,通常是销售企业的营业机构,在送货上门的情况下为购货单位或个人的所在地,还可以是买卖双方约定的其他地点。具体情形见表11-1。

表11-1 不同销售方式下收入确认时点

不同销售方式	收入确认时点
采用现金、支票、汇兑等方式销售商品	在发出商品时确认收入
销售商品采用托收承付方式	在办妥托收手续时确认收入
销售商品采取预收款方式	在发出商品时确认收入
销售商品采用分期收款方式	在合同约定的收款日期确认收入
销售商品需要安装和检验	在购买方接受商品以及安装和检验完毕时确认收入;如果安装程序比较简单,可在发出商品时确认收入
销售商品采用支付手续费方式委托代销	在收到代销清单时确认收入
销售商品以旧换新	销售的商品作为商品销售处理,回收的商品作为购进商品处理
采取产品分成方式取得的收入	在分得产品之日按照产品的市场价格或评估价值确定销售商品收入金额

(一)采用现金、支票、汇兑、信用证等方式销售商品

采用现金、支票、汇兑、信用证等方式销售商品,由于不存在承付问题,因此在商品办完发出手续时(即发出商品时)确认收入实现。在这种销售方式下,发出商品是收入确认的标志。

(二)采用托收承付方式销售商品

托收承付结算方式是指收款人根据购销合同发货后,委托银行向异地的付款人收取款项,购买人根据合同验单或验货后由购买人(付款人)向银行承认付款的结算方式。这种方式下,根据购销合同发出商品并办妥托收手续时,表明小企业已经取得收款的权利,此时可以确认收入。在这种销售方式下,办妥托收手续是收入确认的标志。

(三)采取预收款方式销售商品

预收款销售方式,是指购买方在商品尚未收到前按合同或协议约定分期付款,销售方在收到最后一笔款项时才交货的销售方式。在这种方式下,销售方直到收到最后一笔款项才将商品交付购货方,表明商品所有权在收到最后一笔款项时已转移给购货方,因此,小企业通常应在发出商品时确认收入,在此之前预收的货款应确认为负债(预收账款)。在这种销售方式下,发出商品是收入确认的标志。

(四)采用分期收款方式销售商品

分期收款销货是指在较长的时间内按合同规定期限分期收取货款的销售方式。按照合同约定的收款日期确认收入的实现,这其实是对权责发生制原则的一个例外,接近于收付实现制原则。《小企业会计准则》规定对分期收款销售货物的,按照合同或协议约定的金额确认销售收入金额。在这种销售方式下,合同约定的收款日期是收入确认的标志。

(五)需要安装和检验的商品销售

销售需要安装或检验的商品,如果小企业尚未完成售出商品的安装或检验工作,且安装或检验工作是销售合同或协议的重要组成部分,在商品实物交付时不确认收入,待购买方接受商品以及安装和检验完毕时确认收入。如果安装程序比较简单或检验是为了最终确定合同或协议价格而必须进行的程序,小企业可以在发出商品时确认收入。在这种销售方式下,完成安装或检验是收入确认的标志。

(六)采用支付手续费方式委托代销商品

采用支付手续费方式委托代销商品是指委托方和受托方签订合同或协议,委托方根据代销商品数量向受托方支付手续费的销售方式。在这种方式下,受托方不确认商品销售收入,只按照代销数量收取一定的手续费收入。委托方在发出商品时,不知道受托方能否将商品销售出去,销售多少。所以委托方在发出商品时通常不应确认销售商品收入,而应在收到受托方开出的代销清单时(受托方已经明确销售的数量、金额)确认收入;受托方应在商品销售后,按合同或协议约定的方法计算确定的手续费确认收入。在这种销售方式下,收到受托方开出的代销清单是收入确认的标志。

(七)以旧换新销售商品

以旧换新销售商品是指小企业在销售自己货物的同时,有偿收回与所售商品相同或相似的旧货物的销售方式。在这种方式下,小企业应将销售与回收分别处理:销售的商品按照常规的销售确认收入,回收的商品作为商品(或材料)采购处理。在这种销售方式下,发出新商品和取得旧商品是收入确认的标志。

(八)采取产品分成方式销售商品

产品分成是多家企业在合作进行生产经营的过程中,合作各方对合作生产出的产品按照约定进行分配,并以此作为生产经营收入的一种方式。由于产品分成是一种以实物代替货币作为收入的,而产品的价格又随着市场供求关系而波动,因此只有在分得产品的时刻确认收入的实现,才能够体现生产经营的真实所得。这一确认收入实现的标准,也是对权责发生制原则的一个例外。《小企业会计准则》规定了产品分成的收入额的确定标准,即采取产品分成方式取得的收入,在分得产品之日按照产品的市场价格或评估价值确定销售商品收入金额。

三、销售商品收入的计量

小企业应当按照从购买方已收或应收的合同或协议价款,确定销售商品收入金额。在计量商品销售收入金额时,应考虑如下因素,见表11-2。

表11-2 销售商品收入计量应考虑的因素

影响因素	内涵	会计处理
商业折扣	商业折扣是指小企业为促进商品销售而在商品标价上给予的价格扣除	应当按照扣除商业折扣后的金额确定销售商品收入金额
现金折扣	现金折扣是指债权人为鼓励债务人在规定的期限内付款而向债务人提供的债务扣除	应当按照扣除现金折扣前的金额确定销售商品收入金额。现金折扣应当在实际发生时,计入当期损益
销售折让	销售折让是指小企业因售出商品的质量不合格等原因而在售价上给予的减让	应当在发生时冲减当期销售商品收入
销售退回	销售退回是指小企业售出的商品出于质量、品种不符合要求等原因发生的退货	不论属于本年度还是属于以前年度的销售,均应当在发生时冲减当期销售商品收入

四、销售商品收入的核算

(一)科目设置

小企业应按主营业务和附营业务分别设置“主营业务收入”和“其他业务收入”科目,核算企业取得的营业收入。

1.“主营业务收入”科目

“主营业务收入”科目属于损益类科目,用以核算小企业确认的销售商品、提供劳务等主营业务的收入。该科目贷方登记企业实现的主营业务收入(即增加额),借方登记期末转入“本年利润”科目的主营业务收入(按净额结转),以及实际发生销售退回和销售折让时应冲减本期的主营业务收入。期末结转后,该科目无余额。

2.“其他业务收入”科目

“其他业务收入”科目属于损益类科目,用以核算小企业确认的除主营业务活动以外的其他经营活动的收入。该科目贷方登记企业实现的其他业务收入(即增加额),借方登记期末转入“本年利润”科目的其他业务收入。期末结转后,该科目无余额。

为了正确反映每一会计期间的收入、成本、税金和利润情况,根据收入和费用配比要求,小企业应在确认收入的同时,或同一会计期间结转相关的成本、税金。相应地,应设置“主营业务成本”科目,核算为取得主营业务收入发生的相关成本;设置“税金及附加”科目,核算应负担的价内流转税及应上交的有关费用,如消费税、资源税、城市维护建设税、教育费附加等;设置“其他业务成本”科目,核算附营业务发生的成本、费用等。

(二)销售商品收入的账务处理

现以一般纳税人企业为例,结合不同的结算方式与情况,分别说明销售商品收入的账务处理。

1.采用支票等结算方式的销售

采用支票、汇兑、银行汇票、银行本票以及委托收款方式的销售,当产品已经发出就可以收回货款或者取得收取货款的权利时,应作为销售实现。借记“银行存款”科目或“应收账款”科目,贷记“主营业务收入”“应交税费”科目。

【例 11-1】某小企业销售 A 产品 300 件,该产品单位售价 50 元,货款共计 15 000 元,开出增值税专用发票,应收取的增值税额为 2 550 元,该公司收到转账支票当即送存银行。应进行账务处理如下:

借:银行存款　　16 950

　　贷:主营业务收入——A 产品　　15 000

　　　　应交税费——应交增值税(销项税额)　　1 950

2.采用商业汇票结算方式的销售

采用商业汇票的结算方式销售产品,当产品已经发出,收到购货方交来的商业汇票(商业承兑汇票或银行承兑汇票)时,即作为销售,借记“应收票据”科目,贷记“主营业务收入”和“应交税费”科目。

3.采用托收承付结算方式的销售

采用托收承付的结算方式销售产品,产品发出在办妥托收手续后,应视作销售实现,借记“应收账款”科目,贷记“主营业务收入”科目和“应交税费”科目。

【例 11-2】某小企业按照合同向外地甲公司发出 B 产品 250 件,该产品单位售价 30 元,货款总计 7 500 元,适用增值税税率 13%。

①商品发运后,根据开出的增值税专用发票等向银行办妥托收手续。应进行账务处

理如下：

借：应收账款——甲公司　　8 475

　　贷：主营业务收入——B产品　　7 500

　　　　应交税费——应交增值税（销项税额）　　975

②在收到银行转来的"收款通知"时，应进行账务处理如下：

借：银行存款　　8 475

　　贷：应收账款——甲公司　　8 475

4.采用预收款结算方式的销售

预收款销售商品，是指销售方在商品发出前按合同或协议约定预收全部或部分货款，之后才交货的销售方式。在这种销售方式下，小企业发出商品作为销售方销售实现的标志，在此之前预收的货款应确认为负债，如确认为预收账款。

【例11-3】某小企业20×2年6月10日预收A公司货款60 000元，7月10日按照合同将商品发出，售价为100 000元，增值税税额为13 000元，商品成本为80 000元。7月15日A公司补付货款57 000元。该小企业应编制如下会计分录：

①6月10日预收货款时：

借：银行存款　　60 000

　　贷：预收账款　　60 000

②7月10日发出商品时：

借：预收账款　　113 000

　　贷：主营业务收入　　100 000

　　　　应交税费——应交增值税（销项税额）　　13 000

同时结转发出商品的成本

借：主营业务成本　　80 000

　　贷：库存商品　　80 000

③7月15日收到补付货款时：

借：银行存款　　53 000

　　贷：预收账款　　53 000

5.采用分期收款结算方式的销售

分期收款销售是指商品已经交付，但货款分期收回的一种销售方式。在分期收款销售方式下，企业应按合同约定的收款日期分期确认收入。同时，可按商品全部销售成本与全部销售收入的比率计算出本期应结转的销售成本。小企业如采用分期收款方式销售商品的，按合同约定开出销售发票是确认收入的重要标志。在每期销售实现（收取货款）时，按本期应收（或已收）的货款金额，借记"应收账款""银行存款"等科目；按实现的营业收入，贷记"主营业务收入"科目；按专用发票上注明的增值税额，贷记"应交税费——应交增值税（销项税额）"科目。

【例11-4】20×2年6月5日，某小企业与B公司协议销售一批商品，销售价格为200 000元，增值税税额为26 000元。双方约定货款分期支付，协议签订之日，B公司支付货款30%，收货时再支付30%，对方收到货后10天支付余款。该批商品的成本为120 000元。

①协议签订时：

分期付款第一期＝200 000×30%＝60 000(元)

增值税税额＝60 000×13%＝7 800(元)

借：银行存款　　67 800

　　贷：主营业务收入　　60 000

　　　　应交税费——应交增值税(销项税额)　　7 800

②结转第一期成本：

第一期成本＝120 000×30%＝36 000 (元)

借：主营业务成本　　36 000

　　贷：库存商品　　36 000

③发货时：

分期付款第二期＝200 000×30%＝60 000(元)

本期增值税税额＝60 000×13%＝7 800(元)

借：银行存款　　67 800

　　贷：主营业务收入　　60 000

　　　　应交税费——应交增值税(销项税额)　　7 800

④结转第二期成本：

第二期成本＝120 000×30%＝36 000(元)

借：主营业务成本　　36 000

　　贷：库存商品　　36 000

⑤收到第三期款时：

分期付款第三期＝200 000×40%＝80 000(元)

本期增值税税额＝80 000×13%＝10 400(元)

借：银行存款　　90 400

　　贷：主营业务收入　　80 000

　　　　应交税费——应交增值税(销项税额)　　10 400

⑥结转第三期成本：

第三期成本＝120 000×40%＝48 000(元)

借：主营业务成本　　48 000

　　贷：库存商品　　48 000

6. 销售需要安装和检验的商品

商品需要安装和检验的销售，是指售出的商品需要经过安装、检验等过程的销售方式。在这种销售方式下，所售商品的安装和检验工作是销售合同或协议的重要组成部分。在购买方接受交货以及安装和检验完毕前，销售方一般不应确认收入，只有在购买方接受商品以及安装和检验完毕时才能确认收入。但如果安装程序比较简单，可以在发出商品时确认收入。

【例 11-5】某小企业向 D 公司销售一批需要安装及检验的商品,开出的增值税专用发票上注明的销售价格为 200 000 元,增值税税额为 26 000 元,商品已经发出且办妥托收手续。该批商品的成本为 120 000 元。20×1 年 6 月 20 日,对 D 公司销售的商品完成安装及检验,该小企业收到款项。

该小企业账务处理如下:

①完成商品的安装及检验,收到 D 公司转到的货款时:

借:银行存款　　226 000

　贷:主营业务收入　　200 000

　　应交税费——应交增值税(销项税额)　　26 000

②结转销售成本:

借:主营业务成本　　120 000

　贷:库存商品　　120 000

7. 采用支付手续费方式的委托代销商品

采用支付手续费方式委托代销商品,是指委托方和受托方签订合同或协议,委托方根据代销商品数量和金额向受托方支付手续费的销售方式。在这种销售方式下,委托方通常不应在发出商品时确认收入,而应在收到受托方开出的代销清单时确认收入。

【例 11-6】20×2 年 8 月 10 日,某小企业委托乙公司销售商品 200 件,商品已经发出,每件成本为 60 元。合同约定乙公司应按 100 元/件对外销售,该小企业按售价的 10% 向乙公司支付手续费。当月乙公司对外实际销售 100 件,开出的增值税专用发票上注明的销售价格为 10 000 元,增值税税额为 1 300 元。该小企业收到乙公司开具的代销清单时,向乙公司开具一张相同金额的增值税专用发票。该小企业应编制如下会计分录:

①发出商品时:

借:委托代销商品　　12 000

　贷:库存商品　　12 000

②收到代销清单时:

借:应收账款　　11 300

　贷:主营业务收入　　10 000

　　应交税费——应交增值税(销项税额)　　1 300

结转销售成本时:

借:主营业务成本　　6 000

　贷:委托代销商品　　6 000

结算手续费时:

借:销售费用　　1 000

　贷:应收账款　　1 000

③收到乙公司支付的货款时：

借：银行存款　　10 300

　贷：应收账款　　10 300

8. 采用以旧换新方式销售商品

以旧换新方式销售商品，是指销售方在销售新商品的同时回收与所售商品相同的旧商品或其他旧商品。在这种销售方式下，应将销售和回收分别进行会计处理：销售的新商品作为商品销售进行处理并确认收入，回收的旧商品作为购进商品处理。

【例 11-7】某小企业响应我国政府有关部门倡导的家电以旧换新的相关政策，积极开展家电以旧换新业务。20×2 年 3 月，甲公司共销售彩色电视机 100 台，每台不含增值税销售价格为 2 000 元，每台销售成本为 900 元，同时回收 100 台旧型号彩色电视机，每台回收价格为 226 元（含增值税），款项均已收付。该小企业应编制如下会计分录：

①销售 100 台彩色电视机：

借：银行存款　　226 000

　贷：主营业务收入　　200 000

　　　应交税费——应交增值税（销项税额）　　26 000

借：主营业务成本　　90 000

　贷：库存商品　　90 000

②回收 100 台旧型号彩色电视机：

借：原材料　　20 000

　　应交税费——应交增值税（进项税额）　　2 600

　贷：银行存款　　22 600

（三）销售折扣、折让与退回

1. 销售折扣

销售折扣分为商业折扣和现金折扣两种。商业折扣，是指为了促销对批量购买给予的价格优惠，或为避免价目单经常变动而对商品所作的价格下调。此外，小企业为了尽快出售一些冷背、过时的商品进行的降价销售，也属于商业折扣。由于商业折扣是在商品标价上给予的扣除，不体现在发票凭证上，发票金额是扣除商业折扣后的金额，因此不需要作会计处理。现金折扣是指为了鼓励客户尽早付款而给予的优惠。小企业采用总价法核算，购买方享受的现金折扣计入"财务费用"科目。

【例 11-8】某小企业 20×2 年 5 月 1 日销售一批商品 100 件，增值税发票上注明售价 10 000 元，增值税税额为 1 300 元。销售合同中规定的现金折扣条件为 2/10、1/20、*n*/30。该小企业应编制如下会计分录：

①5 月 1 日销售时：

借：应收账款　　11 300

　贷：主营业务收入　　10 000

　　　应交税费——应交增值税（销项税额）　　1 300

②若 5 月 9 日购买方付清货款，则享受 2% 即 226 元的现金折扣，实际付款

11 466 元:

借:银行存款　　11 074
　财务费用　　226
　　贷:应收账款　　11 300

③若 5 月 18 日购买方付清货款,则享受 1% 即 113 元的现金折扣,实际付款 11 187 元:

借:银行存款　　11 187
　财务费用　　113
　　贷:应收账款　　11 300

④若购买方在 5 月底才付款,则应按全额付款:

借:银行存款　　11 300
　　贷:应收账款　　11 300

2. 销售折让

销售折让,是指小企业售出的商品因质量存在问题、规格与合同不符等原因而在售价上给予购买方的减让。销售折让若发生在销售收入确认之前,相当于商业折扣,不需要作会计处理。销售收入确认之后发生的折让,应在实际发生时冲减发生当期的收入,若是按规定允许扣减当期销项税额的,则应同时冲减"应交税费——应交增值税"科目的"销项税额"。

【例 11-9】某小企业 20×2 年 9 月 30 日销售一批商品,增值税发票注明的售价为 40 000 元,增值税税额为 5 200 元,该批产品的成本为 35 000 元。货到后买方发现商品质量与合同要求不一致,要求给予价款 5% 的折让,该小企业同意折让。为此该小企业所做的会计分录为:

①9 月 30 日销售实现时:

借:应收账款　　45 200
　　贷:主营业务收入　　40 000
　　　应交税费——应交增值税(销项税额)　　5 200

同时结转成本,

借:主营业务成本　　35 000
　　贷:库存商品　　35 000

②发生销售折让时:

借:主营业务收入　　2 000
　应交税费——应交增值税(销项税额)　　260
　　贷:应收账款　　2 260

③实际收款时:

借:银行存款　　42 940
　　贷:应收账款　　42 940

3. 销售退回

销售退货可能发生在企业确认收入之前,这时处理比较简单,只要将已记入"发出商品”等科目的商品成本转回“库存商品”科目;企业确认收入后,又发生销售退回的,不论是当年销售的,还是以前年度销售的,除特殊情况外,一般应冲减退回当月的销售收入,同时冲减退回当月的销售成本;该项销售已经发生现金折扣或销售折让的,应在退回当月一并调整;企业发生销售退回时,按规定允许扣减当期销项税额的,应同时用红字冲减“应交税费——应交增值税”科目的“销项税额”专栏。

【例 11-10】某小企业在 20×1 年 12 月 1 日销售给乙公司 100 件商品,该批商品实际成本 600 000 元,销售价格为 1000 000 元,增值税款 130 000 元,价款尚未收到。20×2 年 2 月 12 日因质量原因退回 20 件。

①20×1 年 12 月 1 日销售商品时:

借:应收账款	1 130 000	
贷:主营业务收入		1 000 000
应交税费——应交增值税(销项税额)		130 000
借:主营业务成本	600 000	
贷:库存商品		600 000

②20×2 年 2 月 12 日发生销售退回时:

借:主营业务收入	200 000	
应交税费——应交增值税(销项税额)	26 000	
贷:应收账款		226 000
借:库存商品	120 000	
贷:主营业务成本		120 000

第三节　劳务收入

一、劳务收入的含义

提供劳务收入,是指小企业提供劳务活动取得的收入。劳务是无形的商品,是指为他人提供服务的行为,包括体力劳动和脑力劳动。小企业提供劳务的收入,是指小企业从事建筑安装、修理修配、交通运输、仓储租赁、咨询经纪、文化体育、科学研究、技术服务、教育培训、餐饮住宿、中介代理、卫生保健、社区服务、旅游、娱乐、加工以及其他劳务服务活动取得的收入。

二、劳务收入的确认与计量

(一)小企业提供劳务收入的确认和计量

①同一会计期间内开始并完成的劳务,应当在提供劳务交易完成且收到款项或取得收款权利时,确认主营业务收入或其他业务收入。主营业务收入或其他业务收入的金额通常为从接受劳务方已收或应收的合同或协议价款。

②劳务的开始和完成分属不同会计期间的,可以按完工进度或完成的工作量确认主营业务收入或其他业务收入。资产负债表日,按照提供劳务收入总额乘以完工进度,扣除以前会计期间累计已确认提供劳务收入后的金额,确认主营业务收入或其他业务收入。同时,按照提供劳务估计总成本乘以完工进度,扣除以前会计期间累计已确认劳务成本后的金额,结转主营业务成本或其他业务成本。

(二)同时销售商品和提供劳务(或服务)

①小企业与其他企业签订的合同或协议包括销售商品和提供劳务时,销售商品部分和提供劳务部分能够区分且能够单独计量的,应当将销售商品的部分作为销售商品处理,将提供劳务的部分作为提供劳务处理。

②销售商品部分和提供劳务部分不能区分,或虽能区分但不能单独计量的,应当作为销售商品处理。

三、提供劳务收入的核算

(一)小企业提供劳务收入的核算

1. 在同一会计年度内开始并完成的劳务

同一会计年度内开始并完成的劳务,应当在提供劳务交易完成且收到款项或取得收款权利时,确认提供劳务收入。提供劳务收入的金额为从接受劳务方已收或应收的合同或协议价款。

小企业对外提供劳务,如果属于小企业的主营业务,所实现的收入应作为主营业务收入处理,结转的相关成本应作为主营业务成本处理;如果属于主营业务以外的其他经营活动,所实现的收入应作为其他业务收入处理,结转的相关成本应作为其他业务成本处理。小企业对外提供劳务发生的支出一般先通过"劳务成本"科目予以归集,待确认为费用时,再由"劳务成本"科目转入"主营业务成本"或"其他业务成本"科目。

对于一次就能完成的劳务,小企业应在提供劳务完成时确认收入及相关成本。对于持续一段时间但在同一会计年度内开始并完成的劳务,小企业应在为提供劳务发生相关支出时确认劳务成本,劳务完成时再确认劳务收入,并结转相关劳务成本。

【例 11-11】20×2 年 3 月 10 日,某小企业接受一项设备安装任务,该安装任务可在 3 月底完成,合同约定安装费为 100 000 元(不含增值税),增值税额 9 000 元,实际发生安装成本 60 000 元,均为职工薪酬。假定安装业务属于该小企业的主营业务:

①该小企业在 3 月底安装完成时,应编制如下会计分录:

借:应收账款　　109 000

　　贷:主营业务收入　　100 000

　　　　应交税费——应交增值税(销项税额)　　9 000

借:主营业务成本　　60 000

　　贷:应付职工薪酬　　60 000

②假定上述安装业务当年 8 月安装完成,3—8 月发生成本:

借:劳务成本　　60 000

　　贷:应付职工薪酬　　60 000

安装完成确认所提供劳务收入并结转该项劳务总成本时

借:应收账款　　100 900

　　贷:主营业务收入　　100 000

　　　　应交税费——应交增值税(销项税额)　　9 000

借:主营业务成本　　60 000

　　贷:劳务成本　　60 000

2. 劳务的开始和完成分属不同会计年度

劳务的开始和完成分属不同会计年度的,应当按照完工进度确认提供劳务收入。年度资产负债表日,按照提供劳务收入总额乘以完工进度扣除以前会计年度累计已确认提供劳务收入后的金额,确认本年度的提供劳务收入;同时,按照估计的提供劳务成本总额乘以完工进度扣除以前会计年度累计已确认营业成本后的金额结转本年度营业成本。

在完工百分比法下,收入和相关的费用应按下列公式计算:

本期确认的收入=劳务总收入×本期末止劳务的完成程度-以前期间已确认的收入

本期确认的费用=劳务总成本×本期末止劳务的完成程度-以前期间已确认的费用

在采用完工百分比法确认劳务收入的情况下,应按公式计算确认的劳务金额借记“应收账款”“银行存款”等科目,贷记“主营业务收入”等科目。同时结转劳务成本,借记“主营业务成本”科目,贷记“劳务成本”科目。

小企业在年度终了采用完工百分比法确认收入时,若“劳务成本”科目出现余额的,应并入资产负债表中“存货”项目。

【例 11-12】某小企业于20×2 年 12 月 1 日为客户制作一项电子广告业务,工期大约 2 个月,合同总价款为 200 000 元,预收账款 130 800 元。至 20×2 年 12 月 31 日已发生成本 80 000 元,预计完工还将发生成本 40 000 元。20×2 年 12 月 31 日,广告的实际完工程度为 60%。假定该小企业按完百分比法确定提供劳务的完工进度,该业务属于企业的主营业务,适用的增值税税率为 9%。

该小企业应编制如下会计分录:

20×2 年确认收入=200 000×60%-0=120 000(元)

20×2 年确认费用=(80 000+40 000)×60%-0=72 000(元)

①预收款项时:

借:银行存款　　130 800

　　贷:预收账款　　130 800

②发生成本时:

借:劳务成本　　80 000

　　贷:应付职工薪酬等　　80 000

③确认收入时：

借：预收账款　　130 800

　贷：主营业务收入　　120 000

　　应交税费——应交增值税（销项税额）　　10 800

④结转成本时：

借：主营业务成本　　72 000

　贷：劳务成本　　72 000

（二）同时销售商品和提高劳务的核算

小企业与其他企业签订的合同或协议包含销售商品和提供劳务时，如销售商品的同时负责运输、销售软件后继续提供技术支持、设计产品同时负责生产产品等。销售商品部分和提供劳务部分能够区分且能够单独计量的，应当将销售商品的部分作为销售商品处理，将提供劳务的部分作为提供劳务处理。销售商品部分和提供劳务部分不能够区分，或虽能区分但不能够单独计量的，应当作为销售商品处理。

1. 同时销售商品和提高劳务——可区分计量的

【例 11-13】20×2 年 1 月 1 日，某小企业向 B 公司销售生产设备 10 台，每台销售价格 10 000 元，增值税率为 13%，已开增值税专用发票。该设备由该小企业派专业人员进行安装，其安装费为 5 000 元（假定增值税税率为 6%）。该设备的成本为每台 6 000 元，安装期间的相关费用为 3 600 元，均为安装人员薪酬，无其他支出。20×2 年 1 月 5 日，B 公司所购设备全部安装调试完毕，B 公司支付了相关款项。

解析：本例中，销售商品与提供劳务同时存在，但是可以清楚地区分开来，应分别进行计量，应当将销售商品的部分作为销售商品处理，将提供劳务的部分作为提供劳务处理。故该小企业应编制如下会计分录：

①20×2 年 1 月 1 日，该小企业设备售出并开具增值税专用发票：

借：应收账款——B 公司　　113 000

　贷：主营业务收入　　100 000

　　应交税费——应交增值税（销项税额）　　13 000

②结转本次销售的设备成本：

借：主营业务成本　　60 000

　贷：库存商品　　60 000

③发生安装费用时：

借：劳务成本　　3 600

　贷：应付职工薪酬　　3 600

④确认安装费收入：

借：应收账款——B 公司　　5 300

　贷：其他业务收入　　5 000

　　应交税费——应交增值税（销项税额）　　300

⑤结转安装费成本：

借：其他业务成本　　3 600

　　贷：劳务成本　　3 600

⑥20×2 年 1 月 5 日，B 公司支付相关款项：

借：银行存款　　118 300

　　贷：应收账款——B 公司　　118 300

2. 同时销售商品和提高劳务——不可区分计量的

【例 11-14】20×2 年 1 月 1 日，某小企业向 B 公司销售生产设备 10 台，每台销售价格 10 000 元，增值税率为 13%，已开增值税专用发票。该设备由该小企业派专业人员进行安装，安装费已包含在售价中。该设备的成本为每台 6 000 元，安装期间的相关费用为 3 600 元，均为安装人员薪酬，无其他支出。20×2 年 7 月 5 日，B 公司所购设备全部安装调试完毕，B 公司支付了相关款项。

解析：本例中，销售商品与提供劳务同时存在，如果不能区分清楚的，就将二者共同看作销售商品来处理。故该小企业应编制如下会计分录：

①20×2 年 1 月 1 日，设备售出并开具增值税专用发票：

借：应收账款——B 公司　　113 000

　　贷：主营业务收入　　100 000

　　　　应交税费——应交增值税（销项税额）　　13 000

②发生安装费用时：

借：劳务成本　　3 600

　　贷：应付职工薪酬　　3 600

③结转安装费用成本：

借：主营业务成本　　63 600

　　贷：劳务成本　　3 600

　　　　库存商品　　60 000

④20×2 年 1 月 5 日，H 公司支付相关款项：

借：银行存款　　113 000

　　贷：应收账款——B 公司　　113 000

第四节　费　用

费用，是指小企业在日常活动中发生的，会导致所有者权益减少的、与向所有者分配利润无关的经济利益的总流出。

费用有广义与狭义之分。广义的费用除了上述内容外，还包括企业在材料物资的采购、产品生产、劳务提供中发生的费用。这些费用在发生时计入“原材料”“生产成本”“制造费用”“劳务成本”等会计科目，列入资产负债的“存货”项目中。狭义的费用仅包括与企业的商品生产或劳务等日常经营活动所产生的费用,具体包括营业成本、税金及附加、销售费用、财务费用、管理费用等。这些费用的发生与企业的日常经营活动有直接联系,在会计期末都要直接计入当期损益。

本节涉及的费用是其狭义概念。

一、费用的确认和计量

(一)费用的确认原则

《小企业会计准则》规定,小企业发生的费用通常应当在发生时进行确认,记入会计账簿。在具体应用费用确认原则时,应重点掌握以下两点:①符合费用的定义;②费用确认的时点是费用发生之时。费用的“发生”包括以下三点:

①实际支付相关费用。例如,向投保公司投保财产支付的财产保险费。

②虽然没有实际支付,但是小企业应当承担相应义务。例如,小企业行政管理部门当月使用自来水和电力,到月末虽然还没有通过银行转账支付,但也应于使用水和电的当期将应承担的水电费作为管理费用予以确认,记入“管理费用”科目。

③虽然没有实际支付,但是小企业为与收入相配比,结转已销售商品的成本或已提供劳务的成本。主要体现为营业成本的确认,表现为登记“主营业务成本”或“其他业务成本”科目。

《小企业会计准则》要求费用实际发生时予以确认,一是体现了会计上权责发生制的要求;二是便于小企业计算确定各月的利润。

(二)费用的计量原则

《小企业会计准则》规定,小企业的费用通常应按照其发生额计入当期损益。通俗点说,就是据实列支原则。这里的“实”主要包括两种情况:一是实际发生或者真实发生,不是虚假的或虚构的;二是既包括实际支付又包括实际未付但已经发生的。小企业费用的发生额通常有以下三种确定方式:

①实际支付的金额。例如,小企业到超市购买办公用品实际花费的金额,又如,小型饭店在菜市场购买蔬菜实际花费的金额。

②外部凭据列明的金额。例如,小企业收到的电话费收费单据上列明的使用电话应支付的电话费。

③内部凭据列明的金额。例如,小企业自制工资分配表。

二、费用的核算

(一)主营业务成本的核算

1. 科目设置

主营业务成本,是指小企业销售商品、提供劳务等经常性活动所发生的成本。小企业应当设置“主营业务成本”科目,用以核算小企业确认销售商品、提供劳务等日常活动而发生的实际成本。该科目借方登记主营业务发生的实际成本,贷方登记期末转入“本年利润”科目的主营业务成本。期末结转后，该科无余额。

“主营业务成本”科目可按主营业务的种类进行明细核算。

2. 主营业务成本的账务处理

①期末，小企业可根据本期销售各种商品（或提供各种劳务）等实际成本，计算应结转的主营业务成本，借记“主营业务成本”科目，贷记“库存商品”“劳务成本”等科目。

②本期发生的销售退回，可以直接从本月的销售数量中减去，得出本月销售的净数量，然后计算应结转的销售成本，也可以单独计算本月销售退回成本，借记“库存商品”等科目，贷记“主营业务成本”科目。

③期末结转主营业务成本时，借记“本年利润”科目，贷记“主营业务成本”科目。

小企业可以根据具体情况，采用先进先出法、加权平均法、移动加权平均法、个别计价法等方法，确定销售商品等的实际成本。确定销售商品的方法一经确定，不得随意变更。如需变更，应当在财务报表附注中予以说明。

小企业采用售价核算库存商品的，平时的销售成本按售价结转，月度终了，计算并结转本月销售商品应分摊的进销差价，将已销商品的售价调整为进价。

【例 11-15】某小企业本月份“主营业务成本”科目核算的 A、B 主营业务成本合计为 21 075 元，其中：A 产品为 11 325 元，B 产品为 9 750 元。月终，全部转入“本年利润”科目，应进行账务处理如下：

借：本年利润　　21 075

　贷：主营业务成本——A 产品　　11 325

　　　　　　　　　——B 产品　　9 750

（二）其他业务成本的核算

1. 科目设置

其他业务成本是指小企业确认的除主营业务活动以外的其他经营活动发生的支出。小企业应当设置“其他业务成本”科目，用以核算小企业确认的除主营业务活动以外的其他经营活动所发生的支出，包括销售材料的成本、出租固定资产的折旧额、出租无形资产的摊销额、出租包装物的成本或摊销额、发生的相关税费等。该科目借方登记其他业务的支出额，贷方登记期末转入“本年利润”科目的其他业务成本。期末结转后，该科无余额。“其他业务成本”科目可按其他业务成本的种类进行明细核算。

2. 其他业务成本的账务处理

①小企业发生的其他业务成本，借记“其他业务成本”科目，贷记“原材料”“包装物”“累计折旧”“无形资产”“应交税费”“银行存款”等科目。

②期末结转其他业务成本时，借记“本年利润”科目，贷记“其他业务成本”科目。

【例 11-16】某小企业 20×2 年 1 月 1 日将闲置的一条生产线出租给 B 企业使用，租赁期为 3 年，租金总额为 30 000 元。每年年底等额支付，该生产线每年应计提折旧 2 400 元。假定该小企业适用的增值税率为 13%。

①每年年底收取租金时：

借:银行存款　　11 300
　　贷:其他业务收入　　10 000
　　　　应交税费——应交增值税(销项税额)　　1 300

②期末对经营性出租资产计提折旧时,该小企业应编制如下会计分录:

借:其他业务成本　　2 400
　　贷:累计折旧　　2 400

【例 11-17】20×2 年 5 月 20 日某小企业销售一批原材料,开出的增值税专用发票上注明的售价为 10 000 元,增值税税额为 1 300 元,款项已由银行收妥。该批原材料的实际成本为 9 000 元。甲公司应编制如下会计分录:

①取得原材料销售收入:

借:银行存款　　11 300
　　贷:其他业务收入　　10 000
　　　　应交税费——应交增值税(销项税额)　　1 300

②结转已销原材料的实际成本:

借:其他业务成本　　9 000
　　贷:原材料　　9 000

(三)税金及附加的核算

1. 税金及附加的内容

税金及附加核算小企业开展日常生产经营活动应负担的消费税、城市维护建设税、资源税、土地增值税、城镇土地使用税、房产税、车船税、印花税和教育费附加、矿产资源补偿费、排污费等相关税费。税金及附加通常反映小企业与税务机关或财政部门之间的关系,但小企业向税务机关交纳的税收滞纳金及罚款不属于税金及附加,应作为营业外支出。

2. 科目设置

"税金及附加"科目属于损益类科目,用以核算小企业经营活动发生的相关税费。该科目借方登记小企业按规定计算确定的与经营活动相关的税费,贷方登记期末转入"本年利润"科目的与经营活动相关的税费。期末结转后该科目应无余额。

该科目应按照税费种类进行明细核算。

3. 税金及附加的账务处理

小企业按照规定计算确定的与其日常生产经营活动相关的税费,借记"税金及附加"科目,贷记"应交税费"等科目。月末,应将"税金及附加"科目余额转入"本年利润"科目。

需要注意的是,与最终确认营业外收入或营业外支出相关的税费,在"固定资产清理""无形资产"等科目核算,不在"税金及附加"科目核算。企业所得税在"所得税费用"中反映,增值税通过"应交税费"及其相关明细科目反映。

【例 11-18】某小企业销售汽车轮胎应缴纳消费税税额为 36 000 元。对此应作如下会计分录:

借:税金及附加　　36 000

　　贷:应交税费——应交消费税　　36 000

【例 11-19】某小企业本月缴纳增值税 100 000 元,该企业在市区,应计提的城市维护建设税 = 100 000×7% = 7 000(元),教育费附加 = 100 000×3% = 3 000(元)。会计分录如下:

借:税金及附加　　10 000

　　贷:应交税费——应交城建税　　7 000

　　　　　　　　——应交教育费附加　　3 000

(四)销售费用的核算

1. 销售费用的内容

销售费用,是指小企业在销售商品或提供劳务过程中发生的各种费用,包括销售人员的职工薪酬、商品维修费、运输费、装卸费、包装费、保险费、广告费、业务宣传费、展览费等费用。

小企业(批发业、零售业)在购买商品过程中发生的费用(包括运输费、装卸费、包装费、保险费、运输途中的合理损耗和入库前的挑选整理费等)也构成销售费用。

2. 科目设置

"销售费用"科目属于损益类科目,用以核算小企业发生的各项销售费用。该科目借方登记发生的各项销售费用,贷方登记期末转入"本年利润"科目的销售费用额。期末结转后,本科目无余额。该科目可按费用项目设置明细科目,进行明细分类核算。

3. 销售费用的账务处理

①小企业在销售商品或提供劳务过程中发生的销售人员的职工薪酬、商品维修费、运输费、装卸费、包装费、保险费、广告费、业务宣传费、展览费等费用,借记"销售费用"科目,贷记"库存现金""银行存款"等科目。

②小企业(批发业、零售业)在购买商品过程中发生的运输费、装卸费、包装费、保险费、运输途中的合理损耗和入库前的挑选整理费等,借记"销售费用"科目,贷记"库存现金""银行存款""应付账款"等科目。

【例 11-20】某小企业 20×2 年 3 月发生广告费 60 000 元,销售人员薪酬 80 000 元,销售部专用办公设备折旧费 60 000 元,业务费 10 000 元,销售产品过程中发生运输费 4 000 元、装卸费 2 000 元,均用银行存款支付。该小企业会计分录如下:

借:销售费用　　216 000

　　贷:应付职工薪酬　　80 000

　　　　累计折旧　　60 000

　　　　银行存款　　76 000

(五)管理费用的核算

1. 管理费用的内容

管理费用,是指小企业为组织和管理企业生产经营活动所发生的各种费用,包括小企业在筹建期间内发生的开办费(包括相关人员的职工薪酬、办公费、培训费、差旅费、印刷费、注册登记费以及不计入固定资产成本的借款费用等费用)、行政管理部门发生的费用(包括固定资产折旧费、修理费、办公费、水电费、差旅费、管理人员的职工薪酬等)、业务招待费、研究费用、技术转让费、相关长期待摊费用摊销、财产保险费、聘请中介机构费、咨询费(含顾问费)、诉讼费等费用。

2. 科目设置

"管理费用"科目属于所有者权益类科目,用以核算小企业为组织和管理企业生产经营所发生的管理费用。该科目的借方登记发生的各项管理费用,贷方登记期末结转到"本年利润"科目的管理费用额。期末结转后,该科目无余额。

小企业除了对管理费用进行总分类账核算外,还应按照规定的费用项目,进行明细分类核算。

3. 管理费用的账务处理

①小企业在筹建期间内发生的开办费(包括相关人员的职工薪酬、办公费、培训费、差旅费、印刷费、注册登记费以及不计入固定资产成本的借款费用等费用),在实际发生时,借记"管理费用"科目,贷记"银行存款"等科目。

②行政管理部门人员的职工薪酬,借记"管理费用"科目,贷记"应付职工薪酬"科目。

③行政管理部门计提的固定资产折旧费和发生的修理费,借记"管理费用"科目,贷记"累计折旧""银行存款"等科目。

④行政管理部门发生的办公费、水电费、差旅费,借记"管理费用"科目,贷记"银行存款"等科目。

⑤小企业发生的业务招待费、相关长期待摊费用摊销、技术转让费、财产保险费、聘请中介机构费、咨询费(含顾问费)、诉讼费等,借记"管理费用"科目,贷记"银行存款""长期待摊费用"等科目。

⑥小企业自行研究无形资产发生的研究费用,借记"管理费用"科目,贷记"研发支出"科目。

⑦期末结转管理费用,借记"本年利润"科目,贷记"管理费用"科目。

注意:小企业(批发业、零售业)管理费用不多的,可以不设置"管理费用"科目,该科目的核算内容可以并入"销售费用"科目核算。

【例 11-21】某小企业在筹建期间发生办公费、差旅费等 25 000 元。这些费用均以银行存款支付。该小企业应作如下会计分录:

借:管理费用——开办费　　25 000

　贷:银行存款　　25 000

【例 11-22】20×2 年 10 月某小企业发生的管理费用如下:以银行存款支付办公费、水电费、差旅费,共计 2 800 元;行政管理部门固定资产折旧费 2 200 元;摊销租入固定资产改建支出 600 元;应付行政管理部门人员的职工薪酬 50 000 元。该小企业应做如下会计分录:

①支付办公费、水电费、差旅费:

借:管理费用　　2 800

　　贷:银行存款　　2 800

②计提管理用固定资产折旧费:

借:管理费用——折旧费　　2 200

　　贷:累计折旧　　2 200

③摊销租入资产改建支出:

借:管理费用——资产摊销　　600

　　贷:长期待摊费用　　600

④管理部门人员的工资及福利费:

借:管理费用　　50 000

　　贷:应付职工薪酬　　50 000

⑤月末,结转管理费用:

本月管理费用合计=2 800+2 200+600+50 000=55 600(元)

借:本年利润　　55 600

　　贷:管理费用　　55 600

(六)财务费用的核算

1. 财务费用的内容

财务费用是小企业为了筹集生产经营所需资金而发生的费用,包括小企业生产经营期间发生的利息费用(减利息收入)、汇兑损失、银行相关手续费、小企业给予的现金折扣(减去享受的现金折扣)等费用。

2. 科目设置

"财务费用"科目属于损益类科目,用以核算小企业为筹集生产经营所需资金发生的筹资费用,包括利息支出(减利息收入)、汇兑损失、银行相关的手续费等。该科目借方登记财务费用的增加额,贷方登记冲减财务费用的金额。月末,可将"财务费用"科目余额转入"本年利润"科目,结转后"财务费用"科目应无余额。"财务费用"科目可按费用项目进行明细核算。

3. 财务费用的账务处理

①小企业为购建固定资产、无形资产和经过一年期以上的制造才能达到预定可销售状态的存货发生的借款费用,在"在建工程""研发支出""制造费用"等科目核算,不在"财务费用"科目核算。

②小企业发生的汇兑收益,在"营业外收入"科目核算,不在"财务费用"科目核算。

③小企业发生的利息费用、汇兑损失、银行相关手续费、给予的现金折扣等,借记"财务费用"科目,贷记"应付利息""银行存款"等科目。

④持未到期的商业汇票向银行贴现,应当按照实际收到的金额(减去贴现息后的净额),借记"银行存款"科目,按照贴现息,借记"账务费用"科目,按照商业汇票的票面金额,贷记"应收票据"科目(银行无追索权情况下)或"短期借款"科目(银行有追索权情况下)。

⑤发生的应冲减财务费用的利息收入、享受的现金折扣等,借记“银行存款”等科目,贷记“财务费用”科目。

【例11-23】某小企业20×2年10月发生的财务费用如下:接到银行通知,从公司结算户中扣划短期借款利息1 600元;银行存款利息收入800元已划入公司结算户;公司短期外币借款因汇率上升发生汇兑损失1 000元。有关财务费用的账务处理如下:

①扣划短期借款利息:

借:财务费用——利息支出　1 600

　贷:银行存款　1 600

②银行存款利息收入:

借:银行存款　800

　贷:财务费用——利息收入　800

③外币借款汇兑损失:

借:财务费用——汇兑损失　1 000

　贷:短期借款——外币账户　1 000

④月末,结转财务费用:

本月财务费用合计=1 600-800+1 000=1 800(元)

借:本年利润　1 800

　贷:财务费用　1 800

思考题

1. 简述小企业收入的概念、特征及分类。
2. 什么是现金折扣? 小企业如何进行会计处理?
3. 对于小企业而言,销售折让与销售退回的会计处理有何异同?
4. 小企业费用是如何分类的? 其意义是什么?
5. 费用与损失有何联系与区别?
6. 什么是小企业的期间费用? 其主要内容包括哪几个方面?

练习题

一、单项选择题

1. 关于小企业在日常活动中取得的收入,下列说法中错误的是(　　)。

　A. 收入是企业日常活动形成的经济利益总流入

　B. 收入的取得会导致资产的增加或者负债的减少

C. 收入必然导致所有者权益的增加

D. 收入包括所有者向企业投入资本导致的经济利益流入

2. 小企业结转的销售原材料实际成本，应计入(　　)。

A. 主营业务成本　B. 销售费用　C. 其他业务成本　D. 营业外支出

3. 小企业会计期末结账时，销售费用应当转入(　　)。

A. “本年利润”科目的借方　B. “本年利润”科目的贷方

C. “利润分配”科目的借方　D. “利润分配”科目的贷方

4. 某小企业于20×2 年 3 月 1 日赊销一批商品，售价为 10 000 元，增值税税额为 1 300 元，现金折扣条件为“2/10，n/30”，甲公司采用总价法核算，客户于 20×2 年 3 月 10 日支付货款。该小企业应确认的销售收入金额为(　　)元。

A. 11 600　B. 11 400　C. 10 000　D. 9 800

5. 销售折让发生在小企业确认收入之后，小企业应按照实际给予客户的销售折让(　　)。

A. 冲减销售收入　B. 冲减销售成本

C. 计入财务费用　D. 计入管理费用

6. 小企业委托其他单位代销商品，在支付手续费方式下，委托方支付的手续费应当计入(　　)。

A. 销售费用　B. 财务费用　C. 其他业务成本　D. 营业外支出

7. 小企业出租固定资产取得的净收益，应当计入(　　)。

A. 主营业务收入　B. 其他业务收入　C. 营业外收入　D. 资产处置损益

8. 小企业委托其他单位代销商品，在支付手续费方式下，委托方确认销售收入的时点是(　　)。

A. 交付代销商品时　B. 受托方售出代销商品时

C. 收到代销清单时　D. 收到代销货款时

9. 下列不属于管理费用核算的内容有(　　)。

A. 专设销售机构人员工资　B. 厂部管理人员工资

C. 公司经费　D. 无形资产摊销

10. 下列各项应当计入销售费用的有(　　)。

A. 借款利息　B. 生产设备的折旧

C. 广告费　D. 本企业负担的采购材料运杂费

11. 以下不属于期间费用的有(　　)。

A. 管理费用　B. 销售费用　C. 制造费用　D. 财务费用

12. 下列项目中，符合小企业费用定义的是(　　)。

A. 用银行存款偿还应付账款　B. 向所有者分配利润

C. 生产耗用材料　D. 处置固定资产发生的损失

13. 小企业发生的下列行为应当作为财务费用处理的是(　　)。

A. 商业折扣　B. 现金折扣　C. 销售折让　D. 销售退回

14. 下列各项中,不属于费用的是(　　)。

A. 主营业务成本　B. 销售费用　C. 财务费用　D. 营业外支出

15. 某小企业20×2年11月份发生的费用有:车间用固定资产折旧30万元,车间管理人员工资40万元,广告费30万元,短期借款利息10万元,劳动保险费20万元。则该小企业当期的期间费用总额为(　　)万元。

A. 60　B. 70　C. 80　D. 90

二、多项选择题

1. 小企业下列活动形成的经济利益流入中,构成其收入的有(　　)。

A. 出售原材料　B. 出售无形资产　C. 出租无形资产　D. 出售固定资产

2. 小企业处置下列资产发生的损益中,应当计入营业收入的有(　　)。

A. 出售周转材料　B. 出售原材料　C. 出售无形资产　D. 出售固定资产

3. 下列项目中,应确认为费用的有(　　)。

A. 因违约支付罚款　B. 因借款支付银行借款利息

C. 对外捐赠　D. 支付水电费

4. 小企业下列商品销售业务不能确认为收入的有(　　)。

A. 尚未完成售出商品的安装或检验工作,且此项安装或检验任务是销售合同的重要组成部分

B. 支付手续费方式下,委托方收到代销清单的商品销售

C. 预收款销售,货款已收到,货物未发出

D. 采用以旧换新方式销售的商品

5. 下列各项目中,不应计入产品成本的有(　　)。

A. 技术转让费　B. 行政管理部门设备折旧费

C. 行政管理人员工资　D. 生产车间管理人员的工资

6. 下列项目中,在"税金及附加"科目核算的有(　　)。

A. 资源税　B. 房产税

C. 印花税　D. 矿产资源补偿费

7. 下列项目中,属于小企业管理费用的有(　　)。

A. 筹建期间内发生的开办费　B. 业务招待费

C. 相关长期待摊费用摊销　D. 聘请中介机构费

8. 下列项目中,在"财务费用"科目核算的有(　　)。

A. 利息费用　B. 利息收入

C. 汇兑损失　D. 小企业享受的现金折扣

9. 下列符合小企业收入定义的是(　　)。

A. 工业小企业销售材料取得的收入

B. 农业小企业销售农产品取得的收入

C. 交通运输小企业提供道路货物运输取得的收入

D. 工业小企业出售固定资产形成的经济利益的流入

10. 小企业应在发出商品时即可确认收入的销售方式是(　　)。

A. 支付手续费方式委托代销商品　　B. 分期收款销售

C. 预收款方式销售　　D. 交款提货

11. 关于小企业销售折让、商业折扣和现金折扣,下列理解正确的是(　　)。

A. 已经确认为收入的售出商品发生的销售折让,作为财务费用处理

B. 按照扣除商业折扣后的金额作为销售商品收入金额

C. 按照未扣除现金折扣前的金额确定收入金额,现金折扣在实际发生时计入当期损益

D. 享受的现金折扣应冲减当期财务费用

12. 下列属于小企业费用的是(　　)。

A. 小型饭店在菜市场购买蔬菜的金额

B. 小企业使用电话应支付的电话费

C. 自制薪酬分配表列明的职工薪金

D. 小企业业主到超市为自己购买日常用品的支出

13. 下列项目中,属于小企业销售费用的是(　　)。

A. 购买商品过程中发生的运输途中合理损耗

B. 在销售中发生的销售佣金

C. 销售部门的差旅费

D. 销售部门的业务招待费

14. 下列属于小企业"财务费用"科目核算内容的是(　　)。

A. 经过1年期以上的制造才能达到预定可使用状态的在建工程发生的借款费用

B. 汇兑损失

C. 银行相关手续费

D. 小企业给予的现金折扣

15. 下列各项中,不影响小企业销售商品收入入账金额的有(　　)。

A. 销售单价　　B. 现金折扣

C. 商业折扣　　D. 代垫购货方的运杂费

三、判断题

1. 小企业已经确认销售商品收入的售出商品发生的销售退回,不论此销售业务属于本年度还是属于以前年度,均应当在发生时冲减退回当期销售商品收入。(　　)

2. 小企业提供劳务取得的收入,均应通过"其他业务收入"科目核算。(　　)

3. 小企业发生的汇兑收益,应贷记"财务费用"科目。(　　)

4.《小企业会计准则》将收入分为销售商品收入、提供劳务收入和让渡资产使用权收入。(　　)

5. 小企业的费用应当在支付时按照实际支付额计入当期损益。(　　)

6. 小企业在销售商品时如有商业折扣,在确认收入时应将商业折扣的部分扣除。 ( )

7. 管理费用和制造费用都是本期发生的费用,期末均应直接计入当期损益。( )

8. 小企业销售商品收入和提供劳务收入已予确认的,应当将已销售商品和已提供劳务的成本作为营业成本结转至当期损益。 ( )

9. 小企业向税务机关缴纳的税收滞纳金及罚款应在“税金及附加”科目核算。 ( )

10. 销售需要安装的商品,只能在安装和检验完毕后确认收入。 ( )

四、业务题

某小企业为增值税一般纳税人,20×2 年发生如下经济业务:

1. 销售给甲企业一批产品,不含税售价为 80 000 元,成本价为 71 000 元,现金折扣条件为“2/10、1/20、*n*/30”,增值税税率为 13%。

2. 10 月 3 日销售给乙企业商品一批,增值税专用发票上注明价款 160 000 元,增值税额 20 800 元,成本为 125 000 元。商品当日发出,收到对方支票一张,已送存银行。12 月 20 日,乙企业发现该批商品质量有问题,将商品全部退回,该小企业将货款退给乙企业,并按规定开具了红字增值税专用发票。

3. 12 月 1 日接受丙企业一项装修业务,工期为 3 个月,合同约定装修价款为 1 800 000 元,增值税为 162 000 元。合同签订当日丙企业预付合同总价款(含增值税)的 70%,完工后支付剩余 30% 的款项。当日,收到丙企业预付款 1 373 400 元;截至 12 月 31 日,实际发生劳务成本 840 000 元(假定均为安装人员薪酬),估计完成装修任务还需发生劳务成本 360 000 元。假定该小企业按实际发生的成本占估计总成本的比例确定提供劳务的完工进度,该业务属于企业的主营业务,适用的增值税税率为 9%。

4. 以转账支票支付产品广告费 35 000 元。

5. 在销售商品时。用银行存款支付运输费用 8 500 元。

6. 支付银行承兑汇票手续费 180 元。

7. 以银行存款 3 200 元支付印花税款。

要求:根据上述经济业务编制相应的会计分录。

第十二章　利润与利润分配

学习目标

通过本章学习，了解小企业利润的构成、政府补助的特征与主要形式、税收返还的核算；理解营业外收入与营业外支出的范围及内涵、所得税费用的计算原则与计算方法、利润分配的顺序；掌握营业外收入与营业外支出的确认和计量、政府补助的确认和计量、所得税费用的计算及核算、利润分配的核算。

第一节　利润的形成及核算

一、利润概述

(一)利润的概念

利润，是指小企业在一定会计期间的经营成果，包括营业利润、利润总额和净利润。小企业在一定期间内的利润直接反映小企业生产经营的经济效益，表明小企业在每一会计期间的最终经营成果。

(二)利润的构成

小企业的利润包括营业利润、利润总额和净利润三个层次。

1. 营业利润

营业利润，是指营业收入减去营业成本、税金及附加、销售费用、管理费用、财务费用，加上投资收益(或减去投资损失)后的净额。其计算公式如下：

营业利润=营业收入-营业成本-税金及附加-销售费用-财务费用-管理费用+投资收益(-投资损失)

其中，营业收入是指小企业销售商品和提供劳务实现的收入总额，包括主营业务收入和其他业务收入。营业成本，是指小企业销售商品和提供劳务所发生的成本总额，包括主营业务成本和其他业务成本。税金及附加包括主营业务和其他业务应负担的消费税、城市维护建设税、资源税、土地增值税和教育费附加等。投资收益，是指由小企业股权投资取得的现金股利(或利润)、债券投资取得的利息收入以及处置股权投资和债券投资取得的处置价款扣除成本或账面余额、相关税费后的净额。

2. 利润总额

利润总额,是指营业利润加上营业外收入,减去营业外支出后的金额,其计算公式如下:

利润总额=营业利润+营业外收入-营业外支出

3. 净利润

净利润,是指利润总额减去所得税费用后的净额。其计算公式如下:

净利润=利润总额-所得税费用

其中,所得税费用是指小企业确认的应从当期利润总额中扣除的所得税费用。

二、营业外收支的核算

(一)营业外收入

1. 营业外收入的范围

营业外收入,是指小企业非日常生产经营活动形成的,应当计入当期损益,会导致所有者权益增加,与所有者投入资本无关的经济利益的净流入。小企业的营业外收入包括非流动资产处置净收益、政府补助、捐赠收益、盘盈收益、汇兑收益、出租包装物和商品的租金收入、逾期未退包装物押金收益、确实无法偿付的应付款项、已作坏账损失处理后又收回的应收款项、违约金收益等。

(1)非流动资产处置净收益

非流动资产处置净收益包括处置固定资产、无形资产、生产性生物资产、长期待摊费用等。处置固定资产净收益指小企业处置固定资产所取得价款扣除固定资产的账面价值、清理费用、处置相关税费后的净收益。处置无形资产和生产性生物资产净收益同固定资产,处置经营租入固定资产的改建支出,如果已经对其摊销完毕,取得残料收入也计入营业外收入。

(2)政府补助

政府补助,是指小企业从政府无偿取得货币性资产或非货币性资产,但不包括政府作为企业所有者投入的资本。政府补助分为与资产相关的政府补助和与收益相关的政府补助:与资产相关的政府补助,是指企业取得的、用于购建或以其他方式形成长期资产的政府补助,政策效应通常涉及多个会计年度;与收益相关的政府补助,是指除与资产相关的政府补助之外的政府补助,政策效应通常只惠及某个会计年度,是一种短期效应。

政府补助主要形式有:①财政拨款:是政府为了支持小企业而无偿拨付的款项。为了体现财政拨款的政策引导作用,这类拨款通常具有严格的政策条件,只有符合申报条件的小企业才能申请拨款,同时附有明确的使用条件,政府在批准拨款时就规定了资金的具体用途;②财政贴息:是指政府为支持特定领域或区域发展,根据国家宏观经济形势和政策目标,对承贷小企业的银行贷款利息给予的补贴。财政将贴息资金可以直接支付给受益小企业,也可以直接拨付贷款银行,由贷款银行以低于市场利率的政策性优惠利率向小企业提供贷款;③税收返还:是政府按照国家有关规定采取先征后返(退)、即征即退等办法向企业返还的税款,属于以税收优惠形式给予的一种政府补助,增值税出口退税不属于政府补助。需要注意的是，除了税收返还之外，税收优惠包括直接减征、免征、增加计税抵扣额、抵免部分税额等形式，不作为《小企业会计准则》所讲的政府补助处理。

（3）捐赠收益

捐赠收益指小企业接受的来自其他企业、组织或者个人无偿给予的货币性资产、非货币性资产。捐赠的特点如下：①捐赠是无偿给予小企业的资产，这是捐赠区别于其他财产转让的标志。无偿性即出于某种原因，不支付金钱或付出其他相应代价而取得某项财产，如公益事业捐赠等；②捐赠人是其他企业、组织或者个人，其他组织包括事业单位、社会团体等；③捐赠财产范围包括货币性资产和非货币性资产。

（4）盘盈收益

盘盈收益指小企业在财产清查过程中查明的各种财产盘盈。包括材料、产成品、商品、现金、固定资产等资产溢余，即小企业各种资产在盘点过程中发生的多于账面数额的资产。

（5）汇兑收益

汇兑收益指小企业在汇兑人民币和外汇时可能因为汇率变化而产生差价收益。

（6）出租包装物和商品的租金收入

出租包装物和商品的租金收入指小企业由于暂时闲置，将不用的包装物或产成品、商品出租给第三方使用并取得的租金收入。小企业持有包装物或产成品、商品的目的是通过用于生产或用于销售取得收入实现经济利益，而将包装物或产成品、商品出租仅仅是利用它们暂时闲置取得非经常性收入或偶然性收入，因此出租包装物和商品的租金收入应计入营业外收入。

（7）逾期未退包装物押金收益

包装物押金，是指小企业为销售商品而向购买方出租或出借包装物所收取的押金。当小企业按照合同或协议约定向购买方收取包装物押金时不构成销售收入，而应作为一项负债，计入“其他应付款”科目，一旦小企业收取的包装物押金按照双方约定逾期没有返还购买方，这一偶发性活动应增加小企业的营业外收入。

（8）确实无法偿付的应付款项

小企业发生的应付款项（包括应付票据、应付账款、预收账款、应付职工薪酬、其他应付款、长期应付款等）应按期偿还给债权人，但是如果小企业债权人放弃了收款的权利、小企业的债权人按照债务重组协议做出了让步，或者小企业债权人丧失了相关权利等情况下，会导致小企业的应付款项确实无法偿付，从而构成营业外收入的一项内容。

（9）已作坏账损失处理后又收回的应收款项

小企业的应收款项（包括应收票据、应收账款、预付账款、应收利息、其他应收款等）发生坏账损失应计入营业外支出。但是如果以后期间，小企业又收回全部或部分该笔已核销坏账损失的应收款项，应作为小企业资产的增加，同时增加营业外收入。

（10）违约金收益

违约金，是指按照当事人的约定或者法律直接规定，合同一方当事人不履行合同或者履行合同不符合约定时，应向另一方当事人支付的用于赔偿损失的金额。小企业取得对方支付的用于赔偿损失的金额（违约金）应作为营业外收入。

需要说明的是,营业外收入的范围除了上述10项外,小企业如果发生了非货币性资产交换、偿债收益、小企业将应收款项转让其他企业或个人,且不承担追索责任的转让收益也应计入营业外收入,此外小企业经税务机关同意不需要交纳相关税费,原已确认的税费也应计入营业外收入。

2. 营业外收入的确认和计量

(1)营业外收入的确认

小企业的营业外收入应当在实现时计入当期损益。这里的"实现"包括以下几种情况:①有关交易完成之时,如固定资产清理完毕时、实际收到捐赠资产日、财产清查完成日、已作坏账损失核销又收回的日期等。②所要求的相关条件满足之时,如小企业已收取了另一方定金,但对方违约;小企业收到财政补贴资金符合财政部门规定的条件时;小企业收取的包装物押金按照双方约定逾期未返还购买方的等。③在约定或特定的日期,如小企业将包装物或商品出租给他人使用,按照合同约定的承租人应付租金的日期,将租金收入确认为营业外收入。

(2)营业外收入的计量

小企业的营业外收入应当按照实现的金额计入当期损益。"实现的金额"包括以下几种情况:①实际收到或应收的金额,如盘盈收益的现金、逾期未退包装物的押金等;②市场价格或评估价值,如政府补助中的非货币性资产等;③根据《小企业会计准则》规定计算确定的金额,如汇兑收益等。

3. 科目设置

"营业外收入"科目属于损益类科目,用以核算小企业营业外收入的取得及结转情况。贷方登记营业外收入的实现(即增加额),借方登记期末转入"本年利润"科目的营业外收入额,结转后本科目无余额。该科目可按营业外收入项目进行明细核,通常小企业的营业外收入应当在实现时按照其实现金额计入当期损益。

4. 营业外收入的账务处理

(1)非流动资产处置净收益

小企业确认非流动资产处置净收益,比照"固定资产清理""无形资产"等科目的相关规定进行账务处理。

【例12-1】20×2年7月5日,某小企业出售一栋旧厂房,其原价为4 000 000元,已计提折旧3 000 000元,实际出售价格为1 200 000元,假定该出售交易适用的增值税税率为9%,款项已收到。该小企业应编制如下会计分录:

①固定资产转入清理:

借:固定资产清理	1 000 000	
累计折旧	3 000 000	
贷:固定资产		4 000 000

②收到价款:

借:银行存款	1 308 000	
贷:固定资产清理		1 200 000

应交税费——应交增值税(销项税额)　　108 000

③结转出售固定资产实现的利得:

借:固定资产清理　　200 000

贷:营业外收入　　200 000

(2)政府补助

小企业应该在收到政府以货币性或非货币性形式补助时,一次性确认政府补助。政府补助惠及的期间包括以前期间、当期和未来期间都有可能。用于补偿以前期间的费用或亏损的政府补助,一次性计入收到当期的营业外收入,不调整以前年度的利润表;用于补偿当期的费用或亏损的政府补助,一次性计入当期的营业外收入,在当年内可以在各个月份之间进行平均分配;用于补偿以后期间的费用或亏损的政府补助,应当在收到时作为负债计入递延收益,在以后期间符合政府补助所规定条件时,一次性计入营业外收入。

政府补助为货币性资产的,应当按照收到的金额计量。确认的政府补助收入,借记"银行存款"或"递延收益"科目,贷记"营业外收入"科目。

小企业收到的政府补助为非货币性资产的,政府提供了有关凭据的,应当按照凭据上标明的金额计量;政府没有提供有关凭据的,应当按照同类或类似资产的市场价格或评估价值计量。与资产相关的政府补助应在固定资产开始折旧或相关的无形资产开始摊销之时使用直线法开始分配,分配的期限为固定资产折旧期或相关的无形资产摊销期,也就是政府补助惠及的期间。

【例 12-2】20×2 年 1 月,某小企业需购置一台环保设备,预计价款为 500 000 元,因资金不足,按相关规定向有关部门提出补助 240 000 元的申请。20×2 年 2 月,政府批准了企业的申请并拨付该小企业 240 000 元财政拨款,即日到账。20×2 年 2 月末,该企业购入不需安装的环保设备。实际成本为 480 000 元,使用寿命 5 年,采用直线法计提折旧(假设不考虑净残值)。该小企业的会计处理如下:

①20×2 年 2 月实际收到财政拨款,确认政府补助:

借:银行存款　　240 000

贷:递延收益　　240 000

②20×2 年 2 月末购入环保设备:

借:固定资产　　480 000

贷:银行存款　　480 000

③自 20×2 年 3 月起每月计提折旧,同时将政府补助进行分摊:

每月折旧额=480 000÷60=8 000(元)

借:管理费用　　8 000

贷:累计折旧　　8 000

分摊递延收益:每月分摊额=240 000÷60=4 000(元)

借:递延收益　　4 000

贷:营业外收入　　4 000

需要说明的是,相关资产在使用寿命结束前被出售、转让、报废或发生毁损的,应将尚未分配的递延收益余额一次性转入资产处置当期的营业外收入,以后不再分摊。

小企业收到的其他政府补助,也称与收益相关的政府补助,包括各种税收返还、用于补偿费用或损失的政府补助等。这类政府补助通常以银行转账的方式拨付,小企业在实际收到时按照实际到账的金额确认和计量。小企业按照规定实行企业所得税、增值税、消费税等先征后返的,应当在实际收到返还的企业所得税、增值税、消费税时,借记"银行存款"科目,贷记"营业外收入"科目。

【例 12-3】按照国家相关规定,某小企业生产一种先进的模具产品适用增值税先征后返政策(即先按规定征收增值税,然后按实际缴纳增值税税额返还 80%)。20×2 年 1 月,该企业实际缴纳增值税税额 500 000 元。20×2 年 2 月,该企业实际收到返还的增值税税额 400 000 元。该小企业实际收到返还的增值税税额的会计分录如下:

借:银行存款　　400 000

　贷:营业外收入　　400 000

(3)捐赠收益

小企业接受的其他单位或个人捐赠的财产,计入营业外收入。确认的捐赠收益,借记"银行存款""固定资产"等科目,贷记"营业外收入"。

(4)盘盈收益

【例 12-4】20×2 年 12 月 20 日,某小企业在财产清查中盘盈材料 1 000 千克,按同类材料市场价格计算确定的价值为 20 000 元。某小企业应编制如下会计分录:

①批准处理前:

借:原材料　　20 000

　贷:待处理财产损溢——待处理流动资产损溢　　20 000

②批准处理后:

借:待处理财产损溢——待处理流动资产损溢　　20 000

　贷:营业外收入　　20 000

(5)汇兑收益

小企业所持有的外币资产或者所承担的外币负债,因汇率波动产生的折算为记账本位币金额的差额,为汇兑损益。按照《小企业会计准则》的规定,汇兑损失一般计入财务费用,而汇兑收益一般计入营业外收入。

(6)出租包装物和商品的租金收入

确认的出租包装物和商品的租金收入,借记"其他应收款""银行存款"等科目,贷记"营业外收入"等科目。

【例 12-5】20×2 年 5 月 1 日,某小企业将暂时闲置的包装物租赁给乙公司,租期为 20 天,2 000 元租金于租赁开始日收到,假定适用的增值税率为 13%。该小企业应编制如下会计分录:

借:银行存款　　2 260

　贷:营业外收入　　2 000

应交税费——应交增值税(销项税额)　　260

(7)逾期未退包装物押金收益

确认的逾期未退包装物押金收益,借记“其他应付款”等科目,贷记“营业外收入”等科目。

(8)确实无法偿付的应付款项

出于单位债权人撤销、自然人债权人死亡而没有承继人等原因,小企业确实无法支付的应付款项,按账面余额转入营业外收入。

【例 12-6】20×2 年 12 月末,某小企业将一笔挂账多年,已确实无法支付的应付账款 20 000 元予以转销。该小企业的会计处理如下:

借:应付账款　　20 000

　贷:营业外收入　　20 000

(9)已作坏账损失处理后又收回的应收款项

小企业在日常生产经营中发生的坏账损失计入当期营业外支出;如果以后期间,小企业又收回了全部或部分已作为坏账损失核销的应收款项,应当将其计入营业外收入。

【例 12-7】20×1 年 12 月 30 日,因乙公司的经营陷入财务困境,某小企业应收乙公司货款 50 000 元预计难以收回,该小企业全额确认坏账损失。20×2 年 3 月 10 日乙公司的经营情况好转,该小企业经催收又收回了已注销的货款 30 000 元。该小企业应编制如下会计分录:

①20×1 年 12 月 30 日确认坏账损失:

借:营业外支出——坏账损失　　50 000

　贷:应收账款——乙公司　　50 000

②20×2 年 3 月 10 日收回已注销的货款:

借:银行存款　　30 000

　贷:营业外收入　　30 000

(10)违约金收益

小企业取得的对方支付的违约金应当作为营业外收入处理。

【例 12-8】由于供货方违约,某小企业按合同约定收到对方支付的违约金 60 000 元。根据上述经济业务,该小企业应编制如下会计分录:

借:银行存款　　60 000

　贷:营业外收入　　60 000

(二)营业外支出

1. 营业外支出的范围

营业外支出,是指小企业非日常生产经营活动发生的,应当计入当期损益,会导致所有者权益减少,与向所有者分配利润无关的经济利益的净流出。小企业的营业外支出包括:存货的盘亏、毁损、报废损失,以及非流动资产处置净损失、坏账损失、无法收回的长期债券投资损失,无法收回的长期股权投资损失、自然灾害等不可抗力因素造成的损失、税收滞纳金、罚金、罚款、被没收财物的损失、捐赠支出、赞助支出等。

(1)存货的盘亏、毁损、报废损失

存货盘亏损失,指小企业在清查财产过程中查明的存货账面数大于实存数形成的存货短缺。存货的毁损净损失指小企业因工人操作过程中的操作和使用失误等所引起的损失。存货的报废净损失是指因磨损、技术进步等原因引发的报废存货产生的损失。存货的盘亏、毁损、报废损失最终计入营业外支出的是存货盘亏、毁损、报废成本扣除残料(或残值)收入后的净额。

(2)非流动资产处置净损失

小企业处置非流动资产净损失,包括处置固定资产、无形资产、生产性生物资产、长期待摊费用等,但不包括无法收回的长期债券投资损失和无法收回的长期股权投资损失,后者分别单独作为一项损失计入营业外支出。

固定资产处置净损失指小企业处置固定资产所取得的价款扣除固定资产账面价值、相关税费和清理费用后的净损失,如为净收益,则为营业外收入。无形资产处置净损失、生产性生物资产处置净损失同固定资产。

(3)坏账损失和无法收回的长期债券投资损失

坏账损失,是指小企业无法收回或者收回的可能性极小的应收及预付款项。无法收回的长期债券投资损失是由于小企业债务人无法偿还而不得不承担的损失。

(4)无法收回的长期股权投资损失

无法收回的长期股权投资损失,指由于被投资单位依法宣告破产、关闭、解散、被撤销,或者被依法注销、吊销营业执照,以及被投资单位财务状况严重恶化等情况导致长期股权投资无法收回造成的损失。

(5)自然灾害等不可抗力因素造成的损失

自然灾害等不可抗力因素造成的损失,指小企业因非人力所能抗拒或阻止的原因等发生的资产损失,如地震造成房屋塌陷造成的损失。

(6)罚款支出

罚款支出,是指小企业因违反法律或未履行经济合同、协议而支付的赔偿金、违约金、罚息、滞纳金(包括税收滞纳金)等以及因违法经营而发生的被没收财物损失。

(7)捐赠支出和赞助支出

捐赠支出,是指小企业对外进行捐赠发生的支出,包括公益性和非公益性捐赠支出。赞助支出,是指小企业发生的与生产经营活动无关的各种非广告性质支出。

认定赞助支出,主要是要区别它与公益性捐赠和广告支出的差别。所谓公益性捐赠,是指小企业用于公益事业的捐赠,不具有有偿性,所捐助范围也是公益性质,而赞助支出具有明显的商业目的,所捐助范围一般也不具有公益性质,两者容易区分。广告支出,是小企业为了推销或者提高其产品、服务等的知名度和认可度为目的,通过一定的媒介,公开地对不特定公众所进行的宣传活动所发生的支出,与小企业的生产经营活动密切相关,而赞助支出是与小企业的生产经营活动无关。

此外小企业发生的非货币性资产交换、偿债损失,也应计入营业外支出。

2. 营业外支出的确认和计量

(1)营业外支出的确认

小企业的营业外支出应当在发生时按照其发生额计入当期损益。这里的“发生”包括两种情况,即有关交易完成之时和所要求的相关条件满足时。前者如小企业财产清查完成时、固定资产清理完毕时、小企业按照规定实际支付税收滞纳金、罚款和赞助款项时等。后者如小企业发生的坏账损失等。

(2)营业外支出的计量

小企业的营业外支出应当按照其发生额计入当期损益。对于税收滞纳金、罚金、罚款等应按照其发生额计量。对存货的盘亏、毁损、报废损失,非流动资产处置净损失等均以其账面价值计量。需要特别说明的是,小企业已经作为营业外支出处理的资产,在以后会计年度全部或部分收回时,应当计入收回当期的营业外收入,不得冲减当期的营业外支出。

3. 科目设置

小企业应当设置“营业外支出”科目核算营业外支出的发生及结转情况。“营业外支出”科目属于损益类科目,借方登记营业外支出的发生(即增加额),贷方登记期末转入“本年利润”科目的营业外支出额,结转后本科目无余额。该科目可按营业外支出项目进行明细核算。

4. 营业外支出的账务处理

(1)存货的盘亏、毁损、报废损失

小企业确认存货的盘亏、毁损、报废损失,借记“营业外支出”等科目,贷记“待处理财产损溢——待处理流动资产损溢”等科目。

【例 12-9】20×2 年 6 月 7 日,某小企业毁损一批库存材料,实际成本为 20 000 元(增值税税率为 13%),根据保险责任范围及保险合同的规定,应由保险公司赔偿 15 000 元。残料已办理入库手续,价值 2 000 元。该小企业应编制如下会计分录:

①批准处理前:

借:待处理财产损溢——待处理流动资产损溢　　22 600

　贷:原材料　　20 000

　　应交税费——应交增值税(进项税额转出)　　2 600

②批准处理后:

借:其他应收款　　15 000

　原材料　　2 000

　营业外支出　　5 600

　贷:待处理财产损溢——待处理流动资产损溢　　22 600

(2)非流动资产处置净损失

小企业确认非流动资产处置净损失,比照“固定资产清理”“无形资产”等科目的相关规定进行账务处理。

小企业确认的非流动资产处置净损失，借记“营业外支出”“累计摊销”等科目，贷记“待处理财产损溢——待处理非流动资产损溢”“固定资产清理”“无形资产”等科目。

【例 12-10】某小企业 20×2 年 12 月 31 日将拥有的一项专利权出售，取得价款 100 000 元。该专利权的账面余额为 150 000 元，累计摊销额为 20 000 元。该小企业会计分录如下：

借：银行存款　　100 000
　　累计摊销　　20 000
　　营业外支出　　30 000
　　贷：无形资产　　150 000

（3）坏账损失和无法收回的长期债券投资损失

小企业实际发生的坏账损失、长期债券投资损失，应当按照可收回的金额，借记“银行存款”等科目，按照应收账款、预付账款、其他应收款、长期债券投资的账面余额，贷记“应收账款”“预付账款”“其他应收款”“长期债券投资”等科目，按照其差额，借记“营业外支出”科目。

【例 12-11】20×2 年 1 月 8 日，某小企业未能如期收到乙公司应支付的长期债券投资利息。经询问得知，乙公司由于遭受自然灾害而发生重大经济损失，预计全部投资将无法收回。该债券的账面价值为 220 000 元，其中面值为 200 000 元，应计利息为 20 000 元。其会计处理如下：

借：营业外支出　　22 000
　　贷：长期债权投资——面值　　200 000
　　　　　　　　　　——应计利息　　20 000

（4）无法收回的长期股权投资损失

小企业确认实际发生的长期股权投资损失，按照可收回的金额，借记“银行存款”等科目，按照长期股权投资的账面余额，贷记“长期股权投资”科目，按照其差额，借记“营业外支出”科目。

（5）自然灾害等不可抗力因素造成的损失

小企业因自然灾害等不可抗力因素造成的损失，在扣除保险公司理赔后，将净损失计入营业外支出。借记“营业外支出”科目，贷记“待处理财产损溢——待处理流动资产损溢、待处理非流动资产损溢”“固定资产清理”“无形资产”等科目。

（6）罚没支出

小企业支付的税收滞纳金、罚金、罚款以及被没收财物的损失，借记“营业外支出”科目，贷记“银行存款”等科目。

【例 12-12】某小企业用银行存款支付税款滞纳金 5 000 元。会计分录如下：

借：营业外支出　　5 000
　　贷：银行存款　　5 000

（7）捐赠支出和赞助支出

小企业确认捐赠支出、赞助支出，借记“营业外支出”科目，贷记“银行存款”等科目。

三、投资收益的核算

(一)科目设置

“投资收益”科目属于损益类科目。用以核算小企业确认的投资损失或者投资收益。该科目贷方登记实现的投资收益和期末转入“本年利润”科目的投资净损失;借方登记发生的投资损失和期末转入“本年利润”科目的投资净收益,期末结转后,该科目无余额。该科目可按投资项目设置明细科目。

(二)投资收益的账务处理

①对于短期股票投资、短期基金投资和长期股权投资,小企业应当按照被投资单位宣告分派的现金股利或利润中属于本企业的部分,借记“应收股利”科目,贷记“投资收益”科目。

②在长期债券投资或短期债券投资持有期间,在债务人应付利息日,按照分期付息、一次还本的长期债券投资或短期债券投资的票面利率计算的利息收入,借记“应收利息”科目,贷记“投资收益”科目;按照一次还本付息的长期债券投资票面利率计算的利息收入,借记“长期债券投资——应计利息”科目,贷记“投资收益”科目。

在债务人应付利息日,按照应分摊的债券溢折价金额,借记或贷记“投资收益”科目,贷记或借记“长期债券投资——溢折价”科目。

③出售短期投资、处置长期股权投资和长期债券投资,应当按照实际收到的价款或收回的金额,借记“银行存款”或“库存现金”科目,按照其账面余额,贷记“短期投资”“长期股权投资”“长期债券投资”科目,按照尚未领取的现金股利或利润、债券利息收入,贷记“应收股利”“应收利息”科目,按照其差额,贷记或借记“投资收益”科目。

【例 12-13】某小企业 20×1 年 12 月购入甲公司的股票 10 000 股,实际支付价款为 65 000 元,作为短期投资。20×2 年 4 月被投资方甲公司宣告发放现金股利,每股 2 元。20×2 年 6 月出售甲公司的股票,取得价款 75 000 元。

①购入时:

	借方	贷方
借:短期投资——甲公司	65 000	
贷:银行存款		65 000

②甲公司宣告发放股利时:

	借方	贷方
借:应收股利——甲公司	20 000	
贷:投资收益		20 000

③出售甲公司股票时:

	借方	贷方
借:银行存款	75 000	
贷:短期投资——甲公司		65 000
投资收益		10 000

四、本年利润的核算

(一)结转本年利润的方法

会计期末结转本年利润的方法有表结法和账结法。表结法下,各损益类科目每月末只需结计出本月发生额和月末累计余额,不结转到"本年利润"科目。而账结法下,每月末均需要编制转账凭证,将在账上结计出的各损益类余额结转至"本年利润"科目。

第一步:将各项收入、利得类科目余额转入本年利润的贷方。

第二步:将各项费用、损失类科目余额转入本年利润的借方。

第三步:结转所得税费用,转入本年利润的借方。

第四步:年度终了将本年利润的本年累计余额(当年净利润或净亏损)结转至"利润分配——未分配利润"科目。

(二)科目设置

小企业应设置"本年利润"科目核算小企业本年度实现的净利润(或发生的净亏损),"本年利润"属于所有者权益类科目。小企业期(月)末结转利润时,应将各损益科目的余额转入本科目,结平各损益类科目。上述结转完成后,"本年利润"科目的贷方余额为当期实现的净利润;借方余额为当期发生的净亏损。年度终了,应当将本年实现的净利润(或发生的净亏损)转入"利润分配"科目,结转完成后,本科目无余额。

(三)本年利润的账务处理

①期(月)末终了结转各项收入、利得时,应将"主营业务收入""其他业务收入""营业外收入"科目的余额转入"本年利润"科目,借记"主营业务收入""其他业务收入""营业外收入"科目,贷记"本年利润"科目。

②期(月)末终了结转各项费用、损失时,将"主营业务成本""税金及附加""其他业务成本""销售费用""财务费用""管理费用""营业外支出""所得税费用"等科目的余额转入"本年利润"科目,借记"本年利润"科目,贷记"主营业务成本""税金及附加""其他业务成本""销售费用""财务费用""管理费用""营业外支出""所得税费用"等科目。

③将"投资收益"科目的贷方余额转入"本年利润"科目,借记"投资收益"科目,贷记"本年利润"科目,如为借方余额,则做相反的会计分录。

④年度终了,应当将本年收入和支出相抵后结出的本年实现的净利润,转入"利润分配"科目,借记"本年利润"科目,贷记"利润分配——未分配利润"科目;如为净亏损,则做相反的会计分录。

【例 12-14】某小企业结转本月主营业务收入 40 000 元、主营业务成本 20 000 元、税金及附加 200 元、其他业务收入 800 元、其他业务成本 650 元、销售费用 600 元、管理费用 1 150 元、财务费用 900 元、投资收益 6 000 元、营业外收入 1 800 元、营业外支出 1 600 元。应进行账务处理如下:

①结转各收入、利得类科目到本年利润科目：

借：主营业务收入	40 000	
其他业务收入	800	
投资收益	6 000	
营业外收入	1 800	
贷：本年利润		48 600

②结转各费用、损失类科目到本年利润科目：

借：本年利润	25 100	
贷：主营业务成本		20 000
税金及附加		200
其他业务成本		650
销售费用		600
管理费用		1 150
财务费用		900
营业外支出		1 600

该小企业本月利润总额＝48 600－25 100＝23 500（元）

第二节　所得税费用

一、所得税费用的计算

在经济领域中，会计和税收是两个不同的分支。同一企业在同一会计期间按照会计方法计算的收益和按照税法规定计算的纳税所得额之间会产生差异。于是，就要求企业按照税法规定对某一会计期间的会计收益进行调整和反映。所得税会计就是为了调整会计收益和纳税所得额之间的差异而产生的。

按照税法的规定，小企业所得税实行按年计征、分期预交的办法。根据《小企业会计准则》的规定，小企业所得税费用的核算采用“应付税款法”，即小企业应当在利润总额的基础上，按照《企业所得税法》的规定进行纳税调整，计算出当期应纳税所得额。按照应纳税所得额与适用所得税税率为基础计算确定当期应交所得税额。按照当期应交所得税额，确认所得税费用。用公式表示如下：

当期应纳税所得额＝利润总额±纳税调整金额

当期应交所得税额＝当期应纳税所得额×所得税税率

当期所得税费用＝当期应交所得税额

（一）应付税款法

应付税款法，是指将本期税前会计利润与纳税所得额之间的差异所造成的影响纳税的金额直接计入当期损益，而不递延到以后各期。其特点是当期计入损益的所得税数额等于当期的应纳所得税，即当期“所得税费用”科目列支的数额等于当期“应交税费——应交所得税”科目列支的数额，两者之间无差额。

小企业应采用应付税款法核算所得税，对于税前会计利润与纳税所得之间差异的处理，通过按税法的规定对税前会计利润进行调整来解决。

【例 12-15】某企业 20×2 年全年利润总额（税前会计利润）为 205 万元，本年收到的国库券利息收入为 5 万元，所得税税率为 25%，假设本年内无其他纳税调整因素。

按照税法的有关规定，企业购买国库券取得的利息收入免交所得税，即在计算纳税所得额时，可将其扣除，但企业在进行会计核算时，已将其利息收入作为投资收益计入利润总额（即计入了税前会计利润），因此，企业在计算应纳税所得额时，应进行相应的调整。纳税调整数为已计入税前会计利润但应从纳税所得额中扣除的国库券利息收入 5 万元，即：

应纳税所得额＝205－5＝200（万元）

应交所得税额＝所得税费用＝200×25%＝50（万元）

小企业核算应交所得税时，计入“所得税费用”和“应交税费——应交所得税”科目的金额都是 500 000 元，实际上交所得税时，减少“应交税费——应交所得税”科目 500 000 元。

（二）所得税纳税调整分析

纳税调整项目金额包括两方面的内容：一是税收规定范围与会计规定不一致的应予以调整的金额；二是税法规定扣除标准与会计规定不一致的应予以调整的金额。

在一个盈利的企业中，应纳税所得额大部分可能来源于企业的利润，在税收政策与会计规定差异不大的情况下，应纳税所得额与利润总额之间的差异也不会很大。但是，在税收政策与会计规定差异很大的情况下，应纳税所得额与利润总额可能差异很大，甚至可能出现利润总额为负数的企业，其应纳税所得额为正数的情况，这种情况下也需要交纳企业所得税。

从目前税收政策与会计规定差异不断出现的情况来看，应纳税所得额与利润总额相等的情况是偶然的，而不相等可能是必然的。从理论上分析，应纳税所得额与利润总额肯定不是同一概念。

小企业应当在利润总额的基础上，按照税法规定进行适当纳税调整，计算出当期应纳税所得额，按照应纳税所得额与适用所得税税率计算确定当期应交所得税金额。

1. 所得与收入差异分析

“所得”是税法上的专有名词之一，它与会计上的“收入”既有联系又有区别，但不是同一概念。所得在我国《企业所得税法》中具有特定的内涵与外延：所得的内涵为应税收入，包括以货币形式和非货币形式取得的收入；所得的外延包括销售货物所得、提供劳务所得、转让财产所得、股息红利等权益性投资所得、利息所得、租金所得、特许权使用费所得、接受捐赠所得和其他所得。其中，其他所得又包括企业资产溢余所得、逾期未退包装物押金所得、确实无法偿付的应付款项、已作坏账损失处理后又收回的应收款项、债务重组所得、补贴所得、违约金所得、汇兑收益等。所得不是企业的全部收入，因为还存在着不征税收入和免税收入等。例如,财政部门发行的国债利息收入,符合条件的居民企业之间的股息、红利等权益性投资收益为免税收入。

2. 税前扣除费用与成本费用差异分析

企业的应税收入总额进行法定扣除之后的余额才依法予以征税,但必须提请注意的是,不是会计凭证与会计账簿中记录的已经发生的所有的成本费用都是可以税前扣除的。计算应纳税所得额时准予扣除项目的具体内容如下:

①成本。成本是指企业在生产经营活动中发生的销售成本、销货成本、业务支出以及其他耗费。

②费用。费用是指企业在生产经营活动中发生的销售费用、管理费用和财务费用,已经计入成本的有关费用除外。

③税金。税金是指企业发生的除企业所得税和允许抵扣的增值税以外的各项税金及其附加。在我国目前的税收体系中,允许税前扣除的税收种类主要有消费税、资源税和城市维护建设税、教育费附加以及房产税、车船税、耕地占用税、城镇土地使用税、车辆购置税、印花税等。企业所得税、允许抵扣的增值税,是不允许税前扣除的。

④损失。损失是指企业在生产经营活动中发生的固定资产和存货的盘亏、毁损、报废损失以及转让财产损失、呆账损失、坏账损失、自然灾害等不可抗力因素造成的损失以及其他损失。企业发生的损失,应按照减除责任人赔偿和保险赔款后的余额扣除。

⑤其他支出。其他支出是指除成本、费用、税金、损失外,企业在生产经营活动中发生的与生产经营活动有关的、合理的支出。

上述企业发生的、准予税前扣除的支出,必须是与取得收入有关的、合理的支出,并且税前扣除的确认应遵循权责发生制原则、配比原则、相关性原则、确定性原则、合理性原则等。又由于企业所发生的有关的、合理的支出,一般也会给企业带来相应经济利益的流入,所以,考虑真实性、相关性和合理性是企业所得税税前扣除的基本条件。此外,现行税法还有一些特别的规定,如企业发生的与生产经营活动有关的业务招待费支出,只能按照发生额的60%扣除,但最高不得超过当年销售营业收入的5‰。

3. 应纳税所得额与利润总额分析

应纳税所得额与会计上的“利润总额”既有联系又有区别,不是同一概念。应纳税所得额是企业所得税的计税依据。企业每一纳税年度的收入总额,减除不征税收入、免税收入、各项扣除以及允许弥补的以前年度亏损后的余额,为应纳税所得额。

应纳税所得额可以采用直接计算法和间接计算法求得。

(1)直接计算法

在直接计算法下,企业每一纳税年度的收入总额减除不征税收入、免税收入、各项扣除以及允许弥补的以前年度亏损后的余额为应纳税所得额。计算公式为:

应纳税所得额=收入总额-不征税收入-免税收入-各项扣除金额-允许弥补的以前年度亏损

(2)间接计算法

间接计算法是在会计利润总额的基础上加或减,按照税法规定调整的项目金额后即为应纳税所得额。计算公式为：

应纳税所得额=会计利润总额±纳税调整项目金额

目前,大多数企业采用间接计算法计算应纳税所得额和应纳税额。

二、所得税费用的核算

(一)科目设置

小企业应设置“所得税费用”科目核算小企业根据《企业所得税法》确定的应从当期利润总额中扣除的所得税费用。“所得税费用”属于损益类科目,该科目借方登记小企业应计入当期损益的所得税费用;贷方登记小企业期末转入“本年利润”科目的所得税费用。期末结转后,该科目无余额。

小企业根据《企业所得税法》规定补交的所得税,也通过本科目核算。小企业按照规定实行企业所得税先征后返的,实际收到返还的企业所得税,在“营业外收入”科目核算,不在“所得税费用”科目核算。

(二)所得税费用的账务处理

①小企业按照《企业所得税法》的规定计算确定的当期应纳税税额,借记“所得税费用”科目,贷记“应交税费——应交所得税”科目。

②年度终了,应将本科目的余额转入“本年利润”科目,借记“本年利润”科目,贷记“所得税费用”科目,结转后“所得税费用”科目应无余额。

③小企业按照规定实行企业所得税先征后返的,实际收到返还的企业所得税,在“营业外收入”科目贷方核算,不在“所得税费用”科目核算。

【例12-16】假定某小企业本月利润总额2 000 000元,所得税税率为25%,计算并结转本月的所得税费用。

本月所得税费用=2 000 000×25%=500 000(元)

借:所得税费用　　500 000

　　贷:应交税费——应交所得税　　500 000

同时,

借:本年利润　　500 000

　　贷:所得税费用　　500 000

第三节　利润分配

企业实现的利润,按照国家的规定进行相应调整后,应先交纳所得税;交纳所得税后的利润,称为净利润(即税后利润)。公司分配当年税后利润时,应当提取利润的10%列入公司法定盈余公积。公司法定盈余公积累计额为公司注册资本的50%以上的,可以不再提取。公司从税后利润中提取法定盈余公积后,经股东会或者股东大会决议,还可以从税后利润中提取任意盈余公积。公司弥补亏损和提取盈余公积后的税后利润可以向股东分配利润，但在公司弥补亏损和提取法定盈余公积之前向股东分配利润的，股东必须将违反规定分配的利润退还公司。

一、利润分配的顺序

小企业当期实现的净利润，加上年初未分配利润（或减去年初未弥补亏损）和其他转入后的余额，为可供分配利润。对于可供分配利润，小企业应当按规定弥补亏损、提取盈余公积之后，才能向投资者分配利润。

（一）公司制小企业按照当年净利润进行利润分配的顺序

①弥补以前年度亏损：小企业以前年度的亏损，可以用下一年度的税前利润进行弥补，税前弥补的期限最多为5年，在5年内不足弥补的，用以后年度的税后利润弥补。

②提取法定公积金。

③提取任意公积金。

④向投资者分配利润。

（二）外资小企业按照当年净利润进行利润分配的顺序

①提取职工奖励及福利基金。

②提取储备基金。

③弥补以前年度亏损。

（三）中外合资经营小企业按照当年净利润进行利润分配的顺序

①提取职工奖励及福利基金。

②提取储备基金。

③提取企业发展基金。

④弥补以前年度亏损。

（四）中外合作经营小企业按照当年净利润进行利润分配的顺序

①分配利润或分配产品。

②弥补以前年度亏损。

③外国合作者在合作企业缴纳所得税前回收投资。

二、利润分配的核算

（一）科目设置

小企业应设置“利润分配”科目，核算小企业实现利润的分配（或亏损的弥补）和历年分配（或弥补）后的积存余额。“利润分配”科目属于所有者权益类，该科目应当分别设置“提取法定盈余公积”“提取任意盈余公积”“盈余公积补亏”“应付利润”和“未分配利润”等明细科目，进行分项明细核算。该科目借方登记实际分配的利润额，包括提取的盈余公积和分配给投资者的利润，以及年末从“本年利润”科目转入的全年发生的净亏损；贷方登记用盈余公积弥补的亏损等其他转入数，以及年末从“本年利润”科目转入的全年实现的净利润。年末应将“利润分配”科目下的其他明细科目的余额转入“未分配利润”明细科目,结转后,除了“未分配利润”明细科目可能有余额外,其他各个明细科目均无余额。“未分配利润”明细科目的年末贷方余额,反映小企业历年累计的未分配利润(可供以后年度分配的利润),借方余额反映小企业历年累计的未弥补亏损(即留待以后年度弥补的亏损)。

(二)利润分配的账务处理

①年度终了,小企业应当将本年实现的净利润,自“本年利润”科目转入“利润分配——未分配利润”科目。

②小企业按照法律规定提取盈余公积,借记“利润分配——提取法定盈余公积”科目,贷记“盈余公积——法定盈余公积”科目。

③用盈余公积弥补亏损,借记“盈余公积”科目,贷记“利润分配——盈余公积补亏”科目。

④小企业根据有关规定分配给投资者的利润,借记“利润分配——应付利润”科目,贷记“应付利润”科目。

⑤年度终了,小企业应当将本年实现的净利润,自“本年利润”科目转入“利润分配”科目,借记“本年利润”科目,贷记“利润分配——未分配利润”科目;为净亏损的做相反的会计分录。同时,将“利润分配”科目所属明细科目(应付利润、盈余公积补亏等)的余额转入“利润分配——未分配利润”科目明细科目。结转后“利润分配”科目除“未分配利润”明细科目外,其他明细科目应无余额。

⑥小企业(中外合作经营)根据合同规定在合作期间归还投资者的投资,应按照实际归还投资的金额,借记“实收资本——已归还投资”科目,贷记“银行存款”等科目;同时,借记“利润分配”科目(利润归还投资),贷记“盈余公积——利润归还投资”科目。

【例12-17】某小企业年末结转“本年利润”科目的贷方余额200 000元。会计分录如下。

借:本年利润　　200 000

　贷:利润分配——未分配利润　　200 000

【例12-18】接上例,假定年初未分配利润为100 000元。该小企业按净利润的10%提取法定盈余公积,按5%提取任意盈余公积,分配现金股利80 000元,则会计处理如下。

①提取盈余公积。

法定盈余公积=200 000×10%=20 000元

任意盈余公积=200 000×5%=10 000元

借:利润分配——提取法定盈余公积　　20 000

　　　　——提取任意盈余公积　　10 000

　贷:盈余公积——法定盈余公积　　20 000

　　　　——任意盈余公积　　10 000

②分配现金股利。

借:利润分配——应付利润　　80 000

贷:应付利润　　80 000

③结转未分配利润。

将“利润分配”所属其他明细科目转入“未分配利润”明细科目。

借:利润分配——未分配利润　　110 000

贷:利润分配——提取法定盈余公积　　20 000

——提取任意盈余公积　　10 000

——应付利润　　80 000

结转后,“利润分配——未分配利润”科目为贷方余额190 000元,表示企业累积未分配的利润总额。

思考题

1. 什么是营业利润?小企业营业利润由哪些损益项目构成?
2. 小企业营业外收入包括哪些主要内容?
3. 小企业政府补助的主要形式有哪些?
4. 小企业营业外支出包括哪些主要内容?
5. 小企业利润分配的顺序是怎样的?

练习题

一、单项选择题

1. 下列不属于小企业营业利润项目的是(　　)。

A. 投资收益　　B. 出租固定资产收入

C. 管理费用　　D. 出售无形资产收入

2. 下列不属于小企业营业外收入的是(　　)。

A. 接受捐赠收益　　B. 汇兑收益

C. 确实无法偿付的应付款项　　D. 出租无形资产的租金收入

3. 下列不属于小企业营业外支出的是(　　)。

A. 汇兑损失　　B. 税收滞纳金　　C. 赞助支出　　D. 坏账损失

4. 下列说法正确的是(　　)。

A. 政府补助都是有偿的

B. 政府补助都是货币性资产

C. 政府补助都是非货币性资产

D. 政府补助可以是货币性资产,也可以是非货币性资产

5. 某小企业20×2年6月主营业务收入为150万元,主营业务成本为80万元,管理用固定资产计提折旧5万元,固定资产盘亏损失为2万元,投资收益为10万元,罚款支出10万元。假定不考虑其他因素,该企业当月的营业利润为(　　)万元。

A. 43　　B. 65　　C. 68　　D. 75

6. 下列属于政府补助的是(　　)。

A. 政府与小企业间的债务豁免　　B. 直接减免的增值税

C. 即征即退的增值税　　D. 增值税出口退税

7. 某小企业本期主营业务收入为100万元,主营业务成本为80万元,其他业务收入为20万元,其他业务成本为11万元,销售费用为5万元,管理费用为6万元,财务费用3万元,营业外收入为5万元,营业外支出为2万元,投资收益为2万元,假定不考虑其他因素,该小企业本期营业利润为(　　)万元。

A. 15　　B. 17　　C. 20　　D. 25

8. 小企业收到其他政府补助用于补偿本企业已发生的相关费用或损失的,取得时(　　)。

A. 冲减营业外支出　　B. 冲减营业外收入

C. 计入递延收益　　D. 计入营业外收入

9. 小企业收到与资产相关的政府补助,应当确认为递延收益,并在相关资产的使用寿命内平均分配,计入(　　)。

A. 资本公积　　B. 财务费用　　C. 营业外收入　　D. 营业外支出

10. 小企业收到用于补偿已发生的政策性损失的财政拨款,应贷记(　　)科目。

A. 实收资本　　B. 资本公积　　C. 长期借款　　D. 营业外收入

11. 某小企业20×2年度营业利润为280万元,主营业务收入为452万元,销售费用为12万元,管理费用10万元,财务费用为8万元,营业外收入为40万元,营业外支出为20万元,所得税税率为25%。假定不考虑其他因素,该小企业20×2年度的净利润应为(　　)万元。

A. 225　　B. 255　　C. 235.5　　D. 200

12. 某小企业收到财政部门先征后退还的增值税10万元存入银行。该企业编制的会计分录为(　　)。

A. 借:银行存款　　100 000
　　贷:资本公积　　100 000

B. 借:银行存款　　100 000
　　贷:其他应付款　　100 000

C. 借:银行存款　　100 000
　　贷:营业外收入　　100 000

D. 借:银行存款　　100 000
　　贷:递延收益　　100 000

13. 某小企业本期营业利润为200万元,管理费用为15万元,投资收益为30万元,营业外支出 5 万元,所得税费用为 30 万元。假定不考虑其他因素,该小企业本期净利润为(　　)万元。

A. 160　　B. 165　　C. 200　　D. 210

14. 某小企业 20×1 年发生亏损 200 万元,20×2 年实现营业利润 500 万元,其中包括国债利息收入 20 万元;在营业外支出中有税收滞纳金罚款 30 万元;所得税率为 25%。则该小企业 20×2 年的所得税费用为(　　)万元。

A. 70　　B. 75　　C. 77.5　　D. 127.5

15. 某小企业获得财政专项资金拨款 300 万元,拨款文件列明其中 100 万元用于弥补企业当期费用和损失,200 万元作为政府以所有者身份的专项投入。该小企业应确认(　　)。

A. 递延收益 300 万元　　B. 营业外收入 300 万元

C. 递延收益 100 万元　　D. 营业外收入 100 万元

二、多项选择题

1. 小企业中下列各项业务应通过"营业外收入"科目核算的有(　　)。

A. 汇兑收益　　B. 政府补助

C. 接受现金捐赠　　D. 固定资产报废净收益

2. 下列会影响小企业营业利润项目的有(　　)。

A. 管理费用　　B. 劳务收入　　C. 出售原材料收入　　D. 投资收益

3. 下列应计入小企业营业外收入的项目有(　　)。

A. 即征即退的增值税返还　　B. 教育费附加返还

C. 出售固定资产净收益　　D. 处置长期股权投资净收益

4. 下列属于小企业营业外收入的项目有(　　)。

A. 转让无形资产使用权收入　　B. 出售旧设备的收入

C. 出售股票收入　　D. 接受捐赠收入

5. 下列属于小企业营业外支出的有(　　)。

A. 捐赠支出　　B. 罚款支出　　C. 坏账损失　　D. 汇兑损失

6. 下列关于"本年利润"科目的表述中,正确的有(　　)。

A. 借方登记期末转入的各项费用

B. 贷方登记期末转入的各项收入

C. 贷方余额为本年实现的净利润

D. 借方余额表示本年发生的亏损

7. 下列属于政府补助的有(　　)。

A. 财政拨款　　B. 政府补助

C. 直接减免的税款　　D. 增值税出口退税

8. 下列关于政府补助的表述中,正确的有(　　)。

A. 小企业收到的其他政府补助,直接计入当期损益

B. 政府补助是无偿的、通常是有条件的

C. 政府资本性投入不属于政府补助

D. 政府补助为非货币性资产的,应当按照实际收到金额计量

9. 下列关于利润分配顺序的表述中,正确的有(　　)。

A. 首先计算可供分配的利润

B. 如果可供分配利润为正数,才能进行后续的分配

C. 提取法定盈余公积后,经股东会或者股东大会决议可提取任意盈余公积

D. 提取法定盈余公积和任意盈余公积后,可向投资者分配利润

10. 公司制小企业"利润分配"总账科目下应设置的明细科目主要有(　　)。

A. 未分配利润　　B. 提取任意盈余公积

C. 应付利润　　D. 提取法定盈余公积

11. "利润分配——未分配利润"科目的年末余额反映的可能是(　　)。

A. 历年累计的未分配利润　　B. 历年累计的未弥补亏损

C. 本年累计的未分配利润　　D. 本年累计的未弥补亏损

12. 下列科目中期末余额应转入本年利润的有(　　)。

A. 销售费用　　B. 主营业务收入　　C. 营业外收入　　D. 递延收益

13. 下列影响小企业利润总额的有(　　)。

A. 管理费用　　B. 财务费用　　C. 所得税费用　　D. 投资收益

14. 下列各项中,属于小企业营业外收入特征的有(　　)。

A. 营业外收入是小企业非日常生产经营活动形成的

B. 营业外收入应当计入当期损益

C. 营业外收入会导致所有者权益增加

D. 营业外收入是与所有者投入资本无关的经济利益的净流入

15. 企业弥补亏损的方法有(　　)。

A. 税前利润补亏　　B. 税后利润补亏

C. 法定盈余公积补亏　　D. 任意盈余公积补亏

三、判断题

1. 小企业确认的已作坏账损失处理后又收回的应收款项,借记"银行存款"等科目,贷记"营业外收入"科目。(　　)

2. 小企业按照规定实行企业所得税、增值税(不含出口退税)、消费税等先征后返的,应当在实际收到返还的企业所得税、增值税、消费税等时,借记"银行存款"科目,贷记"所得税费用""营业外收入""税金及附加"等科目。(　　)

3. 政府向小企业提供补助具有无偿性的特点。政府并不因此而享有企业的所有权,企业未来也不需要以提供服务、转让资产等方式偿还。(　　)

4. 政府与小企业间的债务豁免,属于政府补助。(　　)

5. 某小企业 20×2 年初未分配利润借方余额为 30 万元(系 20×0 年亏损 10 万元和

20×1 年亏损 20 万元的累计数),20×2 年实现利润总额 20 万元。则该小企业当年需要交纳企业所得税 5 万元。 (　　)

6. 表结法下,每月月末均需编制转账凭证,将在账上结计出的各损益类科目的余额结转入本年利润科目。 (　　)

7. 会计期末结转本年利润的方法有表结法和账结法两种。 (　　)

8. 小企业发生毁损的固定资产的净损失,应计入营业外支出,最终影响净利润的计算。 (　　)

9. 年度终了,本年利润科目的本年累计余额即为当期实现的净利润。 (　　)

10. 小企业所得税费用的核算采用“应付税款法”。 (　　)

四、业务题

某小企业 20×2 年发生如下经济业务:

1. 1 月 1 日政府拨付给该小企业 6 000 000 元财政拨款(同日到账),要求用于购买大型科研设备一台,并规定若有结余,留归小企业自行支配。2 月 1 日,该小企业购入大型设备(假设不需安装),实际成本为 5 760 000 元,使用寿命为 10 年,无残值,采用平均年限法计提折旧。

2. 收到违约金收入 2 000 元,已存入银行。

3. 用银行存款支付罚款 1 000 元。

4. 本年实现利润总额 1 000 000 元,按照 25% 计算并结转所得税费用。

5. 结转本年实现的净利润 750 000 元,按净利润的 10% 提取法定盈余公积,将剩余利润 50% 分配给投资人,假定不考虑其他因素。

6. 结转未分配利润。

要求:根据上述经济业务编制相应的会计分录。

第十三章 财务报表

学习目标

通过本章学习，了解小企业资产负债表的作用与报表格式、现金流量表的编制基础、现金流量的分类；理解资产负债表的结构与内容、利润表的结构和组成项目、外币报表折算方法、财务报表附注的内涵；掌握资产负债表的编制方法及报表项目的填列、利润表的编制方法、现金流量表的格式及编制方法、财务报表附注的内容。

财务报表是指对小企业财务状况、经营成果和现金流量的结构性表述。小企业的财务报表的组成部分至少应当包括资产负债表、利润表、现金流量表以及报表附注。

资产负债表，是指反映小企业在某一特定日期的财务状况的报表。资产负债表是静态报表，反映小企业某一时点的资产、负债和所有者权益状况。

利润表，是指反映小企业在一定会计期间的经营成果的报表。利润表是动态报表，反映小企业某一时期取得的收入、发生的费用成本以及获得的利润等经营成果。

现金流量表，是指反映小企业在一定会计期间现金流入和流出情况的报表。现金流量表也是动态报表。

报表附注，是指对在资产负债表、利润表和现金流量表等报表中列示项目的文字描述或明细资料，以及对未能在这些报表中列示项目的说明等。

第一节 资产负债表

一、资产负债表的概念与作用

（一）资产负债表的概念

资产负债表是反映小企业在某一特定日期的财务状况的财务报表。小企业编制资产负债表的目的是如实反映小企业的资产、负债和所有者权益金额及其结构情况，帮助使用者评价小企业资产的质量以及短期偿债能力、长期偿债能力、利润分配能力等。

（二）资产负债表的作用

①可以提供某一日期资产的总额及其结构，表明小企业拥有或控制的资源及其分布

情况。

②可以提供某一日期的负债总额及其结构，表明小企业未来需要用多少资产或劳务清偿债务以及清偿时间。

③可以反映所有者所拥有的权益，据以判断资本保值、增值的情况以及对负债的保障程度。

二、资产负债表的列报要求

(一)资产负债表列报的总体要求

1. 分类别列报

资产负债表列报，最根本的目标就是应如实反映小企业在资产负债表日所拥有的资源、所承担的负债以及所有者所拥有的权益。因此，资产负债表应当按照资产、负债和所有者权益三大类别分类列报。

2. 资产和负债按流动性列报

资产和负债应当按照流动性分别分为流动资产和非流动资产、流动负债和非流动负债列示。流动性，通常按资产的变现或耗用时间长短或者负债的偿还时间长短来确定。按照财务报表列报准则的规定，应先列报流动性强的资产或负债，再列报流动性弱的资产或负债。

3. 列报相关的合计、总计项目

资产负债表中的资产类至少应当列示流动资产和非流动资产的合计项目；负债类至少应当列示流动负债、非流动负债以及负债的合计项目；所有者权益类应当列示所有者权益的合计项目。

资产负债表遵循了“资产=负债+所有者权益”这一会计恒等式，把小企业在特定时日所拥有的经济资源和与之相对应的小企业所承担的债务及偿债以后属于所有者的权益充分反映出来。因此，资产负债表应当分别列示资产总计项目和负债与所有者权益之和的总计项目，并且这两者的金额应当相等。

(二)资产的列报

资产负债表中的资产类至少应当单独列示反映下列信息的项目：①货币资金；②应收及预付款项；③存货；④长期债券投资；⑤长期股权投资；⑥固定资产；⑦生产性生物资产；⑧无形资产；⑨长期待摊费用。

(三)负债的列报

资产负债表中的负债类至少应当单独列示反映下列信息的项目：①短期借款；②应付及预收款项；③应付职工薪酬；④应交税费；⑤应付利息；⑥长期借款；⑦长期应付款。

(四)所有者权益的列报

资产负债表中的所有者权益类至少应当单独列示反映下列信息的项目：①实收资本(股本)；②资本公积；③盈余公积；④未分配利润。

三、我国小企业资产负债表的一般格式

小企业资产负债表的格式，主要有账户式结构和报告式结构两种，在不同的格式下，报表结构会有所不同。在我国，资产负债表通常采用账户式结构。账户式结构的资产负债表分为左右两方：将资产项目列在表的左方，将负债和所有者权益列在表的右方，使资产负债表的左右双方金额合计相等，即“资产=负债+所有者权益”。

资产负债表由表头和表体两部分组成。表头部分应列明报表名称、编表单位名称、资产负债表日和人民币金额单位；表体部分反映资产、负债和所有者权益的内容。其中，表体部分是资产负债表的主体和核心，各项资产和负债按流动性排列，所有者权益项目按稳定性排列。

为了便于报表使用者通过比较不同时点的资产负债表，掌握小企业财务状况的变动和发展趋势，资产负债表各项目金额分为“年初余额”和“期末余额”两栏。小企业资产负债表的格式见表13-1。

表13-1 资产负债表

编制单位： 年 月 日 单位：元

资产	期末余额	年初余额	负债和所有者权益	期末余额	年初余额
流动资产			流动负债		
货币资金			短期借款		
短期投资			应付票据		
应收票据			应付账款		
应收账款			预收账款		
预付账款			应付职工薪酬		
应收股利			应交税费		
应收利息			应付利息		
其他应收款			应付利润		
存货			其他应付款		
其中：原材料			其他流动负债		
在产品			流动负债合计		
库存商品					
周转材料			非流动负债		
其他流动资产			长期借款		

续表

资产	期末余额	年初余额	负债和所有者权益	期末余额	年初余额
流动资产合计			长期应付款		
非流动资产			递延收益		
长期债券投资			其他非流动负债		
长期股权投资			非流动负债合计		
固定资产原价					
减:累计折旧			负债合计		
固定资产账面价值					
在建工程			所有者权益(或股东权益)		
工程物资			实收资本(或股本)		
固定资产清理			资本公积		
生产性生物资产			盈余公积		
无形资产			未分配利润		
开发支出					
长期待摊费用			所有者权益(或股东权益)合计		
其他非流动资产					
非流动资产合计					
资产总计			负债和所有者权益总计		

四、我国小企业资产负债表编制的基本方法

(一)“期末余额”栏的填列方法

①根据总账科目余额填列。

a. 根据各有关总账科目的余额直接填列,如“短期投资”“应收票据”“应收股利”“应收利息”“其他应收款”“其他流动资产”“长期债券投资”“长期股权投资”“固定资产原价”“累计折旧”“在建工程”“工程物资”“固定资产清理”“长期待摊费用”“短期借款”“应付票据”“应付职工薪酬”“应交税费”“应付利息”“应付利润”“其他应付款”“其他流动负债”“长期借款”“长期应付款”“递延收益”“实收资本”“资本公积”“盈余公积”等项目。

b. 根据几个总账科目的期末余额计算填列,如“货币资金”项目,需根据“库存现金”“银行存款”“其他货币资金”三个总账科目的期末余额的合计数填列。

②根据明细账科目余额计算填列。如“应付账款”项目,需要根据“应付账款”和“预付账款”两个科目所属的相关明细科目的期末贷方余额计算填列;“预收账款”项目,需要

根据“预收账款”和“应收账款”两个科目所属的相关明细科目的期末贷方余额计算填列。

③根据总账科目和明细账科目余额分析计算填列。如“长期借款”项目,需要根据“长期借款”总账科目余额扣除“长期借款”科目所属的明细科目中将在1年内到期且小企业不能自主地将清偿义务展期的长期借款后的金额计算填列。

④根据有关科目余额减去其备抵科目余额后的净额填列。如“生产性生物资产”“无形资产”项目,应当根据“生产性生物资产”“无形资产”科目的期末余额减去“生产性生物资产累计折旧”“累计摊销”等备抵科目余额后的净额填列。

⑤综合运用上述填列方法分析填列。如“存货”项目,应根据“材料采购”“在途物资”“原材料”“生产成本”“库存商品”“委托加工物资”“周转材料”“消耗性生物资产”等科目期末余额合计数填列,材料采用计划成本或商品采用售价金额核算的,还应按照加或减“材料成本差异”“商品进销差价”后的金额填列。

⑥根据有关项目合计数填列。如“流动资产合计”“非流动资产合计”“资产总计”“流动负债合计”“非流动负债合计”“负债合计”“所有者权益(或股东权益)合计”“负债和所有者权益(或股东权益)总计”等项目,应根据表中的相关项目合计数填列。

(二)“年初余额”栏的填列方法

资产负债表“年初余额”栏内各项数字,应根据上年年末资产负债表“期末余额”栏内所列数字填列。如果本年度资产负债表规定的各个项目的名称和内容同上年度不相一致,应对上年年末资产负债表各项目的名称和数字按照本年度的规定进行调整,填入本表“年初余额”栏内。

(三)资产负债表“期末余额”各项目的具体填制方法

①“货币资金”项目,反映小企业库存现金、银行存款、其他货币资金的合计数。本项目应根据“库存现金”“银行存款”和“其他货币资金”科目的期末余额合计填列。

②“短期投资”项目,反映小企业购入的能随时变现并且持有时间不准备超过1年的股票、债券和基金投资的余额。本项目应根据“短期投资”科目的期末余额填列。

③“应收票据”项目,反映小企业收到的未到期收款也未向银行贴现的应收票据(银行承兑汇票和商业承兑汇票)。本项目应根据“应收票据”科目的期末余额填列。

④“应收账款”项目,反映小企业因销售商品、提供劳务等日常生产经营活动应收取的款项。本项目应根据“应收账款”的期末余额分析填列。如“应收账款”科目期末为贷方余额,应当在“预收账款”项目列示。

⑤“预付账款”项目,反映小企业按照合同规定预付的款项。预付账款包括根据合同规定预付的购货款、租金、工程款等。本项目应根据“预付账款”科目的期末借方余额填列;如“预付账款”科目期末为贷方余额,应当在“应付账款”项目列示。属于超过1年期以上的预付账款的借方余额应当在“其他非流动资产”项目列示。

⑥“应收股利”项目,反映小企业应收取的现金股利或利润。本项目应根据“应收股利”科目的期末余额填列。

⑦“应收利息”项目，反映小企业债券投资应收取的利息。小企业购入一次还本付息债券应收的利息，不包括在本项目内。本项目应根据“应收利息”科目的期末余额填列。

⑧“其他应收款”项目，反映小企业除应收票据、应收账款、预付账款、应收股利、应收利息等以外的其他各种应收及暂付款项。其他应收款包括各种应收的赔款、应向职工收取的各种垫付款项等。本项目应根据“其他应收款”科目的期末余额填列。

⑨“存货”项目，反映小企业期末在库、在途和在加工中的各项存货的成本。存货包括各种原材料、在产品、半成品、产成品、商品、周转材料（包装物、低值易耗品等）、消耗性生物资产等。本项目应根据“材料采购”“在途物资”“原材料”“材料成本差异”“生产成本”“库存商品”“商品进销差价”“委托加工物资”“周转材料”“消耗性生物资产”等科目的期末余额分析填列。

⑩“其他流动资产”项目，反映小企业除以上流动资产项目外的其他流动资产（含1年内到期的非流动资产）。本项目应根据有关科目的期末余额分析填列。

⑪“长期债券投资”项目，反映小企业准备长期持有的债券投资的本息。本项目应根据“长期债券投资”科目的期末余额分析填列。

⑫“长期股权投资”项目，反映小企业准备长期持有的权益性投资的成本。本项目应根据“长期股权投资”科目的期末余额填列。

⑬“固定资产原价”和“累计折旧”项目，反映小企业固定资产的原价（成本）及累计折旧。这两个项目应根据“固定资产”科目和“累计折旧”科目的期末余额填列。

⑭“固定资产账面价值”项目，反映小企业固定资产原价扣除累计折旧后的余额。本项目应根据“固定资产”科目的期末余额减去“累计折旧”科目的期末余额后的金额填列。

⑮“在建工程”项目，反映小企业尚未完工或虽已完工，但尚未办理竣工决算的工程成本。本项目应根据“在建工程”科目的期末余额填列。

⑯“工程物资”项目，反映小企业为在建工程准备的各种物资的成本。本项目应根据“工程物资”科目的期末余额填列。

⑰“固定资产清理”项目，反映小企业因出售、报废、毁损、对外投资等原因处置固定资产所转出的固定资产账面价值以及在清理过程中发生的费用等。本项目应根据“固定资产清理”科目的期末借方余额填列；如“固定资产清理”科目期末为贷方余额，以“-”号填列。

⑱“生产性生物资产”项目，反映小企业生产性生物资产的账面价值。本项目应根据“生产性生物资产”科目的期末余额减去“生产性生物资产累计折旧”科目的期末余额后的金额填列。

⑲“无形资产”项目，反映小企业无形资产的账面价值。本项目应根据“无形资产”科目的期末余额减去“累计摊销”科目的期末余额后的金额填列。

⑳“开发支出”项目，反映小企业正在进行的无形资产研究开发项目满足资本化条件的支出。本项目应根据“研发支出”科目的期末余额填列。

㉑“长期待摊费用”项目，反映小企业尚未摊销完毕的已提足折旧的固定资产的改建支出、经营租入固定资产的改建支出、固定资产的大修理支出和其他长期待摊费用。本

项目应根据“长期待摊费用”科目的期末余额分析填列。

㉒“其他非流动资产”项目，反映小企业除以上非流动资产以外的其他非流动资产。本项目应根据有关科目的期末余额分析填列。

㉓“短期借款”项目，反映小企业向银行或其他金融机构等借入的期限在 1 年内的、尚未偿还的各种借款本金。本项目应根据“短期借款”科目的期末余额填列。

㉔“应付票据”项目，反映小企业因购买材料、商品和接受劳务等日常生产经营活动开出、承兑的商业汇票(银行承兑汇票和商业承兑汇票)尚未到期的票面金额。本项目应根据“应付票据”科目的期末余额填列。

㉕“应付账款”项目，反映小企业因购买材料、商品和接受劳务等日常生产经营活动尚未支付的款项。本项目应根据“应付账款”科目的期末余额填列。如“应付账款”科目期末为借方余额，应当在“预付账款”项目列示。

㉖“预收账款”项目，反映小企业根据合同规定预收的款项。预收账款包括预收的购货款、工程款等。本项目应根据“预收账款”科目的期末贷方余额填列；如“预收账款”科目期末为借方余额，应当在“应收账款”项目列示。属于超过 1 年期以上的预收账款的贷方余额应当在“其他非流动负债”项目列示。

㉗“应付职工薪酬”项目，反映小企业应付未付的职工薪酬。本项目应根据“应付职工薪酬”科目期末余额填列。

㉘“应交税费”项目，反映小企业期末未交、多交或尚未抵扣的各种税费。本项目应根据“应交税费”科目的期末贷方余额填列；如“应交税费”科目期末为借方余额，以“-”号填列。

㉙“应付利息”项目，反映小企业尚未支付的利息费用。本项目应根据“应付利息”科目的期末余额填列。

㉚“应付利润”项目，反映小企业尚未向投资者支付的利润。本项目应根据“应付利润”科目的期末余额填列。

㉛“其他应付款”项目，反映小企业除应付账款、预收账款、应付职工薪酬、应交税费、应付利息、应付利润等以外的其他各项应付、暂收的款项。其他应付款包括应付租入固定资产和包装物的租金、存入保证金等。本项目应根据“其他应付款”科目的期末余额填列。

㉜“其他流动负债”项目，反映小企业除以上流动负债以外的其他流动负债(含 1 年内到期的非流动负债)。本项目应根据有关科目的期末余额填列。

㉝“长期借款”项目，反映小企业向银行或其他金融机构借入的期限在 1 年以上的、尚未偿还的各项借款本金。本项目应根据“长期借款”科目的期末余额分析填列。

㉞“长期应付款”项目，反映小企业除长期借款以外的其他各种应付未付的长期应付款项。长期应付款包括应付融资租入固定资产的租赁费、以分期付款方式购入固定资产发生的应付款项等。本项目应根据“长期应付款”科目的期末余额分析填列。

㉟“递延收益”项目，反映小企业收到的、应在以后期间计入损益的政府补助。本项目应根据“递延收益”科目的期末余额分析填列。

㊱“其他非流动负债”项目，反映小企业除以上非流动负债项目以外的其他非流动负债。本项目应根据有关科目的期末余额分析填列。

㊲“实收资本（或股本）”项目，反映小企业收到投资者按照合同协议约定或相关规定投入的、构成小企业注册资本的部分。本项目应根据“实收资本（或股本）”科目的期末余额分析填列。小企业（中外合作经营）根据合同规定在合作期间归还投资者的投资，应在“实收资本（或股本）”项目下增加“减：已归还投资”项目单独列示。

㊳“资本公积”项目，反映小企业收到投资者投入资本超出其在注册资本中所占份额的部分。本项目应根据“资本公积”科目的期末余额填列。

㊴“盈余公积”项目，反映小企业（公司制）的法定公积金和任意公积金，小企业（外商投资）的储备基金和企业发展基金。本项目应根据“盈余公积”科目的期末余额填列。

㊵“未分配利润”项目，反映小企业尚未分配的历年结存的利润。本项目应根据“利润分配”科目的期余额填列。未弥补的亏损，在本项目内以“-”号填列。

五、小企业资产负债表编制实例

①资料：××小企业系增值税一般纳税人，适用的增值税税率为13%，适用的所得税税率为25%。所得税采用应付税款法核算。20×2 年 12 月 31 日有关科目的余额见表13-2。

表 13-2　总分类科目及明细分类科目余额表　　单位：元

科目	期末余额	
	借　方	贷　方
库存现金	1 200	
银行存款	320 000	
应收账款——A 工厂	10 300	
——B 工厂		64 600
——C 工厂	253 000	
预付账款——D 工厂	15 900	
——E 工厂	274 000	
——F 工厂		96 850
其他应收款	2 000	
固定资产	1 586 000	
累计折旧		485 000
原材料	354 000	
库存商品	465 000	
生产成本	263 000	
预收账款——甲公司	405 690	

续表

科目	期末余额	
	借　方	贷　方
——乙公司		57 420
应付账款——丙公司		345 700
——丁公司	56 800	
短期借款		20 000
应付职工薪酬		3 400
实收资本		2 000 000
盈余公积		556 120
本年利润		596 000
利润分配——提取盈余公积	56 000	
——应付利润	162 200	

②根据上述资料编制该小企业20×2年12月31日资产负债表见表13-3。

表13-3　资产负债表

编制单位:××小企业　　　　20×2年12月31日　　　　单位:元

资产	期末余额	年初余额(略)	负债和所有者权益	期末余额	年初余额(略)
流动资产			流动负债		
货币资金	321 200		短期借款	20 000	
短期投资	0		应付票据	0	
应收票据	0		应付账款	442 550	
应收账款	668 990		预收账款	122 020	
预付账款	346 700		应付职工薪酬	3 400	
应收股利	0		应交税费	0	
应收利息	0		应付利息	0	
其他应收款	2 000		应付利润	0	
存货	1 082 000		其他应付款	0	
其中:原材料	354 000		其他流动负债	0	
在产品	263 000		流动负债合计	587 970	
库存商品	465 000				
周转材料	0		非流动负债		

续表

资产	期末余额	年初余额(略)	负债和所有者权益	期末余额	年初余额(略)
其他流动资产	0		长期借款	0	
流动资产合计	2 420 890		长期应付款	0	
非流动资产			递延收益	0	
长期债券投资	0		其他非流动负债	0	
长期股权投资	0		非流动负债合计	0	
固定资产原价	1 586 000				
减:累计折旧	485 000		负债合计	587 970	
固定资产账面价值	1 101 000				
在建工程	0		所有者权益(或股东权益)		
工程物资	0		实收资本(或股本)	2 000 000	
固定资产清理	0		资本公积	0	
生产性生物资产	0		盈余公积	556 120	
无形资产	0		未分配利润	377 800	
开发支出	0				
长期待摊费用	0		所有者权益(或股东权益)合计	2 933 920	
其他非流动资产	0				
非流动资产合计	1 101 000				
资产总计	3 521 890		负债和所有者权益总计	3 521 890	

第二节　利润表

一、利润表的概念与作用

(一)利润表的概念

利润表是反映小企业在一定会计期间的经营成果的财务报表,小企业编制利润表的目的是如实反映小企业实现的收入、发生的费用以及应当计入当期利润的利得和损失等金额及其结构情况,帮助使用者分析评价小企业的盈利能力、利润构成及其质量。利润表包括的项目有营业收入、营业成本、营业利润、利润总额、净利润等。由于利润是小企业经营业绩的综合体现,因此,利润表是会计报表中的主要报表。

(二)利润表的作用

①反映小企业一定会计期间收入的实现情况,例如,营业收入多少、投资收益多少、营业外收入多少等。

②反映小企业一定会计期间的费用耗费情况。

③反映小企业经济活动成果的实现情况,据以判断资本保值增值等情况。

二、利润表的列报要求

《小企业会计准则》规定,利润表列报的基本要求如下:

①小企业利润表至少应当单独列示反映下列信息的项目:营业收入、营业成本、税金及附加、销售费用、管理费用、财务费用、所得税费用、净利润。

②利润表中的费用应当按照功能分类,分为营业成本、税金及附加、销售费用、管理费用和财务费用等。

三、我国小企业利润表的一般格式

利润表的格式主要有单步式和多步式两种。单步式将所有的收入汇列在一起,把所有的成本、费用列在一起,一步计算出净损益。多步式是通过多步计算得出企业损益。在我国,企业利润表一般采用多步式,将不同性质的收入和费用分别进行对比,以便得出一些中间性的利润数据,帮助使用者理解小企业经营成果的不同来源。

小企业利润表一般有表头、表体两部分。其中表头说明报表名称、编表单位名称、利润表涵盖的会计期间和人民币金额单位等内容;表体是利润表的主体,反映形成经营成果的各个项目和计算过程。

为了便于报表使用者通过比较不同时期的利润表,掌握小企业经营成果的变动趋势,利润表各项目金额分为"本年累计金额"和"本月金额(或上年金额)"两栏。小企业利润表的格式举例见表13-4。

表13-4 利润表

编制单位: 年 月 单位:元

项目	本年累计金额	本月金额(上年金额)
一、营业收入		
减:营业成本		
税金及附加		
其中:消费税		
城市维护建设税		
资源税		
土地增值税		
城镇土地使用税、房产税、车船税、印花税		
教育费附加、矿产资源补偿费、排污费		

续表

项目	本年累计金额	本月金额(上年金额)
销售费用		
其中:商品维修费		
广告费和业务宣传费		
管理费用		
其中:开办费		
业务招待费		
研究费用		
财务费用		
其中:利息费用(收入以"-"号填列)		
加:投资收益(损失以"-"号填列)		
二、营业利润(亏损以"-"号填列)		
加:营业外收入		
其中:政府补助		
减:营业外支出		
其中:坏账损失		
无法收回的长期债券投资损失		
无法收回的长期股权投资损失		
自然灾害等不可抗力因素造成的损失		
税收滞纳金		
三、利润总额(亏损总额以"-"号填列)		
减:所得税费用		
四、净利润(净亏损以"-"号填列)		

四、我国小企业利润表编制的基本方法

利润表是反映小企业在一定会计期间利润(亏损)的实现情况的财务报表,利润表项目是根据损益类账户的发生额填列的。

(一)本年累计金额

本表"本年累计金额"栏反映各项目自年初起至报告期末止的累计实际发生额,应根据各损益类总分类账户的累计净发生额填列,或者根据上月本表的"本年累计数"加上本月本表的"本月金额"填列。

(二)本月金额(上年金额)

"本月金额"栏反映各项目的本月实际发生额;在编报年度利润报表时,应将"本月金额"栏改为"上年金额"栏,填列上年全年实际发生额。如果上年度利润表与本年度利润表的项目名称和内容不相一致,则按编报当年的口径对上年度利润表项目的名称和数字进行调整,填入本表"上年金额"栏。

(三)利润表各项目内容及填列方法

①"营业收入"项目,反映小企业销售商品和提供劳务所实现的收入总额。本项目应根据"主营业务收入"账户和"其他业务收入"账户的发生额合计填列。

②"营业成本"项目,反映小企业所销售商品的成本和所提供劳务的成本。本项目应根据"主营业务成本"账户和"其他业务成本"账户的发生额合计填列。

③"税金及附加"项目,反映小企业开展日常生产活动应负担的消费税、城市维护建设税、资源税、土地增值税、城镇土地使用税、房产税、车船税、印花税和教育费附加、矿产资源补偿费、排污费等。本项目应根据"税金及附加"账户的发生额填列。

④"销售费用"项目,反映小企业销售商品或提供劳务过程中发生的费用。本项目应根据"销售费用"账户的发生额填列。

⑤"管理费用"项目,反映小企业为组织和管理生产经营发生的其他费用。本项目应根据"管理费用"账户的发生额填列。

⑥"财务费用"项目,反映小企业为筹集生产经营所需资金发生的筹资费用。本项目应根据"财务费用"账户的发生额填列。

⑦"投资收益"项目,反映小企业股权投资取得的现金股利(或利润)、债券投资取得的利息收入和处置股权投资和债券投资取得的处置价款扣除成本或账面余额、相关税费后的净额。本项目应根据"投资收益"账户的发生额填列;如为投资损失,以"-"号填列。

⑧"营业利润"项目,反映小企业当期开展日常生产经营活动实现的利润。本项目应根据营业收入扣除营业成本、税金及附加、销售费用、管理费用和财务费用,加上投资收益后的金额填列。如为亏损,以"-"号填列。

⑨"营业外收入"项目,反映小企业实现的各项营业外收入金额,包括非流动资产处置净收益、政府补助、捐赠收益、盘盈收益、汇兑收益、出租包装物和商品的租金收入、逾期未退包装物押金收益、确实无法偿付的应付款项、已作坏账损失处理后又收回的应收款项、违约金收益等。本项目应根据"营业外收入"账户的发生额填列。

⑩"营业外支出"项目,反映小企业发生的各项营业外支出金额,包括存货的盘亏、毁损、报废损失,非流动资产处置净损失,坏账损失,无法收回的长期债券投资损失,无法收回的长期股权投资损失,自然灾害等不可抗力因素造成的损失,税收滞纳金,罚金,罚款,被没收财物的损失,捐赠支出,赞助支出等。本项目应根据"营业外支出"账户的发生额填列。

⑪"利润总额"项目,反映小企业当期实现的利润总额。本项目应根据营业利润加上营业外收入减去营业外支出后的金额填列。如为亏损总额,以"-"号填列。

⑫“所得税费用”项目,反映小企业根据《企业所得税法》确定的应从当期利润总额中扣除的所得税费用。本项目应根据“所得税费用”账户的发生额填列。

⑬“净利润”项目,反映小企业当期实现的净利润。本项目应根据利润总额扣除所得税费用后的金额填列。如为净亏损,以“-”号填列。

五、小企业利润表编制实例

①资料:××小企业系增值税一般纳税人,适用的增值税税率为13%,适用的所得税税率为25%。所得税采用应付税款法核算。20×2 年度有关损益类科目本年累计发生额见表13-5。

表 13-5　20×2 年度损益类科目发生额　　单位:元

科目名称	借方发生额	贷方发生额
主营业务收入		400 000
其他业务收入		54 000
主营业务成本	200 000	
其他业务成本	28 000	
税金及附加	3 500	
销售费用	20 000	
管理费用	20 000	
财务费用	6 000	
投资收益	0	
营业外收入		10 000
营业外支出	1 000	
所得税费用	46 375	

②根据上述资料,编制该小企业20×2 年度的利润见表13-6。

表 13-6　利润表

编制单位:××小企业　　20×2 年度　　单位:元

项目	本年累计金额	上年金额(略)
一、营业收入	454 000	
减:营业成本	228 000	
税金及附加	3 500	
销售费用	20 000	
管理费用	20 000	
财务费用	6 000	

续表

项目	本年累计金额	上年金额(略)
加:投资收益(减:投资损失)	0	
二、营业利润	176 500	
加:营业外收入	10 000	
减:营业外支出	1 000	
三、利润总额	185 500	
减:所得税费用	46 375	
四、净利润	139 125	

第三节 现金流量表

一、现金流量表的概念与作用

(一)现金流量表的概念

现金流量表,是指反映小企业在一定会计期间现金流入和流出情况的报表。小企业现金流量表所称现金的内涵是指货币资金,这与小企业资产负债表上的货币资金概念相等;其外延是指小企业的库存现金以及可以随时用于支付的存款和其他货币资金,不包括现金等价物。所谓现金是指小企业的库存现金以及可以随时用于支付的存款和其他货币资金。具体包括:

①库存现金。库存现金是指小企业持有的随时用于支付的现金限额,即与会计核算中"库存现金"科目所包括的内容一致。

②银行存款。银行存款是指小企业存在金融企业随时可以用于支付的存款,即与会计核算中"银行存款"科目所包括的内容一致。

③其他货币资金。其他货币资金是指小企业存在金融企业有特定用途的资金,如外埠存款、银行汇票存款、银行本票存款、信用证保证金存款、信用卡存款等。与会计核算中"其他货币资金"科目所包括的内容一致。

(二)现金流量表的作用

小企业的现金流转情况在很大程度上影响着小企业的生存和发展。现金管理已经成为小企业财务管理的一个重要方面,正受到小企业管理当局、债权人以及税务监管等部门的高度关注。

①有助于评价小企业支付能力、偿债能力和周转能力。

②有助于预测企业未来现金流量。

③有助于分析小企业收益质量及影响现金净流量的因素，掌握小企业经营活动、投资活动和筹资活动的现金流量，可以从现金流量的角度了解净利润的质量，为分析和判断小企业的财务前景提供信息。

二、现金流量表的列报要求

（一）现金流量表应按照经营活动产生的现金流量、投资活动产生的现金流量和筹资活动产生的现金流量分别反映

1. 经营活动的现金流量

经营活动，是指小企业投资活动和筹资活动以外的所有交易和事项。其中，经营活动的现金流入包括：①销售产成品、商品、提供劳务收到的现金；②收到其他与经营活动有关的现金等项目。经营活动的现金流出包括：①购买原材料、商品、接受劳务支付的现金；②支付职工薪酬；③支付的税费；④支付其他与经营活动有关的现金等项目。

2. 投资活动的现金流量

投资活动，是指小企业固定资产、无形资产、其他非流动资产的购建和短期投资、长期债券投资、长期股权投资及其处置活动。其中，投资活动的现金流入包括：①收回短期投资、长期债券投资和长期股权投资收到的现金；②取得投资收益收到的现金；③处置固定资产、无形资产和其他非流动资产收回的现金净额等项目。投资活动的现金流出包括：①短期投资、长期债券投资和长期股权投资支付的现金；②购建固定资产、无形资产和其他非流动资产支付的现金等项目。

3. 筹资活动的现金流量

筹资活动，是指导致小企业资本及债务规模和构成发生变化的活动。其中，筹资活动的现金流入包括：①取得借款收到的现金；②吸收投资者投资收到的现金等项目。筹资活动的现金流出包括：①偿还借款本金支付的现金；②偿还借款利息支付的现金；③分配利润支付的现金等项目。

（二）现金流量应当分别按照现金流入和现金流出总额列报

现金流量表不得以相互抵销后的净额进行列示，这样可以全面揭示小企业现金流量的方向、规模和结构。需要说明的是，处置固定资产、无形资产和其他长期资产所收到的现金与处置活动支付的现金，两者在时间上比较接近且紧密相关，以净额更能准确反映处置活动对小企业现金流量的影响。

三、我国小企业现金流量表的一般格式

小企业的现金流量表按照收支两条线采用三段式结构编报，分别对经营活动、投资活动和筹资活动按照现金流入和现金流出分项目列报。现金流量表的项目主要包括经营活动产生的现金流量、投资活动产生的现金流量、筹资活动产生的现金流量、现金净增加额、期初现金余额和期末现金余额等。

小企业现金流量表一般有表头、表体两部分。其中表头说明报表名称编制单位、编

制日期、报表编号、货币名称、计量单位等;表体是现金流量表的主体,反映小企业经营活动、投资活动和筹资活动列报现金的流入量、流出量和净流量。

为了便于报表使用者通过比较不同时期的现金流量表,掌握小企业现金流量的变动趋势,现金流量表各项目金额分为"本年累计金额"和"本月金额(或上年金额)"两栏。现金流量表的格式见表13-7。

表13-7 现金流量表

编制单位: 年 月 单位:元

项目	本年累计金额	本月金额
一、经营活动产生的现金流量:		
销售产成品、商品、提供劳务收到的现金		
收到其他与经营活动有关的现金		
购买原材料、商品、接受劳务支付的现金		
支付的职工薪酬		
支付的税费		
支付其他与经营活动有关的现金		
经营活动产生的现金流量净额		
二、投资活动产生的现金流量:		
收回短期投资、长期债券投资和长期股权投资收到的现金		
取得投资收益收到的现金		
处置固定资产、无形资产和其他非流动资产收回的现金净额		
短期投资、长期债券投资和长期股权投资支付的现金		
购建固定资产、无形资产和其他非流动资产支付的现金		
投资活动产生的现金流量净额		
三、筹资活动产生的现金流量:		
取得借款收到的现金		
吸收投资者投资收到的现金		
偿还借款本金支付的现金		
偿还借款利息支付的现金		
分配利润支付的现金		
筹资活动产生的现金流量净额		
四、现金净增加额		
加:期初现金余额		
五、期末现金余额		

四、我国小企业现金流量表编制的基本方法

（一）本年累计金额的填列

现金流量表“本年累计金额”栏反映各项目自年初起至报告期末止的累计实际发生额。现金流量表“本月金额”栏反映各项目的本月实际发生额；在编报年度财务报表时，应将“本月金额”栏改为“上年金额”栏，填列上年全年实际发生额。如果上年度现金流量表与本年度现金流量表的项目名称和内容不相一致，则按编报当年的口径对上年度现金流量表项目的名称和数字进行调整，填入本表“上年金额”栏。

（二）现金流量表各项目的内容及填列方法

小企业的现金流量表各项目，一般采用账户分析法填列。本表各项目的内容及具体填列方法如下：

1. 经营活动产生的现金流量

因经营活动产生的现金流量根据有关科目记录分析填列，内容和方法如下。

①“销售产成品、商品、提供劳务收到的现金”项目，反映小企业本期销售产成品、商品、提供劳务收到的现金。本项目可以根据“库存现金”“银行存款”和“主营业务收入”等科目的本期发生额分析填列。

②“收到其他与经营活动有关的现金”项目，反映小企业本期收到的其他与经营活动有关的现金。本项目可以根据“库存现金”和“银行存款”等科目的本期发生额分析填列。

③“购买原材料、商品、接受劳务支付的现金”项目，反映小企业本期购买原材料、商品、接受劳务支付的现金。本项目可以根据“库存现金”“银行存款”“其他货币资金”“原材料”“库存商品”等科目的本期发生额分析填列。

④“支付的职工薪酬”项目，反映小企业本期向职工支付的各种薪酬。本项目可以根据“库存现金”“银行存款”“应付职工薪酬”科目的本期发生额填列。

⑤“支付的税费”项目，反映小企业本期支付的税费，包括本期发生并已支付的、本期支付以前各期的、本期预交的各种税费，还应当包括税收滞纳金和代扣代交的个人所得税等，但不包括本期退回的增值税和所得税等税费。收到的各种税费返还应当在“收到其他与经营活动有关的现金”项目中反映。本项目可以根据“库存现金”“银行存款”“应交税费”等科目的本期发生额填列。

⑥“支付其他与经营活动有关的现金”项目，反映小企业本期支付的其他与经营活动有关的现金。本项目可以根据“库存现金”“银行存款”等科目的本期发生额分析填列。

2. 投资活动产生的现金流量

因投资活动产生的现金流量根据有关科目记录分析填列，内容和方法如下。

①“收回短期投资、长期债券投资和长期股权投资收到的现金”项目，反映小企业出售、转让或到期收回短期投资、长期股权投资而收到的现金，以及收回长期债券投资本金而收到的现金，不包括长期债券投资收回的利息。本项目可以根据“库存现金”“银行存款”“短期投资”“长期股权投资”“长期债券投资”等科目的本期发生额分析填列。

②“取得投资收益收到的现金”项目，反映小企业因权益性投资和债权性投资取得的现金股利或利润和利息收入。本项目可以根据“库存现金”“银行存款”“投资收益”等科目的本期发生额分析填列。

③“处置固定资产、无形资产和其他非流动资产收回的现金净额”项目，反映小企业处置固定资产、无形资产和其他非流动资产取得的现金，减去为处置这些资产而支付的有关税费等后的净额。本项目可以根据“库存现金”“银行存款”“固定资产清理”“无形资产”“生产性生物资产”等科目的本期发生额分析填列。

④“短期投资、长期债券投资和长期股权投资支付的现金”项目，反映小企业进行权益性投资和债权性投资支付的现金。包括小企业取得短期股票投资、短期债券投资、短期基金投资、长期债券投资、长期股权投资支付的现金。本项目可以根据“库存现金”“银行存款”“短期投资”“长期债券投资”“长期股权投资”等科目的本期发生额分析填列。

⑤“购建固定资产、无形资产和其他非流动资产支付的现金”项目，反映小企业购建固定资产、无形资产和其他非流动资产支付的现金。包括购买机器设备、无形资产、生产性生物资产支付的现金、建造工程支付的现金等现金支出，不包括为购建固定资产、无形资产和其他非流动资产而发生的借款费用资本化部分和支付给在建工程和无形资产开发项目人员的薪酬。为购建固定资产、无形资产和其他非流动资产而发生借款费用资本化部分，在“偿还借款利息支付的现金”项目反映；支付给在建工程和无形资产开发项目人员的薪酬，在“支付的职工薪酬”项目反映。本项目可以根据“库存现金”“银行存款”“固定资产”“在建工程”“无形资产”“研发支出”“生产性生物资产”“应付职工薪酬”等科目的本期发生额分析填列。

3. 筹资活动产生的现金流量

因筹资活动产生的现金流量根据有关科目记录分析填列，内容和方法如下。

①“取得借款收到的现金”项目，反映小企业举借各种短期、长期借款收到的现金。本项目可以根据“库存现金”“银行存款”“短期借款”“长期借款”等科目的本期发生额分析填列。

②“吸收投资者投资收到的现金”项目，反映小企业收到的投资者作为资本投入的现金。本项目可以根据“库存现金”“银行存款”“实收资本”“资本公积”等科目的本期发生额分析填列。

③“偿还借款本金支付的现金”项目，反映小企业以现金偿还各种短期、长期借款的本金。本项目可以根据“库存现金”“银行存款”“短期借款”“长期借款”等科目的本期发生额分析填列。

④“偿还借款利息支付的现金”项目，反映小企业以现金偿还各种短期、长期借款的利息。本项目可以根据“库存现金”“银行存款”“应付利息”等科目的本期发生额分析填列。

⑤“分配利润支付的现金”项目，反映小企业向投资者实际支付的利润。本项目可以根据“库存现金”“银行存款”“应付利润”等科目的本期发生额分析填列。

第四节　外币报表折算

一、采用的折算汇率

小企业对外币财务报表进行折算时,应当采用资产负债表日的即期汇率对外币资产负债表、利润表和现金流量表的所有项目进行折算。

二、外币报表折算方法

①资产负债表中的资产、负债项目和所有者权益项目,均采用资产负债表日的即期汇率折算为记账本位币。

②利润表中的收入、费用和利润项目,也都采用资产负债表日的即期汇率折算。

③现金流量表的所有项目,也都采用资产负债表日的即期汇率折算。

小企业的外币资产负债表、利润表和现金流量表的所有项目,由于均采用资产负债表日的即期汇率进行折算,这相当于将所有的报表项目都乘以同一个常数,因此不会产生“外币报表折算差额”。

第五节　财务报表附注

一、财务报表附注的概念与作用

(一)财务报表附注的概念

财务报表附注是为了帮助报表使用者理解会计报表的内容而对报表的有关项目所作的解释。由于财务报表本身所能反映的财务信息是有限制的,而财务报表附注是会计报表必要的补充说明。企业编制财务报表附注,有助于投资者、债权人以及政府有关部门等更充分地了解企业的财务状况、经营成果和现金流量状况,并有利于报表使用者做出正确的决策。

(二)财务报表附注的主要作用

1. 增进会计信息的可理解性

财务报表的附注部分是对有关报表项目和数据做出的解释和说明,通过将抽象的数据具体化,弥补了财务报表格式的固定性和以数字反映为主的局限性,有助于报表使用者了解哪些是重要的信息,通过正确理解财务报表,从而合理利用会计信息。

2. 促使会计信息充分披露

财务报表的附注侧重于文字说明,辅以数字注释,两者相结合,有利于充分披露所提供的信息以及披露财务报表以外但对报表使用者的决策有关的重要信息,从而便于广大投资者全面掌握财务状况、经营成果和现金流量情况,为正确投资提供决策依据。

3. 提高会计信息的可比性

财务报表是根据会计准则编制而成的,但会计准则在某些方面提供了多种会计处理方法,企业可以根据具体情况进行选择。这就造成了不同行业或同一行业的不同企业所提供的会计信息之间的差异。此外,在某些情况下,企业所采用的会计政策也允许有所变动,这就容易造成企业因所选用的会计政策发生变动而导致不同会计期间的会计信息失去可比性。通过编制财务报表附注,有利于了解会计信息的上述差异及其影响的大小,从而提高会计信息的可比性。

二、财务报表附注的主要内容

财务报表附注编制主要采用文字叙述与表格列示方法。文字叙述可以起到表义明确、条理清晰的作用;列表显示能使财务报表附注直观生动、说明具体。

附注应当按照下列顺序披露:

①遵循小企业会计准则的声明。

②短期投资、应收账款、存货、固定资产项目的说明。

③应付职工薪酬、应交税费项目的说明。

④利润分配的说明。

⑤用于对外担保的资产名称、账面余额及形成的原因;未决诉讼、未决仲裁以及对外提供担保所涉及的金额。

⑥发生严重亏损的,应当披露持续经营的计划、未来经营的方案。

⑦对已在资产负债表和利润表中列示项目与《企业所得税》法规定存在差异的纳税调整过程。

⑧其他需要在附注中说明的事项。

思考题

1. 何谓小企业资产负债表?作用如何?
2. 何谓小企业利润表?作用如何?
3. 何谓小企业现金流量表?作用如何?
4. 小企业现金流量表中现金的含义指什么?
5. 小企业财务报表附注的作用是什么?披露哪些信息?

练习题

一、单项选择题

1. 下列各项中,小企业编制资产负债表时采用(　　)格式。

A. 账户式　　B. 报告式　　C. 数量金额式　　D. 多步式

2. 下列各项中,可以帮助使用者分析评价小企业的盈利能力、利润构成及其质量的报表是(　　)。

A. 资产负债表　　B. 利润表

C. 所有者权益变动表　　D. 现金流量表

3. 关于项目在财务报表中是单独列报还是汇总列报,应当依据(　　)原则来判断。

A. 实质重于形式　　B. 重要性　　C. 明晰性　　D. 相关性

4. 小企业编制财务会计报告时,不强制编制的报表是(　　)。

A. 资产负债表　　B. 利润表

C. 所有者权益变动表　　D. 现金流量表

5. 下列各项中,以"资产=负债+所有者权益"为依据编制的是(　　)。

A. 资产负债表　　B. 利润表

C. 所有者权益变动表　　D. 现金流量表

6. 在编制小企业资产负债表时,需要根据若干总账科目的期末余额直接填列的是(　　)。

A. 应收账款　　B. 短期投资　　C. 应收票据　　D. 货币资金

7. 小企业编制利润表时采用(　　)结构。

A. 账户式　　B. 多步式　　C. 单步式　　D. 报告式

8. 小企业现金流量表按照(　　)编制。

A. 权责发生制　　B. 实质重于形式　　C. 收付实现制　　D. 可理解性

9. 下列各项中,影响小企业利润表"利润总额"项目的是(　　)。

A. 向投资者分配的现金股利

B. 向灾区捐款发生的支出

C. 收到投资者超过注册资本份额的出资

D. 确认的所得税费用

10. 小企业"应收账款"明细账中若有贷方余额,应计入资产负债表中(　　)项目。

A. 应收账款　　B. 应付账款　　C. 预收账款　　D. 预付账款

二、多项选择题

1. 小企业资产负债表中"存货"项目的金额,应包括下列(　　)账户的余额。

A. 原材料　　B. 库存商品
C. 生产成本　　D. 消耗性生物资产

2. 小企业编制资产负债表时，根据有关科目余额减去其备抵科目余额后的净额填列的项目有(　　)。

A. 存货　　B. 无形资产　　C. 生产性生物资产　　D. 固定资产原价

3. 资产负债表的基本内容由(　　)组成。

A. 成本　　B. 资产　　C. 负债　　D. 所有者权益

4. 小企业现金流量表中反映的现金主要包括(　　)。

A. 库存现金　　B. 现金等价物　　C. 银行存款　　D. 其他货币资金

5. 小企业现金流量表中的"销售产成品、商品、提供劳务收到的现金"项目，应根据(　　)科目的本期发生额分析填列。

A. 库存现金　　B. 银行存款　　C. 主营业务收入　　D. 应付职工薪酬

6. 下列各项中，影响小企业营业利润的是(　　)。

A. 所得税费用　　B. 营业外收入　　C. 投资收益　　D. 财务费用

7. 下列业务中属于小企业筹资活动现金流出的有(　　)。

A. 支付现金股利　　B. 支付借款利息
C. 用银行存款购买股票　　D. 用银行存款偿还借款

8. 小企业现金流量表中，"支付给职工以及为职工支付的现金"项目包括(　　)。

A. 支付的生产工人的工资　　B. 支付的在建工程人员的工资
C. 支付给退休人员的退休金　　D. 支付的行政管理人员的工资

9. 小企业编制资产负债表时，根据总账科目和明细科目余额分析计算填列的项目有(　　)。

A. 预收账款　　B. 应收账款　　C. 预付账款　　D. 应付账款

10. 下列项目应在小企业会计报表附注中披露的有(　　)。

A. 遵循小企业会计准则的声明
B. 应付职工薪酬、应交税费项目的说明
C. 利润分配的说明
D. 未决诉讼、未决仲裁以及对外提供担保所涉及的金额

三、判断题

1. 小企业资产负债表中的存货不包括正在生产过程中的产品。(　　)

2. 小企业应该缴纳的增值税在利润表的税金及附加项目中反映。(　　)

3. 小企业资产负债表中预收账款项目应根据预收账款和应付账款所属明细账贷方余额合计填列。(　　)

4. 资产负债表年初余额栏内各项数字，应根据上年末资产负债表期末数栏内所列数字填列。如果本年度资产负债表规定的各个项目的名称和内容同上年度不相一致，可直接把上年年末资产负债表各项目的名称和数字填入本表年初数栏内。(　　)

5. 小企业发生严重亏损的，应当通过财务报表附注的形式披露持续经营的计划、未来经营的方案。（　　）

6. 小企业对外币财务报表进行折算时，应当采用资产负债表日的即期汇率对外币资产负债表、利润表和现金流量表的所有项目进行折算。（　　）

四、业务题

1. 某企业20×2年12月份部分账户发生额如下表所示：

账户发生额表　　单位：万元

账户名称	借方发生额	账户名称	贷方发生额
主营业务成本	50	主营业务收入	100
财务费用	5	营业外收入	3
销售费用	10		
管理费用	5		
营业外支出	1		
所得税费用	8		

要求：分别计算该企业20×2年12月份的营业利润、利润总额、净利润。（要求列出计算过程）

2. 计算填列年末资产负债表中有关项目的金额。

资产负债表（20×2年12月31日）　　单位：万元

资产	年末数	负债及所有者权益	年末数
货币资金	50	短期借款	40
应收账款	（　　）	应付账款	（　　）
流动资产合计	（　　）	负债总额	100
固定资产	200	所有者权益总额	（　　）
资产总计	（　　）	负债及所有者权益总计	300

3. 某企业20×2年12月31日部分科目总账余额如下表所示：

科目余额表　　单位：万元

总账科目	借方余额	贷方余额
库存现金	0.1	
银行存款	2	
原材料	2	
生产成本	1	

续表

总账科目	借方余额	贷方余额
库存商品	3	
固定资产	10	
累计折旧		2

要求:分别计算年末资产负债表中“货币资金”“存货”“固定资产账面价值”项目的期末余额(要求列出计算过程)。

参考文献

[1] 财政部会计司编写组. 企业会计准则汇编 2021[M]. 北京:经济科学出版社. 2021.

[2] 张雪莲. 中小企业会计全盘账[M]. 北京:人民邮电出版社,2021.

[3] 中华人民共和国财政部. 企业会计准则(2020 年版)[M]. 上海:立信会计出版社,2020.

[4] 企业会计准则编审委员会. 小企业会计准则解读(2019 年版)[M]. 上海:立信会计出版社,2019.

[5] 张海涛. 中小企业税务与会计实务[M]. 北京:机械工业出版社,2018.

[6] 李延莉. 小企业财务会计理论与实践[M]. 北京:中国书籍出版社,2019.

[7] 小企业会计准则编审委员会. 小企业会计准则案例详解与实务:条文解读+科目使用+账务处理[M]. 北京:人民邮电出版社,2018.

[8] 卢新国. 小企业会计[M]. 2 版. 北京:高等教育出版社,2017.

[9] 刘相礼,谢萍,陈杨. 小企业会计核算[M]. 北京:北京大学出版社,2016.

[10] 滕晋. 小企业会计从入门到精通[M]. 北京:化学工业出版社,2016.

[11] 郭丽,等. 小企业会计准则操作实务[M]. 北京:机械工业出版社,2015.

[12] 陈梅兰. 小企业会计核算实务:实战升级版[M]. 北京:人民邮电出版社,2014.

[13] 王苏,赵玉新,马晓燕. 中小企业财务一本通[M]. 广州:广东旅游出版社,2014.

[14] 中国税网. 小企业会计准则与税法差异分析及协调[M]. 北京:中国市场出版社,2012.

[15] 国家税务总局教材编写组. 小企业会计必读[M]. 北京:中国税务出版社,2012.

[16] 蒋德启,刘诚. 小企业会计准则释义与运用[M]. 北京:中国发展出版社,2012.

[17] 中华人民共和国财政部,中华人民共和国农业部,国家林业局. 农业企业会计核算办法及讲解[M]. 广州:暨南大学出版社,2004.